Katja Bauer und Maria Fiedler

DIE METHODE AfD

Der Kampf der Rechten:
Im Parlament, auf der Straße –
und gegen sich selbst

Klett Cotta

Klett-Cotta
www.klett-cotta. de

Cover: Rothfos & Gabler, Hamburg
unter Verwendung einer Abbildung von © shutterstock, Cafe Racer
Gesetzt von C.H.Beck.Media.Solutions, Nördlingen
Gedruckt und gebunden von CPI – Clausen & Bosse, Leck
ISBN 978-3-608-98412-5
E-Book: ISBN 978-3-608-12101-8

Bibliografische Information der Deutschen Nationalbibliothek
Die Deutsche Nationalbibliothek verzeichnet diese Publikation in der Deutschen Nationalbibliografie; detaillierte bibliografische Daten sind im Internet über http://dnb.d-nb.de abrufbar.

»Deutsche,
kauft deutsche Zitronen!«

Kurt Tucholsky, aus dem Gedicht *Europa* (1932)

Inhalt

Prolog

24. September 2017: Der Traffic Club am Berliner Alexanderplatz ist eigentlich kein Ort der ersten Wahl für Herren wie Alexander Gauland. Aber an diesem Abend sieht das Publikum hier anders aus als sonst. Ausgerechnet unter einer Berliner Discokugel wird ein neues Kapitel der parlamentarischen Geschichte der Bundesrepublik aufgeschlagen.

Die AfD steht vier Jahre nach ihrer Gründung kurz vor dem Einzug in den Bundestag. Ein anderes Ambiente wäre ihr für diesen Tag sicher lieber gewesen – aber im traditionell linken Berlin hat die Partei Schwierigkeiten, einen Raum zu mieten. Schon vor der ersten Prognose sammeln sich auch vor dem Traffic Club Hunderte Demonstranten: »Ganz Berlin hasst die AfD«, rufen sie in Sprechchören. Die Anhänger der jungen Partei schauen vom Balkon auf die Protestierenden hinab. »Ganz Berlin wählt die AfD«, ruft einer nach unten.

Drinnen im Saal haben sich die Dekorateure große Mühe gegeben, den Raum dem Anlass gebührend einzunehmen: Die Scheinwerfer tauchen die Gesichter in die Parteifarben Blau und Rot, das Wahlkampfmotto »Trau Dich, Deutschland!« steht auf Stellwänden, selbst über die Pissoirs der Herrentoilette hat jemand die Plakate der Kampagne gehängt.

Kurz vor 18 Uhr steht der AfD-Spitzenkandidat Alexander Gauland, der den größten Teil seines Lebens CDU-Mitglied war, unter einem mit weißen und blauen Luftballons gefüllten Deckennetz und wartet auf die Prognose. Die Balken der

Parteien erscheinen auf der Leinwand – als Letztes der der AfD: 13 Prozent. Im Traffic Club brechen die Gäste in Jubel aus. Gauland applaudiert seiner Partei, bevor er seinen alten Freund Armin-Paulus Hampel umarmt. Dann beginnen die Ersten, die Nationalhymne zu singen.

Aus dem Stand zieht die AfD als drittstärkste Fraktion ins Parlament ein. Mit einem solchen Ergebnis ist noch nie zuvor eine so junge Partei in den Bundestag gelangt. Gauland schiebt seine Rührung beiseite. Er weiß, dass er diesen Triumph nun in eine Ansage an die Wähler verwandeln muss.

Und es folgen jene Sätze, mit denen Gauland das Profil seiner künftigen Fraktion für die kommende Legislaturperiode beschreibt: »Liebe Freunde, das ist ein großer Tag in unserer Parteiengeschichte, wir haben es geschafft. Wir sind im Deutschen Bundestag und wir werden dieses Land verändern. Da wir ja nun offensichtlich drittstärkste Partei sind, kann sich diese Bundesregierung, die gebildet wird, wie immer sie aussieht, sie kann sich warm anziehen.« Und mit lauter, rauer Stimme fährt er fort: »Wir werden sie jagen! Wir werden Frau Merkel oder wen auch immer jagen und wir werden uns unser Land und unser Volk zurückholen!«

Alice Weidel mag den historischen Moment ebenso fühlen, doch äußert sie sich an diesem Abend ganz anders. Mit Demut und Sorgfalt, so sagt die designierte Fraktionschefin, sollten die Neuen ihr Amt annehmen. Man wolle »vernünftige Oppositionsarbeit« leisten. »An alle zukünftigen Bundestagsabgeordneten: Seien Sie sich Ihrer Verantwortung stets bewusst.«

Was Gauland und Weidel sagen, ist wohlüberlegt. Sie versuchen in ihren kurzen Ansprachen die ganze Breite der Bühne abzuschreiten, die sie von nun an bespielen können.

Im Rückblick wird klar: Beide zeichnen schon in diesen ersten Stunden der neuen politischen Zeitrechnung die Entwicklung der kommenden Jahre vor. Für das Land und für ihre eigene Partei.

Gaulands Aufruf zur Jagd folgt dem bekannten Duktus der AfD: Provokation lautet die Taktik. Eines ihrer Mittel ist das Dagegensein – gegen alle anderen Parteien, gegen egal welche Bundesregierung, gegen Migration, Islam, die EU. Mit seinen Worten vom »Jagen« gibt Gauland den Plan vor: Stören als Prinzip. Die Disruption des demokratischen Miteinanders ist zwingend, um, so glauben radikale Denker in der AfD, den Staat »vom Kopf auf die Füße« zu stellen. Für Gauland sind Grenzüberschreitungen und das Schüren von Konflikten Teil der Aufgabe, wenn die AfD »das Spektrum der politischen Debatte« erweitern will.

Weidels Appell erzählt dagegen etwas über das radikale, unberechenbare Potenzial in der eigenen Truppe und über die Fliehkräfte, welche die AfD an den Rand einer Spaltung bringen werden. Weidel selbst ist damals noch die Kandidatin des eher im Westen beheimateten Parteiflügels, der als konservativ und im bürgerlichen Milieu anschlussfähig verstanden werden will. Was die Politikerin damals nicht weiß: Die radikal rechten Kräfte gewinnen in den Folgejahren so viel Einfluss, dass sie sich auf deren Seite schlagen wird.

Seit diesem Wahlabend liegen knapp vier politisch atemlose Jahre hinter Deutschland. Im Mittelpunkt der Aufregung steht bis zur Corona-Krise immer wieder die AfD. Seit der Wiedervereinigung hat nichts die politische Landschaft so sehr verändert wie diese Partei. Erstmals seit Bestehen der Bundesrepublik hat sich rechts des konservativen Spektrums eine politische Kraft dauerhaft überregional verankert.

Mal fassungslos, mal empört schaut die Mehrheit der Wähler in dieser Legislaturperiode auf eine lange Reihe von Premieren: Vorher unvorstellbare Tabubrüche gehören inzwischen so sehr zur Regel, dass man die Einzelheiten schnell wieder vergisst. Vorher unsagbare Wörter finden durch Dauerwiederholung ihren Weg in die Debatte. Das Parlament gerät durch Provokationen und Störungsversuche zeitweise an seine Grenzen, sodass es sich neue Regeln geben muss – und auch Fehler macht.

Lange hat es gedauert, bis die Mehrheit verstanden hat, dass man nicht von einem Ausrutscher ausgehen sollte, wenn von der NS-Zeit als »Vogelschiss« gesprochen wird. Ebenso planmäßig trägt die AfD den rechtsextremen Verschwörungsmythos von einer angeblichen »Umvolkung« ins Parlament. Sie diffamiert Muslime, fragt nach dem Migrationshintergrund Behinderter und der Nationalität von Theaterschauspielern, beschimpft den Bundespräsidenten, den Verfassungsschutz, die Gerichte, die anderen Parteien.

All das ist Teil der Strategie, das Land zu polarisieren und einen Keil in die bereits bestehenden gesellschaftlichen Risse zu treiben. Es ist die Strategie eines neurechten Netzwerks, zu dessen parlamentarischem Arm die Partei in den vergangenen Jahren geworden ist. Die Rolle der AfD hierbei lässt sich in einem Bild festhalten, das man bei fast jeder ihrer Kundgebungen im Land sehen kann: Oben auf der Bühne schüren die Politiker als selbst erklärte Volksseelenversteher das Feuer, legen immer wieder nach. Und dann lodert die Wut. Beifällig blicken sie auf ihre Anhänger, die unten laut skandieren: »Widerstand! Widerstand!«

Für die AfD sind die anderen Parteien keine Volksvertreter, sondern die Vertreter eines korrupten, kaputten Systems, das sich »den Staat zur Beute gemacht« hat. Der AfD geht es um »Wir gegen Alle«.

Man vergisst es leicht, aber zu Beginn der Legislatur formulierten viele Kommentatoren und Politiker die Hoffnung, dass die Partei sich mit dem Einzug ins Hohe Haus mäßigen könnte. Sie setzten auf die Kraft des demokratischen Räderwerks, auf inhaltliche Auseinandersetzung, auf Respekt.

Aus heutiger Sicht klingt diese Vorstellung fast naiv. Aber das ist sie nicht. Sie ist konstitutiv. Sie folgt der Grundidee des Parlaments, denn die repräsentative Demokratie ist ein auf Vertrauen angelegtes System. Zu ihrem Kern, dem Streit um die beste Lösung, gehört die grundsätzliche Gutwilligkeit im Umgang mit dem politischen Mitbewerber. Auf dieser Basis funktionierte bisher die Auseinandersetzung, durchaus mit harten Bandagen, mit Tricks und Zuspitzungen. Sie bewegte sich in einem Rahmen, der sich nicht als Gesetz festschreiben lässt – dem Rahmen des Anstands derer, die unterschiedlicher Meinung sind, aber das System an sich für tauglich und schützenswert halten. Stattdessen sieht man sich nun einer Partei gegenüber, die den Parlamentarismus benutzt, um die Demokratie von innen heraus anzugreifen.

Rückblickend muss man sagen: Das Land und die anderen Parteien waren darauf nicht gefasst.

Doch nach vier Jahren gilt die Erkenntnis: Unsere Demokratie ist nicht wehrlos.

1.

Die Macht des »Flügels«: Wie die AfD sich selbst radikalisiert

Andreas Kalbitz trägt ein feines Lächeln auf den Lippen, als er auf den Pritschenwagen klettert, der auf dem Marktplatz von Senftenberg als Bühne dient. Der kleine Ort liegt anderthalb Autostunden südlich von Berlin. Aber die Hauptstadt ist weit weg. »Es ist gut, Euch zu sehen«, ruft Kalbitz den 150 Anhängern zu, die sich hier versammelt haben. Jubel brandet auf an diesem kühlen Sommerabend im Juni 2020. Es nieselt, der große Marktplatz ist ziemlich leer. Kalbitz merkt man trotzdem die Genugtuung an, mit der er da am Rednerpult steht.

Er hat harte Tage hinter sich. Seine Parteifreunde wollen ihn aus der AfD werfen. Ihn, den Ziehsohn des Ehrenvorsitzenden Alexander Gauland, den Strippenzieher der rechtsextremen Strömung des »Flügels«. Kalbitz ist zur Symbolfigur für den Richtungsstreit geworden, der sich schon seit Monaten innerhalb der AfD abspielt. Er sieht sich als Bauernopfer einer öffentlich inszenierten Sauberungsaktion, mit der die Partei der Beobachtung durch den Verfassungsschutz entgehen will. Noch ist in diesem Kampf das letzte Wort nicht gesprochen.

Seinen Anhängern in Senftenberg ist eine AfD ohne Kalbitz unvorstellbar. Als »frischer, alter und neuer Landesvorsitzender« hat der Vorredner ihn gerade begrüßt. Dieser Tag im Juni ist ein Triumph für Kalbitz – ein Gericht hat ein paar Stunden zuvor entschieden, dass er vorerst wieder Mitglied seiner Partei sein darf.

Und so kann Kalbitz in Senftenberg noch einmal als Mitglied des Bundesvorstandes der AfD rufen: »Wir haben in Deutschland kein Problem mit strukturellem Rassismus, wir haben ein Problem mit struktureller Inländerfeindlichkeit.« Der Satz erinnert an einen alten NPD-Slogan. Auf dem Marktplatz scheint das niemanden zu stören. Ebenso wenig wie die Tatsache, dass der Ex-Fallschirmjäger Kalbitz vom Verfassungsschutz als Rechtsextremist geführt wird.

Nach seinem Auftritt scharen sich die Anhänger um Kalbitz, der an seinem blauen Jackett wie immer ein kleines silbernes Fallschirm-Abzeichen trägt. Die Menschen wollen ein gemeinsames Foto oder wenigstens seine Hand schütteln. Auch ein Kamerateam hat noch Fragen: Was denn jetzt mit denen sei, die ihn aus der Partei haben wollten? »Abgerechnet wird immer am Schluss«, sagt Kalbitz ruhig.

Man könnte das auch mit dem platten Spruch übersetzen: Wer zuletzt lacht, lacht am besten. Es ist das Motto, nach dem die Radikalen und Extremen in der AfD jahrelang Politik gemacht haben. Sie wussten: Die Zeit spielt für sie.

In den vergangenen Jahren hat sich die AfD zwar stark professionalisiert, die Prognose aber, die Partei werde sich – ähnlich wie die Grünen – mäßigen, wenn sie in Parlamenten sitzt, hat sich nicht erfüllt. Im Gegenteil: Die AfD hat sich weiter radikalisiert. Etliche innere Machtkämpfe hat die AfD seit ihrem Einzug in den Bundestag ausgetragen, und diejenigen, die sich innerhalb der Partei als gemäßigt verstehen, waren stets die, die an Einfluss verloren.

Der Treiber für diese Entwicklung ist der »Flügel«. Die 2015 vom thüringischen AfD-Chef Björn Höcke und seinen Vertrauten gegründete völkische Strömung wirkte jahrelang als Radikalisierungsmotor von der außerparlamentarischen Rechten in die AfD hinein. Zahlenmäßig hatte der »Flügel« nie die Mehrheit, aber die Opportunisten in der AfD duldeten seine Machenschaften oder paktierten zum Machterhalt sogar mit ihm. Sie sahen lange tatenlos zu, wie die organisierten Rechtsradikalen der Partei ihren Stempel aufdrückten. Im Versuch, sich dem »Flügel« anzubiedern, hielten selbst moderatere Parteifunktionäre immer schärfere Reden. Eine ernsthafte Abgrenzung vom rechtsextremen Rand gab es nie.

Erst die drohende Beobachtung durch den Verfassungsschutz führte schließlich bei einer Reihe an Funktionären, allen voran Parteichef Jörg Meuthen, zum Kurswechsel. Sie sind der Meinung, dass es zumindest dem Anschein nach eine Abgrenzung nach Rechtsaußen braucht. Nachdem der Verfassungsschutz begonnen hatte, den »Flügel« offiziell zu beobachten, forderte der AfD-Bundesvorstand diesen zur Selbstauflösung auf. Doch vollzogen worden ist die Auflösung nur formal. Die Netzwerke, die hinter der mächtigen Strömung stehen, sind nach wie vor da und immer wieder auch in der Lage, Mehrheiten zu mobilisieren. Aus Sicht seiner führenden Köpfe hat der »Flügel« seinen Zweck ohnehin erfüllt. Die Kraft, einen Höcke oder einen Kalbitz auf regulärem Wege durch ein Parteiausschlussverfahren loszuwerden, hat die AfD nicht mehr.

Kalbitz' Mitgliedschaft konnte nur mit einem juristischen Kniff annulliert werden, weil er beim Eintritt seine rechtsextreme Vita verschwiegen hat. Ob das rechtens war – darüber streitet er vor Gericht. Vorher war er jahrelang eine Schlüsselfigur bei der Radikalisierung der AfD. Und er hält sich auch keineswegs für unersetzlich. Unzählige andere sind noch in der Partei – und werden es noch lange sein. Gibt es für die AfD überhaupt ein Zurück?

Wer verstehen will, wie die AfD innerhalb weniger Jahre zu einer Partei werden konnte, die eine potenzielle Bedrohung für die Demokratie darstellt, der muss die Geschichte der Partei auseinandernehmen. Die Geschichte ihrer Radikalisierung ist geprägt von Ideologen, Opportunisten und Machthungrigen. Und sie hängt zusammen mit der bisherigen inneren Logik der Partei, die nur eine Richtung kannte: nach noch weiter rechts.

Die Wegbereiter

Die AfD wird 2013 gegründet. Auch wenn die Radikalisierung erst mit dem Austritt von Parteichef Bernd Lucke richtig beginnt und mit dem Abgang seiner Nachfolgerin Frauke Petry weiter an Fahrt aufnimmt, lohnt es sich, einen Blick auf einige Ereignisse in der Anfangszeit der Partei zu werfen.

Die AfD gilt anfangs als Partei von Professoren und Eurokritikern, doch der Hang zur Radikalisierung ist damals bereits angelegt. Denn von Beginn an ist sie nicht nur eine Partei, die sich gegen die Europolitik der Bundesregierung stemmt und am liebsten die D-Mark wiederhaben will, sie ist auch »die Partei der unbegrenzten Redefreiheit«, wie es der Journalist Justus Bender einmal genannt hat. Das heißt: Die Partei kämpft gegen angebliche Denkverbote, gegen die verhasste »politische Korrektheit«, gegen die Moral der »Gutmenschen«. Und sie nimmt für sich in Anspruch, auf diese Weise die Sicht einer schweigenden Mehrheit – des Volkes – zum Ausdruck zu bringen. Der Spruch »Das wird man ja wohl noch sagen dürfen« ist von Anfang an so etwas wie das heimliche Wahlprogramm der AfD.

Das gilt in der Außendarstellung – aber ebenso stark auch nach innen. Es ist für die Führung immer ein Risiko, jemanden innerhalb der Partei aufgrund seiner Wortwahl zurechtzuweisen. Kritik an Äußerungen einzelner Mitglieder oder Funktionäre wird in den kommenden Jahren parteiintern oft als »Spaltung« wahrgenommen. Die Radikalen befeuern das noch, indem sie immer wieder die »Einheit der Partei« betonen, denn mit diesem Schlagwort lässt sich sicherstellen, dass jede noch so extreme Position ihren Platz in der AfD haben darf.

Darüber hinaus zieht die AfD sofort eine ganze Palette schwieriger Persönlichkeiten an. Sie besteht nicht nur aus eloquenten und präsentablen Professoren wie Lucke. Diese finden sich lediglich zu Beginn in der ersten Reihe. Dazu kommen von der CDU enttäuschte Konservative, Nationalisten, Ideologen, Querulanten sowie ehemalige Mitglieder anderer Parteien. Menschen, die in respektablen Berufen arbeiten, Rentner, gescheiterte Existenzen mit viel Zeit. Im Grunde von Beginn an herrscht in den E-Mail-Konversationen innerhalb der AfD ein ruppiger Ton. Wer nicht bereit ist, sich in der zum Teil feindseligen Atmosphäre zu engagieren, oder kein dickes Fell hat, verlässt die Partei so schnell wieder, wie er gekommen ist.

Dennoch steigen die Mitgliederzahlen, es strömen mehr nach, als austreten. Diese schleichende, von außen nicht sichtbare Veränderung der Mitgliederstruktur wird in den kommenden Jahren ein wichtiger Faktor für die Radikalisierung der AfD werden – und ein Instrument, dessen sich vor allem die Akteure des »Flügels« bedienen.

Auch den internen Streit um die Frage, wie weit sich die AfD nach rechts öffnen soll, gibt es von Anfang an. 2013 betrifft das die Aufnahme von Ex-Mitgliedern der islamfeindlichen Kleinstpartei »Die Freiheit«. Lucke will einen Aufnahmestopp, Petry stemmt sich dagegen – sie erklärt, sie werde ehemalige Mitglieder der »Freiheit« nicht generell als »rechtspopulistisch« abqualifizieren. Auch Gauland will sich von Lucke nichts vorschreiben lassen. Manchen gilt der Vorgang als »der erste Rechtsruck« der AfD.

Dass etwas aus dem Ruder läuft, merkt Parteichef Bernd Lucke zum ersten Mal im März 2014. Auf dem Bundesparteitag hält Alexander Gauland, damals stellvertretender Sprecher der AfD, eine Rede, in der er Verständnis zeigt für die russische Besetzung der Krim. Für Lucke Anlass aufzuhorchen: Eigentlich gibt es im AfD-Gründerkreis einen Konsens, die Westbindung und die außenpolitischen Grundsatzentscheidungen der Bundesrepublik nicht infrage zu stellen. »Eine starke Minderheit, etwa ein Drittel, spendete ihm kräftigen Beifall. Diese Minderheit hat sich auf dem Parteitag auch bei anderen Gelegenheiten mit Proteststimmung bemerkbar gemacht«, erinnert sich Lucke Jahre später im Gespräch mit dem *Tagesspiegel*. Er habe das damals noch für kontrollierbar gehalten, zumal es teilweise ein ostdeutsches Phänomen war. »Wir tagten ja in Erfurt, und da waren ostdeutsche Mitglieder überrepräsentiert.«

Bereits im Herbst 2014 kippt nach der Wahrnehmung Luckes die Stimmung. Damals kommt die islamfeindliche Pegida-Bewegung auf. »Das Thema Islam war bei der Gründung der AfD gar nicht erwähnt worden und auch Ende 2013 innerparteilich noch unkontrovers. Aber ein Jahr später gewann es plötzlich an Gewicht und dies nicht nur in den ostdeutschen Verbänden«, erzählt Lucke. Viele AfDler hätten das Pegida-Bündnis als eine Bürgerbewegung gegen ein »Meinungskartell« der etablierten Parteien empfunden. Es habe einen heftigen Streit darum gegeben, ob dies ein Feld sei, auf dem sich die AfD mit einer Bürgerbewegung solidarisieren solle.

Einer, der schon damals eine genaue Vorstellung davon hat, welche Partei die AfD einmal sein soll, ist Alexander Gauland. Er gehört zu den wichtigsten strategischen Köpfen der Partei – und hat die Entwicklung der AfD maßgeblich beeinflusst. Vorher war er fast 40 Jahre in der CDU. Er arbeitete als Büroleiter für den hessischen CDU-Politiker Walter Wallmann. Und als Wallmann hessischer Ministerpräsident wurde, folgte ihm Gauland und wurde Chef der Staatskanzlei.

In dieser Zeit erwirbt Gauland sich einen Ruf als geschickter Strippenzieher, als »graue Eminenz«. Später wird er Herausgeber der *Märkischen Allgemeinen* in Potsdam. Er verfasst Aufsätze für verschiedene Medien, schreibt als Kolumnist für den *Tagesspiegel*. Damals ist Gauland ein weithin geschätzter Intellektueller, er gilt vielen Politikern und Journalisten als kluger Kopf mit dezidiert konservativen Ansichten.

Aber er fühlt sich zunehmend entfremdet von seiner CDU. Den endgültigen Bruch markiert womöglich eine Szene, die Gauland in kleiner Runde schon oft erzählt hat: Der konservative »Berliner Kreis« der CDU ist 2012 beim damaligen Generalsekretär Hermann Gröhe im Konrad-Adenauer-Haus zu Gast. Gauland ist dabei, ebenso der spätere AfD-Mitgründer Konrad Adam. Die Gruppe will ihren Positionen Gehör verschaffen. Doch Gröhe behandelt die Männer von oben herab, gibt ihnen zu verstehen, dass sie nicht gebraucht werden. So jedenfalls erinnert es Gauland. Und was für ihn fast genauso demütigend ist: das schlechte Essen, das ihnen aufgetischt wird. Auf dem Weg nach draußen ist ihm dann klar: Das war's.

Nach dem Bruch mit der CDU tritt Gauland in die AfD ein, er ist von Anfang an dabei. Er wird Stellvertreter von Parteigründer Bernd Lucke, Landesvorsitzender in Brandenburg. Und Gauland merkt, womit er die AfD-Anhänger begeistern kann. Er doziert über die Gefahren des Flüchtlingszuzuges, fordert: Merkel muss weg. Nachdem die AfD 2013 knapp den Einzug in den Bundestag verpasst, schreibt er einen Gastbeitrag im *Tagesspiegel*, der den Weg, den seine Partei in den kommenden Jahren nehmen wird, bereits vorzeichnet. »Dem Volk aufs Maul schauen« heißt das Stück.

Darin beschreibt Gauland das Dilemma seiner Partei, dass sie zwar den »Euro-Wahnsinn« in den Mittelpunkt ihrer Programmatik gerückt hat, dass das Thema aber von vielen Menschen nicht als unmittelbare Bedrohung ihrer Existenz empfunden wird. Vielmehr glaubt Gauland, dass die AfD jenen Menschen eine Stimme geben müsse, die keine mehr hätten. Er meint damit Menschen, die dem linksliberalen »Mainstream« skeptisch bis ablehnend gegenüberstünden. Er zählt die Klimaskeptiker auf und diejenigen, die »Gender-Mainstreaming für eine große Narretei« halten. »Ältere, die sich nicht länger einreden lassen wollen, dass alle deutsche Geschichte vor Hitler verfehlt war«. Menschen, die ihre Industriearbeitsplätze behalten wollten und nicht einsähen, dass sie mit hohen Strompreisen die Solaranlagen ihrer wohlhabenden Nachbarn finanzieren sollen. Gauland schreibt, dass die »multikulturelle Euphorie längst der Sorge vor Einwanderergruppen« gewichen sei. Der Flüchtlingssommer ist zu diesem Zeitpunkt noch eineinhalb Jahre entfernt.

Auch hat Gauland bereits damals verstanden, dass bei Teilen der AfD und ihrer Anhänger eine Sehnsucht nach der Straße herrscht. Ende 2014 reist er mit seiner Brandenburger Landtagsfraktion zu einer Pegida-Demo nach Dresden, zu der 15 000 Menschen kommen. Er sagt, er wolle sich ein Bild machen. Schon vor der Fahrt erklärt er, er sehe die AfD als »natürlichen Verbündeten« von Pegida. Bei den Wirtschaftsprofessoren herrscht dagegen Skepsis, ob es klug ist, sich mit den Islamgegnern auf der Straße gemein zu machen.

Nachdem sich Lucke auf einem Parteitag in Bremen Anfang 2015 mit seinen Plänen zur deutlichen Verschlankung der Parteispitze durchsetzt und damit seinen alleinigen Führungsanspruch untermauert, geht Gauland in die Offensive. Er kündigt einen Kampf um die »Seele der Partei« an.

Gauland verschickt eine Mail an die Parteimitglieder. »Wer austritt, kann nicht verhindern, dass die Partei vermerkelt«, steht darin. Er ruft seine Parteifreunde auf, das »alte Schlieffen-Motto« zu beherzigen: »Macht den rechten Flügel stark!« Gemeint ist damit der Schlieffen-Plan zum Angriff Frankreichs, der vor dem Ersten Weltkrieg entstand. Dabei sollten die deutschen Truppen mit einem starken »rechten Flügel« durch Belgien nach Nordfrankreich vorstoßen, um den französischen Festungsgürtel zu umgehen. Gauland spielt also schon früh mit dem Begriff »Flügel«, der später für die Radikalen in der AfD zum Namen wird.

Dies ist auch die Zeit, in der Götz Kubitschek auf der Bildfläche erscheint. Der Verleger mit dem schwäbischen Dialekt und den kurz geschnittenen grauen Haaren lebt in einem kleinen Ort namens Schnellroda in Sachsen-Anhalt auf einem ehemaligen Rittergut. Damals ist Kubitschek nur Kennern der Szene ein Begriff. Doch bald kennen viele Kubitscheks ländlichen Lebensstil mit selbst gemachtem Brot und Käse und wissen, dass er in der Öffentlichkeit seine Frau Ellen Kositza siezt. Es ist Teil seiner Inszenierung. Kubitschek wird sich zum bekanntesten Strategen und Stichwortgeber der Neuen Rechten in Deutschland entwickeln.

Die Wurzeln der Neuen Rechten reichen zurück bis in die 1950er Jahre. Als ihr Gründervater in Deutschland gilt der Publizist Armin Mohler. Die Neue Rechte will akademisch und intellektuell sein und sich so habituell abgrenzen von Neonazis und den harten Rechtsextremisten von gestern. Auch die Wortwahl unterscheidet sich. Gesprochen wird nicht von »Rasse«, sondern von »Identität«, nicht von »Abschieben«, sondern von »Remigration«, und an die Stelle von »Ausländer raus« ist die Idee des »Ethnopluralismus« getreten. Der französische Philosoph Alain de Benoist erklärte schon in den 80er Jahren, wie die »Kulturrevolution von rechts« gelingen könne: Indem man zunächst jenseits der Parlamente – also im vorpolitischen, kulturellen Raum – daran arbeite, die Vorstellungen der Gesellschaft zu verändern.

Kubitschek und Kositza interessieren sich früh für die AfD. Die Partei ist das, worauf besonders Kubitschek gewartet hat. Die Neue Rechte sehnt sich schon lange nach einem parlamentarischen Arm. Kubitschek hat bereits im April 2014 einen Mitgliedsantrag an die AfD gestellt, Kositza einige Monate später. Zunächst wird der Antrag der beiden vom Landesverband bewilligt. Doch kurz darauf informiert man sie: Der Bundesvorstand der Partei habe in einer Telefonkonferenz beschlossen, den Mitgliedsantrag abzulehnen.

Dem Parteigründer Lucke sind Leute wie Kubitschek nicht geheuer. Die Beiträge, die er von Kubitschek auf dessen Medium *Sezession* liest, behagen ihm nicht. Das Ehepaar wird gebeten, die Mitgliedsausweise, die man ihnen bereits zugeschickt hat, wieder abzugeben.

In Schnellroda ist man irritiert. Doch die Entscheidung wird Kubitschek nicht davon abhalten, Einfluss zu nehmen auf die AfD. Jahrzehnte in der rechten Szene haben ihm ein eindrucksvolles Netzwerk verschafft – das bis in die Partei hineinreicht. »In der AfD engagierten sich von Anfang an sehr viele Leute, die ich in den 25 Jahren zuvor kennengelernt hatte«, erzählt Kubitschek bei einem Spaziergang durch das Örtchen Schnellroda im Sommer 2018. »Sie lagen im Dämmerschlaf in ihren Zivilberufen und sind dann auf einen Schlag aufgewacht.«

Den Grundstock für sein rechtes Netzwerk hat Kubitschek schon in der Armee gelegt. Als Offizier der Reserve nahm er an einem Bundeswehreinsatz in Bosnien teil. Dort lernte er etwa den späteren AfD-Bundestagsabgeordneten Peter Felser kennen, der Teil einer Truppe für psychologische Kriegsführung war. Später schrieben Felser und Kubitschek ein Buch über diese Zeit. Auch Kalbitz kennt Kubitschek schon seit Jahrzehnten und schätzt ihn als »guten alten Bekannten«.

Im Jahr 2000 legte Kubitschek einen weiteren Grundstein für seine zentrale Stellung in der neurechten Szene. Gemeinsam mit dem Rechtsintellektuellen Karlheinz Weißmann gründete er das »Institut für Staatspolitik«, das fortan auch zur Schulung des Nachwuchses diente. Zur selben Zeit entstand Kubitscheks Verlag Antaios, 2003 seine Zeitschrift *Sezession*. Um die Jahrtausendwende herum war es auch, als Kubitschek Björn Höcke kennenlernte, der damals als Lehrer an einer hessischen Schule arbeitete. Wie die *Spiegel*-Journalistin Melanie Amann schreibt, begegneten sich die beiden erstmals bei einer Veranstaltung anlässlich der Gründung des »Instituts für Staatspolitik« – gefolgt sei ein intensiver Briefwechsel zwischen den beiden Männern.

Kubitschek baute Schnellroda in den Jahren darauf zum wichtigsten Zentrum der Neuen Rechten in Deutschland aus. Seit der Verfassungsschutz das »Institut für Staatspolitik« 2020 wegen Anhaltspunkten für »Bestrebungen gegen die freiheitliche demokratische Grundordnung« zum Verdachtsfall erklärte, muss Kubitschek zwar damit leben, dass er und seine Denkfabrik mit nachrichtendienstlichen Mitteln überwacht werden. Doch zuvor konnte er ungestört walten.

Sein Plan ist es, die Grenzen des Sagbaren nach rechts zu verschieben. Den Botschaften der Neuen Rechten Gehör zu verschaffen, ihre Argumentation salonfähig zu machen, ihren Resonanzraum zu erweitern. Mit dem Aufkommen der AfD wittert Kubitschek eine Chance. Schon kurz nach der Gründung notiert er, das Thema Euro sei das »feine Thema, das Türöffner-Thema, und unsere Themen (Identität, Widerstand, Gender-, Parteien- und Ideologiekritik) kommen hinterdreingepoltert, wenn wir nur rasch und konsequent genug den Fuß in die Tür stellen«.

Kubitschek ist der Auffassung, dass es eine Art Aufgabenteilung geben muss. Das wird in seinen späteren Publikationen deutlich. »Die AfD ist innerhalb eines strukturell immer stabiler werdenden Widerstandsmilieus der parteipolitische Baustein«, schreibt er etwa. Und an anderer Stelle erklärt er: »Das Milieu besteht aus Partei, Milieumedien, vorpolitischen Initiativen und aktivistischen Initiativen. Wir sind wie bei so einer fröhlichen Regatta. Die Kriegsschiffe fahren nebeneinanderher, man winkt sich von der Brücke aus zu, aber mehr auch nicht.«

Kubitschek hat ein großes Interesse daran, dass die AfD ihre Aufgabe im von ihm erdachten »Widerstandsmilieu« auch wahrnehmen kann. Die Gelegenheit, Einfluss zu nehmen, bietet sich, als bei den AfD-Nationalisten um seinen Freund Björn Höcke der Unmut über den Führungsstil des Parteigründers Lucke wächst. Die Parteirechten stehen damals vor der Wahl: mit Lucke Frieden schließen, in der Hoffnung, dass er ihnen Raum gewährt – oder in die Offensive gehen. Sie entscheiden sich für Letzteres. Kubitschek liefert dazu den Entwurf für ein Manifest mit dem Titel »Erfurter Resolution«. Als Autor tritt er nie in Erscheinung, erst viel später wird er seine Beteiligung einräumen. Höcke bringt die Resolution in die Partei ein. »Das Projekt ›Alternative für Deutschland‹ ist in Gefahr«, heißt es darin. Anstatt die versprochene Alternative zu bieten, passe sich die AfD ohne Not »mehr und mehr dem etablierten Politikbetrieb an«.

Die Resolution ist ein Instrument, um dahinter Unterstützer zu sammeln und die Stärke der Strömung zu demonstrieren. Im Wortlaut ist sie so allgemein gehalten, dass sich AfD-Anhänger leicht mit ihr identifizieren können. Zahllose Mitglieder, so steht es im Text, verstünden die AfD als »grundsätzliche, patriotische« Alternative zu den etablierten Parteien und »als Partei, die den Mut zur Wahrheit und zum wirklich freien Wort besitzt«.

Bei einem Parteitag in Arnstadt im März 2015 stellen Höcke und der sachsen-anhaltinische Landeschef André Poggenburg die Resolution vor. Der Parteitag stimmt mit großer Mehrheit zu. Anschließend wird sie in der AfD bekannt gemacht. Die »Erfurter Resolution« ist ein Erfolg:

Bereits innerhalb von 72 Stunden unterzeichnen mehr als 1000 AfD-Mitglieder das Papier. Die Sammlungsbewegung »Der Flügel« ist geboren.

Alexander Gauland steht gemeinsam mit Höcke und Poggenburg an der Spitze der Erstunterzeichner. Nicht alle, die das Dokument damals unterzeichnen, betrachten sich später als Teil des »Flügels« – das gilt auch für Gauland. Dennoch wird sich die Strömung in den folgenden Jahren zu einer der einflussreichsten Gruppierungen in der AfD und zum maßgeblichen Radikalisierungsmotor entwickeln.

Dabei darf man nicht vergessen: Kubitschek hat Höcke dabei geholfen, diese Machtbasis im rechten Parteiflügel aufzubauen. Er hat mit dazu beigetragen, dass die Partei diesen Rechtsruck genommen hat. Und auch in den Jahren darauf wird seine ideelle Wirkung auf die Partei bestehen bleiben. Seine Beratung, seine Bücher und Aufsätze haben einen enormen Einfluss auf die AfD. Der AfD-Nachwuchs ist zu Gast bei den Sommerakademien im »Institut für Staatspolitik«. Und immer wieder besuchen Funktionäre Kubitschek in Schnellroda. Auch solche, die nicht zum »Flügel« gehören, Kubitscheks Meinung aber durchaus schätzen – wie etwa Alexander Gauland.

Kubitscheks Engagement hat allerdings wenig mit selbstloser Politikberatung zu tun. Es geht ihm darum, dass die AfD dabei hilft, die Ziele der Neuen Rechten umzusetzen. Lange haben Rechte wie Kubitschek auf eine Partei wie die AfD gewartet. Nun will er verhindern, dass sie zu schnell im Establishment ankommt. In einem Aufsatz spricht er vom »Flüssighalten des sowieso gefrierenden Wassers«. Der »Flügel« ist ein Instrument, um das zu erreichen. Er dient den Neuen Rechten als Arm in die AfD hinein.

Die erste Häutung

Nach der Gründung des »Flügels« spitzt sich der Machtkampf in der AfD im Frühjahr 2015 weiter zu. Lucke initiiert den »Weckruf 2015«, einen Verein, um seine Anhänger um sich zu scharen. Ähnlich wie Höcke versucht er, Verbündete hinter einer Gründungserklärung zu versammeln. In dem Dokument heißt es, man sei nicht bereit, Mitgliedern, die »pöbelnd Aufmerksamkeit auf sich ziehen wollen oder an den politischen Rändern unserer Gesellschaft hausieren gehen«, als seriöse, bürgerliche Fassade zu dienen. »Unser Engagement für eine gute Sache darf nicht für die Zwecke derer missbraucht werden, die aus der AfD eine radikale, sektiererische Partei von Wutbürgern machen möchten.« Mehr als 4100 Mitglieder schließen sich laut »Weckruf« an.

Doch wegen seiner Organisationsstruktur als Verein wird der »Weckruf«, anders als die »Erfurter Resolution«, als Partei in der Partei und damit als Spaltungsversuch wahrgenommen. Dazu kommt Luckes Führungsstil, den viele als abgehoben empfinden. Selbst langjährige Lucke-Fans wenden sich von ihm ab. Es steht schlecht um den Professor.

Der darauffolgende Parteitag in der Essener Grugahalle im Sommer 2015 ist schon fast legendär. Derart anarchisch geht es in der AfD danach nie wieder zu. Als »Hexenkessel« werden Beobachter die Halle später beschreiben, in der sich an diesem heißen Julitag mehr als 3300 Mitglieder drängen. Ein Spitzenfunktionär nennt die Zusammenkunft den »größten und wahrscheinlich spektakulärsten Parteitag nach dem Zweiten Weltkrieg«.

Die Lager von Bernd Lucke und Frauke Petry stehen sich

verfeindet gegenüber. Jedem ist klar, dass hier ein Richtungsentscheid getroffen wird. Bei einem Gespräch Jahre später benennt Lucke die zentrale Frage: »Darf man in der AfD alles vertreten, was noch mit dem Grundgesetz vereinbar ist? Oder definiert sich eine Partei durch bestimmte Werte und Standpunkte – und wer andere Meinungen hat, muss sich dafür eben eine andere Partei suchen?« Petry, Höcke und Gauland hätten den rechten Parteiflügel nicht verprellen wollen, während die »Weckrufler fanden, dass entweder die oder wir in der falschen Partei waren«. Im Grunde ist es der ewige Konflikt in der AfD.

Beide Lager bereiten sich akribisch auf den Parteitag vor. Sie sprechen über Busse für die Anhänger, WhatsApp-Gruppen, SMS-Verteiler. Doch die Petry-Leute sind siegesgewiss: Denn sie rechnen mit der Unterstützung durch Björn Höcke und seine Verbündeten. Der »Flügel«, obwohl zahlenmäßig unterlegen, wird an diesem Wochenende als Königsmacher fungieren. »Ich werde kein zweiter Bernd Lucke werden«, verspricht Petry ihren Anhängern am Abend vor dem Parteitag.

Für Lucke wird seine Bewerbungsrede für den AfD-Vorsitz auf dem Parteitag zum Albtraum. Immer wieder wird er von wütenden Zwischenrufen unterbrochen. Er warnt davor, den ganzen Islam als Religion zu diskreditieren und verteidigt die in Deutschland lebenden Muslime. Aus dem Publikum schallt es während seiner Rede »Lügen-Lucke«, Buhrufe werden laut. Am Ende gewinnt Petry deutlich – mit 60 Prozent der Stimmen. Der Machtkampf in der AfD ist entschieden. Für Lucke gibt es hier keinen Platz mehr. Petrys Co-Sprecher wird der VWL-Professor Jörg Meuthen.

Doch befriedet ist die Partei damit nicht – der nächste Konflikt ist schon angelegt. Denn obwohl der »Flügel« ihr zum Sieg verholfen hat, sieht Petry sich nicht zur Loyalität verpflichtet. Die *Spiegel*-Journalistin Amann zeichnete in einer Rekonstruktion des Parteitages nach, wie Petry schon kurz nach ihrer Wahl den Pakt bricht: Nicht der »Flügel«-Mann Poggenburg wird ihren Anhängern zur Wahl in den Vorstand empfohlen, sondern ein unbekannter Parteifreund aus Bayern. Höcke ist von diesem Augenblick an klar, dass es mit Petry noch Ärger geben wird.

Aussteiger berichten I
Jörn Kruse: »Rückblickend ist die AfD der dunkle Fleck in meiner Biografie.«

»25 Jahre meines Lebens war ich SPD-Mitglied. Die letzten Jahre davon habe ich bereits FDP gewählt, weil mir die SPD zu wenig marktwirtschaftlich war. In dieser Zeit blieb ich noch eine Weile aus persönlicher Verbundenheit in der SPD. Der Grund dafür, dass ich mich 2013 entschieden habe, die AfD mitzugründen, waren die absurden Euro-Rettungsschirme, die damals gegen jeden ökonomischen Sachverstand von der Bundeskanzlerin mit durchgedrückt wurden. Die finanzpolitischen Entscheidungen im Mai 2010 haben viele so empört, dass wir dachten, wir müssen uns engagieren.

Die AfD war zu Anfang eine stark ökonomisch getriebene, liberale Veranstaltung. Wir hatten das Image als Partei der Wirtschaftsprofessoren. Auch wenn das so nie ganz richtig war, bestimmte es den ersten Eindruck. Das half uns. Unser Ziel, fünf Monate nach der Parteigründung gleich in den Bundestag zu kommen, haben wir mit 4,7 Prozent knapp verfehlt. Aber an einem solch guten Ergebnis binnen so kurzer Zeit konnte man ablesen, wie weit verbreitet in der Gesellschaft die Empfindung war, dass die damalige Politik Alternativen brauchte.

Ich wurde gerade pensioniert und konnte mich um politische Arbeit kümmern. So wurde ich in Hamburg Landesvorsitzender und Bundestagskandidat. Zu dem Zeitpunkt habe ich noch nicht die damals schon bestehende Drift der Partei realisiert. Die Leute, die ich heute als Rechte bezeichnen würde, die haben sich damals nicht geoutet. Und ich war ja gerade dafür, dass in einer Partei lebhaft diskutiert wird.

Nach der Wahl 2015 wurde ich Fraktionsvorsitzender in der Bürgerschaft. Als Fraktionsvorsitzender wird man überall eingeladen, lernt viele interessante Leute der Hamburger Gesellschaft kennen – politisch, wirtschaftlich und kulturell. Das war eine tolle Erfahrung. Im Grunde habe ich damals meine Stadt erst richtig kennengelernt. Am Anfang dachte ich auch, man könne etwas bewegen. Diese Illusion habe ich schnell begraben. Die Politik war ein closed-shop der Regierungspartei SPD.

Die Partei insgesamt veränderte sich dann, es war allerdings ein eher schleichender Prozess, den ich mit etwas Verzögerung realisierte. Beim Katastrophenparteitag in Essen im Sommer 2015 habe ich zum ersten Mal gedacht: Auweia, du bist hier wahrscheinlich in der falschen Partei. Auf einmal waren da ganz andere Typen in der Mehrheit, als ich das aus Hamburg kannte. Die waren laut, rechts und haben gepöbelt. Frauke Petry aus Sachsen und andere Ost-Verbände hatten ganze Bustransporte organisiert, um ihre Mitglieder herbeizukarren. Letztlich haben die den Parteitag gewonnen und Lucke abgewählt. Das war inhaltlich der Anfang vom Ende der Partei, die ich mitgegründet hatte.

Ich bin damals nicht aus der AfD ausgetreten, obwohl ich es mir mit anderen bei der Rückfahrt aus Essen überlegt hatte. Aber wir kamen zu dem Schluss: Das ist eben der Osten, und in Hamburg ist es anders. Mir war allerdings klar, dass die Partei sich auf der Bundesebene in eine völlig falsche Richtung entwickelte. Sie rückte immer weiter nach rechts, das geht bis heute. Es passierten zwei Dinge: Die Falschen traten ein, und in der Folge traten die Vernünftigen aus. Es kamen auch Leute, die wären vielleicht früher bei den Republikanern oder bei der DVU gewesen. So einen Prozess kann man unter dem deutschen Parteiengesetz praktisch nicht verhindern. Wenn die erst mal drin sind, wird man sie de facto nicht wieder los. Und in einer Partei zählt nicht die Qualität der Argumente, sondern nur die Quantität bei Wahlen und Abstimmungen.

Ich bin 2018 ausgetreten. Ich bin noch ziemlich lange in der Partei geblieben, einfach weil ich die Rolle als Fraktionsvorsitzender und die damit verbundenen vielen Begegnungen gut fand. Anders als die AfD wurde ich als Person auch nicht diffamiert. Als Abgeordneter war es einfach ein ganz anderes Leben als das, was ich mein ganzes Leben als Professor am Schreibtisch und im Hörsaal geführt hatte.

Im Nachhinein sage ich mir, ich habe mit dem AfD-Austritt zu lange gewartet. Rückblickend ist die AfD der dunkle Fleck in meiner Biografie. Es gibt in der AfD immer noch eine ganze Menge vernünftiger Leute. Ich würde sogar sagen, weniger als die Hälfte sind rechts, vor allem im Westen. Sie sind einfach immer noch da, weil sie mit der Politik der anderen Parteien nichts anfangen können. Eine Parteimitgliedschaft als Protest gegen den Mainstream ist legitim in einer Demokratie. Aber in der öffentlichen Wahrnehmung, die durch bestimmte Medien geprägt wird, ist die ganze AfD eine rechtspopulistische Partei.

Einer der wichtigsten Gründe dafür, dass Menschen die Partei wählen, ist nach wie vor der Protest. Ein Kreuz bei der AfD ärgert die politische Klasse am meisten. Die Leute sind auch sauer darüber, dass man eine Partei, die demokratisch gewählt wurde, von allen Seiten diffamiert. Das widerspricht ihrer Vorstellung von Demokratie. Sie sind der Überzeugung, dass man alle, die gewählt sind, auch fair behandeln müsse.

Ob die AfD heute noch eine demokratische Partei ist, würde ich in der Mehrheit bejahen. Sie versteht sich sogar als sehr basisdemokratisch und vernachlässigt manchmal die abwägende Vernunft. Das ist ein Grund dafür, dass manchmal auch radikalere Leute gewählt werden. Zum Beispiel habe ich zum ersten Mal in meinem Leben Menschen kennengelernt, die den unterschiedlichsten Verschwörungstheorien glaubten. Es gibt auch inzwischen so manche Leute in der AfD, die aktiv sind, weil sie »von der Politik leben« wollen. Dies gilt für Abgeordnete und für viele Mitarbeiter.

Von einigen Menschen bin ich enttäuscht, dazu zählt Alexander Gauland. Den habe ich als einen seriösen Konservativen kennengelernt, gebildet und politisch erfahren. Im Laufe der Zeit hat er sich auf eine Weise radikalisiert, die ich persönlich erschütternd finde. Er hätte aufgrund seines großen innerparteilichen Renommees den Kurs der AfD so beeinflussen können, dass sie auf Dauer Einfluss gewinnt. Diese Chance ist vertan.

Ich glaube, die AfD ist auf dem Weg nach rechts unten und wird irgendwann unter fünf Prozent landen, angefangen mit den westlichen Bundesländern. Wir werden einmal so über sie reden wie über die Republikaner oder die DVU. Die vernünftigen Kräfte waren und sind nicht kämpferisch und nicht zahlreich genug.«

Der Wirtschaftswissenschaftler Professor Dr. Jörn Kruse war über Jahrzehnte Professor für Volkswirtschaft an den Universitäten Hamburg, Stuttgart-Hohenheim sowie der Helmut-Schmidt-Universität in Hamburg. Kruse beriet die Europäische Kommission und die Wettbewerbs- und Regulierungsbehörden verschiedener Länder. Seine Erfahrungen als AfD-Abgeordneter hat er auch in seinem Buch Bürger an die Macht *verarbeitet.*

Die Ära Petry

Nachdem Frauke Petry auf dem Parteitag in Essen die Macht in der Partei errungen hat, muss sie nun darum kämpfen, sie auch zu behalten. Die damals vierfache Mutter ist ehrgeizig. Und sie weiß, was es heißt, sich hochzukämpfen. Petry ist in der DDR aufgewachsen. 1990 kam sie in den Westen. Um dort als »Ossi-Mädchen« von den Lehrern anerkannt zu werden, muss sie sich doppelt anstrengen. Sie wird beim Abitur Jahrgangsbeste, macht ihren Doktor in Chemie und gründet eine Firma namens PURinvent, die einen Kunststoff für die Befüllung von verschleißanfälligen Reifen herstellt. 2012 erhält die junge Gründerin sogar den Verdienstorden der Bundesrepublik Deutschland. Aus Empörung über die Europolitik tritt sie 2013 in die AfD ein.

Doch während es in der Partei für sie sofort steil bergauf geht, gerät PURinvent in Schieflage. Im Oktober 2013 muss das Unternehmen Insolvenz anmelden. Auch privat gerät Petry ins Straucheln: Sie trennt sich von ihrem Mann, dem Pfarrer Sven Petry. Ihr neuer Partner ist ein AfD-Mann: Marcus Pretzell, damals Landeschef in NRW. Mit ihm spielt sie sich im Kampf gegen Parteigründer Lucke die Bälle zu. Und nach ihrer Wahl zur Parteivorsitzenden will sie mit Pretzell im Rücken die AfD zum Erfolg führen.

Die Sächsin sieht sich mit einem ernsten Umfragetief konfrontiert. Der Abgang Luckes hat Prozentpunkte gekostet. Die AfD verkündet, dass sie ihre »wieder gewonnene Geschlossenheit und Schlagkraft« nutzen will, um sichtbarer zu werden. Sie plant deshalb eine »Herbstoffensive 2015«. »Es ist Zeit, die Karten auf den Tisch zu legen – Asylchaos und Eurokrise stoppen!«, ist der Claim einer bundesweiten Kampagne, hinter der sich die frisch geschlossene Partei versammeln soll. Während die AfD das Vorgehen plant, kann sie noch nicht wissen, wie groß das Thema Migrationspolitik bald werden wird.

Doch schon bald strömen täglich Tausende Flüchtlinge ins Land, die Asylunterkünfte sind überfüllt, und während in großen Teilen der Bevölkerung zunächst die vielbeschriebene »Willkommenskultur« herrscht, stehen die Anhänger der AfD den Neuankömmlingen von Anfang an ablehnend gegenüber. In diesem Herbst wird klar, dass sich die eurokritische AfD von jetzt an voll auf das Thema Migrationspolitik konzentriert.

Die Partei veröffentlicht ein »Thesenpapier Asyl«, in dem von 48-Stunden-Schnellverfahren für Asylbewerber die Rede ist und die »unverzügliche« Wiedereinführung von Grenzkontrollen an deutschen Grenzen gefordert wird. »Das Recht, in Deutschland Asyl zu beantragen, ist aufzuheben«, heißt es darin. Bei einem Parteitag im November 2015 beschließt die AfD ein Asylpapier, das sogar noch schärfer ist als die Vorlage des Vorstands.

Die Kampagne funktioniert. Vor allem im Osten. In Erfurt zum Beispiel können 5000 Menschen zu einer Demonstration gegen die Flüchtlingspolitik mobilisiert werden. Auch in den Umfragen liegt die Partei im Aufwind. Von um die drei Prozent im Juli springt sie auf um die zehn Prozent zum Jahreswechsel. Parteivize Gauland sagt dem *Spiegel* unverblümt, dass die Flüchtlingskrise ein Geschenk sei, dem die Partei ihren Wiederaufstieg verdanke.

Dass das Thema Migration zugleich brandgefährlich ist, weiß Parteichefin Petry. Sie ruft in einem Mitgliederrundbrief dazu auf, »nicht vor Erstaufnahmeeinrichtungen und Asylbewerberheimen zu protestieren«. Doch an Zurückhaltung denken viele in der AfD da schon nicht mehr.

Ende 2015 macht Björn Höcke mit einer Rede zur Asylpolitik in Kubitscheks »Institut für Staatspolitik« Schlagzeilen: Er räsoniert über unterschiedliche Reproduktionsstrategien – den in Afrika angeblich vorherrschenden »Ausbreitungstyp« und den europäischen »Platzhaltertyp«. Petry geht öffentlich auf Distanz zu ihm. Der Bundesvorstand spricht eine Rüge aus. Doch stärkere Sanktionen kann Petry nicht durchsetzen.

Die Wähler scheinen den rassistischen Unterton zu goutieren oder stören sich zumindest nicht daran. In Sachsen-Anhalt zieht die AfD im März 2016 erstmals in den Landtag ein – sie wird mit 24,3 Prozent und 15 Direktmandaten zweitstärkste Kraft im Landtag. Auch in Rheinland-Pfalz (12,6) und Baden-Württemberg (15,1) zieht die Partei in die Parlamente ein.

Petry kapselt sich 2016 immer stärker ab, wittert überall

Feinde und fährt einen Schlingerkurs: Mal grenzt sie sich vom rechten Rand ab, mal flirtet sie mit ihm. Mit ihrem Co-Vorsitzenden Jörg Meuthen läuft es zunehmend schlecht.

Der gewinnt nach dem Bundesparteitag in Stuttgart an Beliebtheit, wo er mit seiner Rede gegen das »links-rot-grün-verseuchte 68er-Deutschland« den Saal zum Toben gebracht hat. Das gute Abschneiden bei der Wahl in Baden-Württemberg gibt ihm als Landeschef Rückenwind. Petry beobachtet Meuthens Erfolge argwöhnisch. Im Juli 2016 kommt es zum offenen Streit zwischen den beiden.

Anlass ist der Konflikt in der jungen Landtagsfraktion in Baden-Württemberg. Meuthen sieht sich als Fraktionschef mit Antisemitismus-Vorwürfen gegen den Abgeordneten Wolfgang Gedeon konfrontiert. Der hatte 2012 in einem Buch Holocaust-Leugner als »Dissidenten« und die Erinnerung an den Holocaust als »Zivilreligion des Westens« bezeichnet.

Der Streit von Stuttgart über die Trennlinie zum Antisemitismus ist in der Entwicklung der AfD ein frühes Zeichen dafür, welche Macht die radikalen Kräfte haben. Für andere Parteien wären solche Aussagen ein klarer Ausschlussgrund. Die AfD hingegen beschäftigt der Fall über Jahre. Erst im März 2020 wird Gedeon ausgeschlossen.

2016 versucht Meuthen vergeblich, den Ausschluss Gedeons aus der Fraktion zu erzwingen. Hier finden sich genug Abgeordnete, die Gedeon bleiben lassen wollen. Bei einer Abstimmung über den Ausschluss verfehlt Meuthen die nötige Zweidrittelmehrheit, tritt aus und nimmt zwölf Kollegen mit. »Wer nicht in der Lage ist, rassistische oder antisemitische Äußerungen zu erkennen und zu unterlassen, schädigt seine Partei und gehört schon gar nicht auf Führungspositionen einer staatstragenden Partei«, sagt Meuthen.

Petry wittert eine Chance, als Vermittlerin aufzutreten. Sie reist am Tag der Fraktionsspaltung nach Stuttgart und zieht sich zum Vier-Augen-Gespräch mit Gedeon zurück. Schließlich erklärt Gedeon seinen Austritt aus der Fraktion. Doch bis die zerbrochene Fraktion wieder zusammenfindet, wird es noch Monate dauern. Meuthen geht aus der Geschichte stark geschwächt hervor, und auch für Petry ist es kein echter Sieg: Dass sie sich in Meuthens Belange eingemischt hat und die Causa Gedeon für den parteiinternen Machtkampf missbraucht hat, nehmen ihr in der AfD viele übel.

Politisch das Genick bricht Frauke Petry aber der Kampf gegen Björn Höcke. Am 17. Januar 2017 stehen etwa 200 Gegendemonstranten mit den Füßen in dreckbraunen Schneeresten gegenüber vom Ballhaus Watzke in Dresden. Die Schlange derer, die unbedingt ins Ballhaus hineinwollen, ist länger. Die AfD-Nachwuchsorganisation »Junge Alternative« hat Höcke zu einer Rede eingeladen. Fast zwei Stunden dauert es, bis die etwa 500 Zuhörer im Saal Platz genommen haben. Unter den Gästen ist auch Götz Kubitschek.

Der Auftritt wirkt wie der geplante Versuch, eine Schneise in die geschichtspolitische Diskussion in Deutschland zu schlagen und eine rechtsradikale Position innerhalb der AfD als eingenommene Stellung zu behaupten. Über die sozialen Medien dringen erst einzelne Passagen an die Öffentlichkeit, dann die ganze Rede. Der bekannteste Satz lautet: »Wir Deutschen – und ich rede jetzt nicht von euch Patrioten, die sich hier heute versammelt haben – wir Deutschen, also unser Volk, sind das einzige Volk der Welt, das sich ein Denkmal der Schande in das Herz seiner Hauptstadt gepflanzt hat.« In der folgenden Debatte wird das Zitat verkürzt dargestellt – was Höcke die Möglichkeit gibt, sich mit der Argumentation zu verteidigen, er habe ja niemals gesagt oder gemeint, dass das Holocaust-Mahnmal eine Schande sei.

Der Kontext der Rede allerdings lässt keinen Zweifel. Höcke fordert eine »erinnerungspolitische Wende um 180 Grad«. Er ruft: »Wir brauchen keine toten Riten mehr in diesem Land. Wir haben keine Zeit mehr, tote Riten zu exekutieren.« Das Land brauche eine Erinnerungskultur, die die Bevölkerung zuallererst mit den »großartigen Leistungen der Altvorderen« in Berührung bringe.

Das öffentliche Entsetzen reicht bis in die Partei. Im Bundesvorstand hat Petry eine Mehrheit für ein Parteiausschlussverfahren gegen Höcke. Eine ihrer Verbündeten in dieser Sache ist die Ökonomin Alice Weidel. Auf der anderen Seite stehen Gauland und Meuthen, der Höcke inzwischen näher kennengelernt hat.

Im Antrag der Parteispitze wird Höcke auch vorgeworfen, unter dem Pseudonym »Landolf Ladig« in NPD-Publikationen veröffentlicht zu haben. Der Bundesvorstand argumentiert, ein vernünftiger Zweifel an der Autorschaft sei nicht möglich. Später wird auch der Verfassungsschutz der Auffassung sein, dass Höcke mit »Landolf Ladig« identisch ist.

Nachdem sie als treibende Kraft hinter dem Ausschlussverfahren gegen Höcke wahrgenommen wird, häufen sich die Anfeindungen gegen Frauke Petry. Bei einem Landesparteitag im sächsischen Weinböhla wirft man ihr vor, eine »Diktatorin« zu sein. Die Parteikollegen wählen Petrys Erzfeind, den ultrarechten Richter Jens Maier, auf Platz zwei der Landesliste für den Bundestag. Petry bricht vor den Delegierten in Tränen aus. Die Kontrolle über ihren Landesverband entgleitet ihr zusehends.

Auch im Bundesvorstand ist Petry nun weitgehend isoliert. Auf dem Bundesparteitag in Köln will sie einen letzten Befreiungsschlag wagen. Sie hat einen »Zukunftsantrag« vorbereitet. Die Partei soll wählen: zwischen dem von ihr favorisierten »realpolitischen Weg einer bürgerlichen Volkspartei« und einer fundamentaloppositionellen Strategie, als deren Vertreter sie Gauland benennt. Sie erkennt zu spät, dass es ein Fehler ist, ihren Widersacher so frontal anzugreifen.

Der Parteitag wird zu Petrys Untergang. Ihr Antrag wird nicht einmal behandelt. Laut rufen die AfD-Mitglieder »Bravo«, als ihr Co-Vorsitzender Jörg Meuthen sie in seiner Rede attackiert. Mit fahlem Gesicht und zusammengekniffenem Mund sitzt Petry auf der Bühne, scheint tief getroffen. Schnellen Schrittes verlässt sie das Podium. Auf die Frage, ob diese AfD noch ihre Partei ist, sagt sie den Journalisten später: »Ich werde mir bis zum Herbst ansehen, wie sich das weiterentwickelt.« Doch im Grunde muss ihr da schon klar gewesen sein, dass ihre Zeit in der AfD abgelaufen ist.

Der Dammbruch

Der Tag nach der Bundestagswahl markiert für die AfD eine Zeitenwende. Vor dem himmelblauen Hintergrund der Bundespressekonferenz nehmen an diesem Montag um 9 Uhr die Spitzenkandidaten Weidel und Gauland neben den Parteichefs Petry und Meuthen Platz. Die Stimmung ist frostig – Petry und die drei anderen haben vorher kaum ein Wort gewechselt. Doch auf das, was folgt, ist trotzdem niemand gefasst.

Petry hat für ihren Abgang die größtmögliche Bühne gewählt. Sie trägt einen dunklen Blazer, vom morgendlichen

Fernsehauftritt ist sie noch immer perfekt geschminkt. Mit ernster Miene erklärt sie, dass ihr Anspruch stets gewesen sei, die AfD möglichst schnell regierungsfähig zu machen. Eine anarchische Partei aber könne dem Wähler kein glaubwürdiges Angebot für eine Regierungsübernahme machen. Petry blickt in die Runde. Schließlich sagt sie: Nach langer Überlegung habe sie sich entschieden, dass sie der AfD-Fraktion im Deutschen Bundestag »nicht angehören« werde. Im Saal wird es unruhig. Der AfD-Sprecher, der hinter Petry sitzt, starrt seine Chefin mit riesigen Augen an. Die nimmt ihre Tasche – und kehrt ihren Parteikollegen für immer den Rücken.

Petry verhagelt mit ihrem Abgang ihrer Partei nicht nur den größten Triumph ihrer bisherigen Geschichte. Sie macht auch den Weg frei für eine weitere Radikalisierung der AfD. Die ganz Rechten freuen sich über den Rückzug der ungeliebten Chefin. Das zeigt sich schon wenige Stunden später. Da geben mehrere Abgeordnete der sächsischen AfD-Landesgruppe eine Pressekonferenz. Sie sitzen vor einer Spiegelwand in einem Leipziger Hotel, in ihrer Mitte Jens Maier, der sich gern als »kleiner Höcke« bezeichnet. Die Männer in der Runde haben nur Verachtung für Petry übrig. Darauf angesprochen, dass Petry in ihrem Wahlkreis ein Direktmandat holte, sagt Maier: In dem Wahlkreis hätte man auch einen »blauen Besen in die Ecke stellen können«, er wäre trotzdem gewählt worden.

Offenbar hatten die Abgeordneten ohnehin vor, Petry aus der sächsischen Landesgruppe auszuschließen. Mit ihrem Abgang ist sie dem zuvorgekommen.

Petry gründet eine eigene Partei: »Die Blauen«. Sie provoziert damit zwar einige Parteiaustritte, doch schon bald wird klar, dass das Projekt der AfD nicht gefährlich werden kann. So wie keine der Abspaltungen davor oder danach. Es gilt die Regel: Wer geht, verliert.

Innerhalb der Partei geraten Petrys alte Mitstreiter unter Druck. Wer im Verdacht steht, Unterstützer von Petry oder ihrem Mann Marcus Pretzell gewesen zu sein, dem begegnen die Parteikollegen mit Misstrauen. Mit Petry verbandelt gewesen zu sein, ist in der AfD ab jetzt ein Karrierekiller, wer noch immer mit ihr Kontakt hat, wird offen angefeindet. »Nachdem sie ausgetreten ist, hatten die Gemäßigten und Höcke-Gegner keine Chance mehr. Es brachen alle Dämme«, sagt ein ehemaliger Petry-Unterstützer über die Situation im Osten.

Doch mit dem Petry-Abgang wird noch ein anderer Mechanismus in Gang gesetzt. Nach den auch von Petry und ihrem Mann Marcus Pretzell angeheizten Streitereien der vergangenen Jahre, nach Kursdebatten und Ausschlussverfahren, wünschen sich die Mitglieder ein Ende der Grabenkämpfe. Die Einheit der Partei ist für viele nun die oberste Maxime – auch wenn das bedeutet, die Radikalen in der Mitte der Partei zu begrüßen.

Damit ist endgültig die Stunde von Alexander Gauland gekommen. Mit seiner Wahl zum Spitzenkandidaten ist er vom Lenker im Hintergrund ins Rampenlicht getreten. Nach dem Einzug der AfD in den Bundestag wählen ihn die Abgeordneten zum Fraktionsvorsitzenden. So umstritten Gauland in der Öffentlichkeit ist, so einig steht die Partei hinter ihm. Der Mann mit der Hundekrawatte versteht sich als Klammer, der vergleichsweise Moderate, Rechtskonservative und Radikale zusammenhält. Und so hat er sich zu einer Art »Übervater« der AfD entwickelt. Einer, der einen bürgerlichen Habitus und vollendete Umgangsformen pflegt, der aber auf der anderen Seite Björn Höcke wie einen Freund behandelt.

Dass Gauland nun den Ton angibt, ist auch eine gute Nachricht für Andreas Kalbitz. Der Ex-Fallschirmjäger stammt ursprünglich aus München, hat aber in der AfD Brandenburg Karriere gemacht. Gauland kürte ihn 2015 zu seinem Stellvertreter in der Landtagsfraktion – und damit zu seinem Kronprinzen. 2017 übernimmt Kalbitz den Fraktions- und Landesvorsitz. Viele der rechtsextremen Bezüge in Kalbitz Vergangenheit sind da schon bekannt. Doch Gauland scheint das nicht zu stören. Er wird auch in den kommenden Jahren stets seine schützende Hand über Kalbitz halten – wobei er das selbst bestreitet. Er sagt: »Ich bin mit Andreas Kalbitz nicht befreundet. In der früheren Landtagsfraktion war Andreas Kalbitz der logische Nachfolger, weil er der Einzige war, der intellektuell in der Lage war, die Fraktion zu führen.« Klar ist dennoch: Kalbitz hat seinen Aufstieg in der Fraktion auch Gauland zu verdanken.

Aussteiger berichten II
Anette Schultner: »Hat es das nach 1945 schon mal gegeben?«

»Von Anfang an gab es in mir diese zweifelnde Stimme, die fragte, ob sich die AfD in die richtige Richtung entwickelt. Es war eine neue Partei mit so vielen engagierten Menschen mit teilweise sehr unterschiedlichen Hoffnungen. Es konnte im Sinne meiner politisch konservativen Erwartungen gut laufen, aber sicher war es natürlich nicht. Doch ich wollte in konservativer Weise das Land mitgestalten. Aus der CDU war ich vorher nach langjähriger, aktiver Unionsmitgliedschaft enttäuscht ausgetreten. Mir hat es gefallen, dass die AfD Positionen besetzte, die ich als Christin für wichtig halte: etwa beim Lebensrecht für Ungeborene, beim klaren Bekenntnis für die traditionelle Familie, gegen die ›Ehe für alle‹.

Angefangen mir sehr ernste Sorgen um die AfD zu machen, habe ich schon nach der rassistischen Höcke-Rede zum ›lebensbejahenden afrikanischen Ausbreitungstyp‹. Ich fragte mich: Hat es das nach 1945 schon mal gegeben, dass eine überregional bekannte politische Stimme Vergleichbares sagt? Leider nahmen das in der AfD viele nicht schwer. Einige sagten auch zu mir, das wäre doch alles nicht so gemeint, ich solle mich nicht so anstellen. Das war für mich eine Zäsur.

Als ich dann anfing, mich öffentlich in Reden, Interviews und in sozialen Medien kritisch zu Björn Höcke zu äußern, hatte ich sofort die ›Flügler‹ gegen mich. Solche Positionierungen bekommen einem nicht gut in der AfD. Bei Aufstellungsversammlungen konnte man das besonders beobachten. Da werden jedem Kandidaten nach seiner Vorstellungsrede einige Fragen gestellt. Die ›Flügel‹-Leute waren gut darin, früh am Mikrofon zu stehen, um das auszunutzen. Sowohl bei der Aufstellung der Landesliste für den Landtag in Niedersachsen als auch bei der Wahl des Bundestagsdirektkandidaten in meinem Kreisverband bin ich gefragt worden, wie ich zu Björn Höcke und dem Ausschlussverfahren gegen ihn stehe. Bei der Listenaufstellung wies der Fragesteller sogar darauf hin, dass meine Antwort jetzt wahrscheinlich kriegsentscheidend dafür sei, ob ich gewählt werde oder nicht. Ich habe sehr deutlich gesagt, dass Höcke raus muss – und wurde natürlich nicht aufgestellt.

Das war die Masche des ›Flügels‹: Er umarmte unter Wahrung seiner politischen Linie erstmal alle. Außer die, die sich gegen ihn positionierten – die wurden umso härter sowie oft äußerst intrigant angefeindet und hatten kaum Chancen auf Mehrheiten. Deshalb haben viele andere gemäßigte Parteikollegen so eine klare Positionierung vermieden. Bei nicht wenigen hatte es aber auch damit zu tun, dass sie sich den ›Flügel‹ schönredeten.

Es gab einige, die so bürgerlich waren, dass sie eigentlich hätten austreten müssen. Aber sie wollten nicht raus aus der AfD. Es ist schließlich so: Wenn bekannt ist, dass Sie in der AfD sind, sinken Ihre Chancen rapide, irgendwo einen Job zu finden. Ihr Freundeskreis ist praktisch weg. Sie wissen: Wenn Sie jetzt aus der AfD ausscheiden, haben Sie niemanden mehr. Denn der Rest der Welt heißt Sie nicht willkommen. Politisch links und rechts werden sehr unterschiedliche Maßstäbe angelegt. Wenn Sie die AfD verlassen, haben Sie immer noch AfD-bedingte Schwierigkeiten, wenn man Sie zum Beispiel googelt. Unter dem Dach der AfD haben Sie wenigstens noch Freunde, selbst wenn Sie von anderen gemobbt werden. Also versuchen nicht wenige irgendwie vor sich zu rechtfertigen, dass sie mit den Leuten vom ›Flügel‹ in derselben Partei sind.

Der Punkt, an dem ich entschied, dass ich austreten muss, war im August 2017. Damals erfuhr ich, dass ein Vorstandskollege bei den ›Christen in der AfD‹ – kurz ›ChrAfD‹ – früher der NPD gespendet hatte. Nachdem ich in einer schriftlichen Erklärung klargemacht hatte, dass ich das für völlig inakzeptabel hielt, bekam ich eine Reihe an Mails und Anrufen – ich wurde wegen der Erklärung angefeindet. Am selben Tag, als ich wegen meiner Höcke-Antwort nicht auf die

Landesliste in Niedersachsen gewählt wurde, klingelte mein Telefon. Dran war eine Kollegin aus dem ›ChrAfD‹-Vorstand, die bis dahin immer auf meiner Seite war. Sie war sehr verärgert, weil ich die NPD-Spende unseres Vorstandskollegen kritisiert hatte, und sagte, dass die CDU dem Land viel mehr geschadet hätte als die NPD. Ich war fassungslos und dachte: Ist dieser Frau nicht klar, dass man in diesem Land nicht mehr leben könnte, wenn die NPD an der Macht wäre? Da wusste ich: Ich muss austreten.

Allein die Ereignisse dieses Tages hätten nicht zu der Austritts-Entscheidung geführt, aber das besagte Telefonat war der Moment, der den Faden meiner Geduld mit der AfD und der Hoffnung auf ihre bürgerlich-konservative Entwicklung nach etlichen Vorkommnissen endgültig reißen ließ. Ich wollte aber erst wenige Monate später, nach der Bundestagswahl und der Landtagswahl in Niedersachsen, gehen. Damit war klar, dass mein Austritt wohlüberlegt und in keiner Weise Rache war – was man mir sonst vielleicht unterstellt hätte –, sondern meine konsequente Antwort auf die intolerable Fehlentwicklung der AfD.

Aus meiner Sicht sind mehrere Faktoren für die Entwicklung der AfD verantwortlich. Es gab am Anfang viele, die es strategisch auf ein schnelles Wachstum der Partei anlegten – so auch Bernd Lucke. Es wurde ein viel zu breites politisches Spektrum an Personen in die AfD gespült, die in ihr die einzige parteipolitische Hoffnung sahen. Im Januar 2014 sagte ich Herrn Lucke bereits, dass das für die AfD zu großen Problemen und härtesten Richtungskämpfen führen würde. Es wurde auch zu wenig gefiltert – manche Verrückte, politische Rechtsaußen und schwierige Charaktere traten in die junge, ungefestigte Partei ein. Und wir kannten uns alle nicht. Wir haben auf Basis von Zwei-Minuten-Vorstellungsreden unbekannte Leute in Positionen gewählt. Gerade in der Anfangszeit fragten wir uns bei manch Gewähltem später fassungslos: Was haben wir getan? Dazu kam aber dann auch noch, dass die Gemäßigten von Anfang an unter Druck standen.

Während sich die Bürgerlichen darum stritten, wie konservativ oder liberal die AfD sein sollte, hatten die Radikalen eine wirksame Strategie: Leute wie Höcke oder Poggenburg versuchten mit besonders radikalen öffentlichen Aussagen, die Gemäßigten aus der Partei zu treiben. Zumindest jene, die es nicht aushielten, für solche Aussagen in Mithaftung genommen zu werden. Die Radikalen postulieren zwar bis heute die Einheit der Partei, sie haben aber von Anfang an das Gegenteil getan.

Zu dem Druck von innen kam der Druck von außen. Dieses destruktive Zusammenspiel halte ich für einen ganz wesentlichen Faktor. Die AfD wurde von Beginn an in der Öffentlichkeit massiv stigmatisiert – auch durch die Presse. Vieles, was man der AfD heute zurecht vorwirft, war 2013 noch nicht gegeben. Gemäßigte traten wegen dieser Stigmatisierung und der oft erheblichen Auswirkung auf ihren Beruf und ihr Privatleben aus – oder sie verfielen wegen der unverhältnismäßigen und undifferenzierten Angriffe von außen irgendwann in Solidarität mit den Radikalen. Stichwort Wagenburg-Mentalität. So verschoben sich in der AfD zu ihrem Schaden die Mehrheiten. Das alles trug zur Radikalisierung der AfD bei.

Zu all den großen Fehlern, die von außen im Umgang mit der AfD gemacht wurden, kommt leider hinzu, dass manche politischen Sorgen, die Millionen Wählern auf der Seele brennen, von den etablierten Parteien nicht hinreichend angesprochen und beantwortet werden. Zu viele in der AfD sind bereit, fast alles in ihr zu schlucken, weil sie die AfD für parteipolitisch alternativlos halten. Das entbehrt nicht einer gewissen Ironie, erfolgte doch die Benennung der ›Alternative für Deutschland‹ als bewusste Anspielung auf Angela Merkels häufige Verwendung des Begriffs ›alternativlos‹ für ihre Entscheidungen, besonders die sogenannte ›Euro-Rettung‹.

Ich glaube nicht, dass die AfD wieder gemäßigter werden kann. Dass Herr Meuthen sich nach außen hin bemüht, aufzuräumen, halte ich nicht für glaubwürdig. Er hat doch selbst lange mit dem Flügel gemeinsame Sache gemacht. Der ›Flügel‹, vorgeblich aufgelöst, bleibt als Netzwerk der Taktgeber der AfD.«

Anette Schultner hat lange Jahre als Dozentin für Deutsch und Biologie in der Jugendstrafvollzugsanstalt in Hameln gearbeitet. Sie war Initiatorin, Mitgründerin und Bundesvorsitzende der »Christen in der AfD«. Als sie 2017 auf dem evangelischen Kirchentag auf dem Podium saß, löste das eine Kontroverse aus.

Vernetzung

Nach dem Abgang von Petry scheint es ruhiger zu werden in der AfD. Die Zeit der öffentlich ausgetragenen Schlammschlachten ist vorerst vorbei. Doch hinter den Kulissen geht die Radikalisierung weiter. Der »Flügel« baut seine Aktivitäten aus. Die Strategie: Schlüsselpositionen besetzen – und zwar auf allen Ebenen. Wenn etwa auf Landesparteitagen die

Schiedsgerichte der AfD besetzt werden, schalten »Flügel«-Anhänger nicht einfach ab. Sie wissen: Im Zweifel sind es diese parteiinternen Richter, die darüber entscheiden, ob jemand nach einer Verfehlung aus der Partei geworfen wird oder nicht. Wer die Schiedsgerichte kontrolliert, kontrolliert die Ausschlussverfahren.

Der »Flügel« bemüht sich, in Kreisverbänden die Oberhand zu gewinnen. Scheinbar langweilige Kreisparteitage, bei denen die Delegierten für den nächsten Bundesparteitag aufgestellt werden, sind von größter Wichtigkeit, denn hier werden bereits die Weichen gestellt für die nächsten Vorstandswahlen. So organisiert ist das Vorgehen der Völkischen, dass hochrangige AfD-Funktionäre von einer »kadermäßigen Durchsetzung« sprechen. »Andreas Kalbitz achtet in Brandenburg darauf, dass selbst der letzte Beisitzer im Kreisverband auf seiner Seite ist. Wenn nicht, dann wird gnadenlos gekämpft«, sagt ein Bundesvorstandsmitglied. »Gute Leute werden gegen unfähige ausgetauscht. Die Hauptsache ist Linientreue.«

Der wichtigste Baustein in der »Flügel«-Strategie: Vernetzung. Dazu dienen die jährlichen Kyffhäuser-Treffen. Seit 2015 kommen die Rechten am Fuße des Kyffhäuser-Denkmals an der Grenze zwischen Sachsen-Anhalt und Thüringen zusammen. Höcke ist fasziniert von der Sage um den Stauferkaiser Barbarossa, der in der Höhle des Kyffhäuser-Berges schläft, »um eines Tages mit seinen Getreuen zu erwachen, und wenn die Not am größten ist, des Reiches Herrlichkeit wiederherzustellen«. Doch das Signal, das der Geschichtslehrer senden will, ist ein anderes: Der Kaiser, so ist Höcke zu verstehen, wird nicht kommen, die AfD muss sich das Land selbst zurückholen.

Anfang September 2017 ist es wieder so weit. Der Sandstein des rotbraunen Monuments leuchtet in der Spätsommersonne. Auf dem Parkplatz fährt die Parteiprominenz vor. Die Landeschefs von Niedersachsen, Baden-Württemberg, Schleswig-Holstein und Sachsen-Anhalt steigen aus ihren Wagen. Auch Alexander Gauland und AfD-Chef Jörg Meuthen sind dabei. Wer hier seine Aufwartung macht, der zeigt den Willen, mit den Völkischen zu kooperieren.

Weil der »Flügel« keine Vereinsstruktur hat, nur ein kleines Machtzentrum und zeitweise in den Ländern jeweils Ansprechpartner, sogenannte »Obmänner«, ist das persönliche Kennenlernen so wichtig. Auf dem Kyffhäuser-Treffen werden Handynummern und Mailadressen getauscht, man kann sich in WhatsApp-Gruppen eintragen lassen. Für Höcke sind die Treffen auch deshalb essenziell, weil er hier die Mitglieder mit donnernden Reden für sich begeistern kann. Seine Führungsrolle basiert vor allem auf der Bewunderung seiner Anhänger.

Höcke steht auf der Bühne und hält eine Rede über Heimat, Patriotismus und Nationalstolz. Er zeichnet ein düsteres Bild von der Migration – inklusive verschwörungsideologischen Anklängen. »Die Migration«, sagt Höcke, »ist eine sehr wirkungsvolle Waffe, um Destabilisierung zu erreichen.« Und sie werde sehr, sehr effektiv eingesetzt. So mancher stehe wegen dieses unfairen Kampfes vielleicht kurz davor zu resignieren. »Aber das dürfen wir nicht und als Patrioten können wir gar nicht aufgeben«, dröhnt Höcke. Die Menge applaudiert. Auch die anwesenden Spitzenpolitiker hofieren den »Flügel«.

In den folgenden Wochen drängt Höcke, der sich nach seiner Dresdner Rede zurückgehalten hat, wieder ins Rampenlicht. Er hält es sich demonstrativ offen, für den Bundesvorstand der AfD zu kandidieren. Vielleicht fühlt er sich von Gauland bestätigt, der der *Bild* sagt, Höcke sei »ein Teil der Seele der AfD« und werde von 20 bis 30 Prozent der Mitglieder »heiß geliebt«.

Ein Besuch in Höckes Abgeordnetenbüro in Erfurt im November 2017. Höcke schüttelt einen Moment zu lang die Hand, dann nimmt er Platz. Neben seinem Schreibtisch steht seine abgegriffene Ledertasche, die noch aus seiner Zeit als Lehrer stammt. Höcke inszeniert sich in dem Gespräch als nachdenklicher, heimatverliebter Politiker. Als einer, der schlecht ist in Machtspielen, gleichzeitig aber nach Höherem strebt. Wenn er sich nicht in den Bundesvorstand wählen lasse, dann werde er bei Neuwahlen eine Kandidatur für den Bundestag erwägen, sagt er. Das Signal, das Höcke damit senden will, ist deutlich: Alles ist für ihn möglich, er muss sich nur entscheiden.

Beim darauffolgenden Bundesparteitag in Hannover wagt sich Höcke noch nicht aus der Deckung. Zu groß ist wohl seine Sorge vor einer Niederlage, die seinen Nimbus stark beschädigen würde. Doch der Parteitag wird trotzdem ein Erfolg für den »Flügel«. Denn er verhindert, dass der vergleichsweise moderate Berliner Landeschef Georg Pazderski Parteichef wird. Völlig überraschend schicken die Völkischen die in der Öffentlichkeit unbekannte schleswig-holsteinische Landesvorsitzende Doris von Sayn-Wittgenstein gegen ihn ins Rennen – eine glühende »Flügel«-Frau.

Während Pazderski eine schwache Rede hält, appelliert Sayn-Wittgenstein, die in der Partei nur »die Fürstin« genannt wird, an die Seele der Partei. Sie betont die Einigkeit der AfD – was nichts anderes als ein Code dafür ist, dass man den »Flügel« einbinden muss. Und Sayn-Wittgenstein ruft Sätze wie: »Ich wünsche nicht, dass ich Koalitionsgespräche anbieten muss, sondern dass die anderen uns um Koalitionsgespräche anbetteln.« Oder: »Ich möchte nicht, dass wir in dieser sogenannten Gesellschaft ankommen.« Der Saal kocht.

Eine Stimme mehr hätte Sayn-Wittgenstein gereicht und sie wäre Parteivorsitzende geworden – was für die Partei ein Desaster gewesen wäre, denn später wird sie wegen Verbindungen zu einem rechtsextremen Verein aus der AfD ausgeschlossen. Glaubt man Vertretern des »Flügels«, war es gar nicht geplant, dass Sayn-Wittgenstein so gut abschneidet – man habe nur Pazderski einen Dämpfer verpassen wollen. Um größeres Chaos zu vermeiden, entscheidet sich in Hannover schließlich AfD-Fraktionschef Alexander Gauland dazu, sich neben Jörg Meuthen zum AfD-Vorsitzenden wählen zu lassen. Gebraucht hätte Gauland den Posten nicht, sein Einfluss als Fraktionschef und AfD-Übervater ist ohnehin groß genug. Doch nun stehen zwei Männer an der Spitze der Partei, die wenige Monate zuvor beim Kyffhäuser-Treffen waren – und die dem »Flügel« zu diesem Zeitpunkt zumindest wohlgesonnen sind. Zwei Männer, die ein Parteiausschlussverfahren gegen Höcke nach seiner Dresdner Rede ablehnten.

Es bricht eine Zeit an, in der der »Flügel« ungestört schalten und walten kann. Im Mai 2018 gibt es zudem gute Neuigkeiten für Björn Höcke: Das Thüringer Landesschiedsgericht lehnt den Antrag des Bundesvorstandes, ihn aus der Partei auszuschließen, als unbegründet ab. Eine Wesensverwandtschaft mit dem Nationalsozialismus sei nicht festzustellen. Später wird herauskommen: Einer der an dem Urteil beteiligten Parteirichter unternahm 2015 eine Reise zu den Stationen von Adolf Hitlers Leben. Vor dessen Geburtshaus im österreichischen Braunau soll er eine Kerze angezündet haben. Hier zeigt sich, wie gut die Unterwanderung der Landesschiedsgerichte für den »Flügel« funktionieren kann.

Gauland und der »Vogelschiss«

Wenn man Alexander Gauland auf seine Formulierung vom 2. Juni 2018 anspricht, dann verdreht er ungeduldig die Augen. Er wird oft nach der Aussage gefragt, die er in einem Grußwort beim Bundeskongress der »Jungen Alternative« im thüringischen Seebach macht. Und stets tut Gauland so, als sei ihm eine Formulierung entglitten, die zudem missverstanden worden sei. Zehnmal habe er sich inzwischen entschuldigt, sagt er im ARD-Sommerinterview. Er habe nie gemeint, dass das, was die Nazis gemacht hätten, ein »Vogelschiss« sei.

Missverständlich an der Aussage ist jedoch gar nichts, selbst wenn man den Kontext betrachtet. Die ruhmreiche Geschichte der Deutschen habe länger gedauert als die »verdammten zwölf Jahre«, sagt Gauland in Seebach. Und weiter: »Nur, wenn wir uns zu dieser Geschichte bekennen, haben wir die Kraft, die Zukunft zu gestalten. Ja, wir bekennen uns zu unserer Verantwortung für die zwölf Jahre. Aber, liebe Freunde, Hitler und die Nazis sind nur ein Vogelschiss in über 1000 Jahren erfolgreicher deutscher Geschichte.«

Dies ist der Moment, in dem sich die öffentliche Wahrnehmung von Gauland ändert. Nun ist auch dem Letzten klar: Der Mann mit dem bürgerlichen Habitus, der gebildete, intellektuelle Gauland, der sich so gern als Konservativer alter Schule betrachtet – er hat sich mit der Partei radikalisiert.

Aussteiger berichten III
Steffen Königer: »Ich habe mich noch nie so sehr in einem Menschen getäuscht.«

»Eingetreten bin ich in die AfD 2013, als die Mitgliedsnummern noch dreistellig waren. Alexander Gauland, der ja von Anfang an zum Führungspersonal gehörte, kannte ich schon lange. Ich dachte: Wenn Leute wie er dabei sind, dann kann nur etwas Gutes draus werden. Ich habe mich noch nie so sehr in einem Menschen getäuscht.

Ich habe nie verstanden, warum Gauland über Andreas Kalbitz seine schützende Hand gehalten hat. Das ging 2015 richtig los, nachdem Lucke ausgetreten war. Gauland protegierte Kalbitz. Im November 2015 wurde in Brandenburg der stellvertretende Landesvorsitzende gewählt. Kalbitz gewann gegen mich haushoch. Und egal, was er sich in den Jahren darauf leistete: Gauland hielt immer zu ihm. Als herauskam, dass Kalbitz in den Nullerjahren bei diesem Neonazi-Zeltlager dabei war, dachte ich: Das war's jetzt für ihn. Aber es passierte einfach nichts.

Im Landesverband in Brandenburg wurde es sehr ungemütlich für mich. Es war klar: Wer nicht für Kalbitz war, war gegen ihn – und damit gegen den ›Flügel‹, der ja sektenartig agierte. Ich kam auch nicht bei jeder Rede auf das Thema Zuwanderung zu sprechen. Es war mir wichtig, das nicht so reflexhaft zu bedienen. Deswegen kam ich gerade in Brandenburg vielen zu gemäßigt vor. Und ich war außerdem Mitgründer der ›Alternativen Mitte‹ in Brandenburg – ein Gegengewicht zum ›Flügel‹.

Dass ich 2017 in den Bundesvorstand gewählt wurde, ist wahrscheinlich nur möglich gewesen, weil die ›Flügel‹-Leute lange nichts von meiner Kandidatur wussten und deshalb nicht dagegen mobilisieren konnten. Meine Bewerbungsrede enthielt zwei von den Medien viel kritisierte Sätze. Ich sagte: ›Die 68er haben im Bildungssektor eine Kraterlandschaft hinterlassen, verbrannte Erde, eine zerbombte Kulturnation. Das ist der totale Krieg gegen das Volk der Dichter und Denker.‹ Das war natürlich eine überspitzte Parteitagsrede, aber genau diesen Pfiff brauchte es. Mit solchen Schlagworten kann man bei AfD-Wahlversammlungen jede Menge Punkte machen. Damit habe ich dann auch die ›Flügel‹-Leute getriggert, die noch nicht wussten, dass sie mich nicht wählen sollen. Ich bereue das nicht. Wenn ich mir angucke, was in Deutschland in der Bildungspolitik alles vollkommen falsch läuft, waren die Worte genau richtig.

2018 war ich dann Mitorganisator der großen AfD-Demo im Berliner Regierungsviertel, die am Hauptbahnhof startete. Einige Kreisverbände hatten Busse gechartert, um aus dem ganzen Bundesgebiet AfD-Mitglieder und Anhänger nach Berlin zu bringen. Mir ging es darum, endlich wieder positive Bilder zu produzieren und diesen Igitt-Faktor kleinzubekommen. Aus meiner Sicht war die Demo ein Erfolg, der Bahnhofsvorplatz war voll. Wir hatten 4000 Deutschlandfahnen besorgt, die noch weit vor Beginn des Umzuges vergriffen waren – das gab ein richtiges Fahnenmeer. Tage später kam Gauland mit dem bescheuerten Satz mit dem ›Vogelschiss‹ und ich dachte: Die Mühe mit der Großdemo hätten wir uns sparen können, das zerstört alles. Und danach auch noch der Schulterschluss von Höcke, Kalbitz und Co. mit den Rechtsextremen in Chemnitz – eine Katastrophe.

Im Bundesvorstand wurde einfach nicht durchgegriffen. Es war enttäuschend. Nach einem Jahr in dem Gremium war mein Bild von den beiden Parteichefs Gauland und Meuthen völlig ruiniert. Was mich besonders schockierte: Auch Meuthen machte damals mit Kalbitz gemeinsame Sache, obwohl ich ihn bereits im Frühjahr 2015 vor Kalbitz gewarnt hatte.

Es ging dann weiter bergab. Einschneidend war für mich, als bei uns in Brandenburg die Delegierten für den Europaparteitag der AfD gewählt wurden. Das war wichtig, weil die Delegierten später über die Kandidaten der AfD für die Europawahl abstimmen würden. Bei dieser Gelegenheit hat sich gezeigt, wie gut organisiert der ›Flügel‹ ist. Vor der Halle, wo die Versammlung stattfand, standen auf einmal zwei Reisebusse voll mit Mitgliedern, die ich noch nie zuvor gesehen hatte. Wahrscheinlich angelockt von der Aussicht auf Freibier und Würstchen und herangekarrt, um mir den Garaus zu machen. Der Plan ging auf: Ich, ein Bundesvorstandsmitglied, wurde nicht mal mehr als Delegierter aufgestellt. Und bei der Wahl der Kandidatenliste für die Europawahl hatte ich keine Chance, sogar destruktive Kandidaten mit Verschwörungstheorien hatten mehr Rückhalt unter den Delegierten. Wenig später, im November 2018, bin ich dann ausgetreten.

Dass ich so lang geblieben bin, hatte wahrscheinlich auch damit zu tun, dass ich für die AfD viel gegeben und geopfert habe. Mit der Parteimitgliedschaft habe ich meinen Handwerksbetrieb ruiniert. Zwei große Auftraggeber kündigten mir nach meinem Eintritt – da brach mir ein Umsatz von vielleicht 100 000 Euro weg. Wäre ich 2014 nicht in den Landtag eingezogen, wäre der Weg in die Pleite wohl unvermeidlich gewesen. Auch Freunde und Bekannte hatten sich zunehmend von mir abgewandt, je stärker die Verrohung der AfD voranschritt. Noch heute habe ich gefühlt den AfD-Stempel auf der Stirn.

Nach meinem Austritt aus der AfD hätte ich mir gewünscht, dass mal einer kommt und fragt: Was kannst du uns raten, wie kriegen wir die wieder klein? Aber es kam keiner. Dabei glaube ich schon, dass es einen Weg gibt. Und der geht aus meiner Sicht nicht über die Ausgrenzung der Partei und ihrer Mitglieder. So kann sich die AfD immer wieder in die Opferrolle flüchten, die Wagenburg enger schließen. Das macht die AfD erst stark und lenkt davon ab, dass diese Partei mit ihren Mandatsträgern gar keine Politik machen kann. Ausgrenzen und Stigmatisieren führt auch zu einer weiteren Spaltung der Gesellschaft. Wenn man die AfD kleinbekommen will, dann muss man sie inhaltlich packen. Man muss sie der Lächerlichkeit preisgeben. Indem man im Parlament ihre dilettantischen Anträge auseinandernimmt. Zeigt, dass sie keine Ahnung haben. Das tut denen wirklich weh – also den Wenigen, die noch politischen oder sonstigen Verstand haben, um das zu merken.«

Steffen Königer hat eine bewegte Vergangenheit: Er war »Mister Brandenburg«, arbeitete als Redakteur für die rechtskonservative Wochenzeitung Junge Freiheit *und gründete später einen Handwerksbetrieb. 2014 wurde er in den Landtag von Brandenburg gewählt. Nach seinem Austritt saß er als fraktionsloser Abgeordneter weiter im Parlament. Eine Annäherung an die CDU scheiterte. Heute arbeitet er wieder als selbstständiger Handwerker.*

Die Marschrichtung

Der »Flügel« will die AfD auch programmatisch verändern. Schon länger fahren die von ihm dominierten Landesverbände im Osten einen Kurs, den sie selbst als »sozialpatriotisch« bezeichnen, den man aber mit Recht »nationalsozial« nennen kann. Die Prämisse: Soziale Gerechtigkeit, aber nur für Deutsche. Im Juni 2018 stellt Höckes AfD-Fraktion im Thüringer Landtag ein Rentenkonzept vor, das in bestimmten Fällen einen »Staatsbürgeraufschlag« vorsieht – also einen Rentenaufschlag, der nur Deutschen zugutekommt. In den folgenden Jahren wird das Konzept als Gegenposition zu den ultra-liberalen Rentenideen von Parteichef Meuthen immer wieder zitiert werden.

Hinter dem Rentenvorstoß steckt eine Strategie, die sich Höcke ganz offensichtlich nicht allein ausgedacht hat – daran beteiligt war auch sein Freund Götz Kubitschek, der Verleger aus Schnellroda. Das wird kurz darauf deutlich. Noch im selben Monat schreibt Kubitschek in der *Sezession*, die soziale Frage sei das »Kronjuwel« der Linken, es könnte ihr durch »eine glaubwürdige und entschlossene AfD« abgejagt werden. Das ist eine eindeutige Marschrichtung.

Beim Kyffhäuser-Treffen 2018 hält Höcke eine Rede, die an einer Stelle ganz genauso klingt. Er steht vor einem schwarz-rot-goldenen Hintergrund und ruft: »Wenn wir als AfD glaubwürdig und entschlossen bleiben, dann können wir der Linken dieses Kronjuwel jetzt abjagen!« Im Publikum sitzt: Götz Kubitschek. Vieles, was der Verleger denkt, macht Höcke zu seinem Programm.

Das Kyffhäuser-Treffen 2018, das aus Platzgründen auf

einem Schlossgelände im sachsen-anhaltinischen Burgscheidungen stattfindet, bleibt aber noch aus anderen Gründen in Erinnerung. Zunehmend schiebt sich auch Andreas Kalbitz in den Vordergrund. Er begeistert seine Parteifreunde mit einer Rede, in der er von einer »Never Come Back Airline« für Politiker wie Claudia Roth und Cem Özdemir träumt. Er ruft: »Wer Deutschland nicht liebt, soll Deutschland verlassen.« Ein bekannter rechtsextremer Slogan, der seit Jahrzehnten in der Neonazi-Szene skandiert wird. Die Menge in Burgscheidungen stört das nicht, sie skandiert: »Wer Deutschland nicht liebt, soll Deutschland verlassen.« Und als Kalbitz dröhnt: »Masseneinwanderung ist Messereinwanderung«, antwortet das Publikum mit »Abschieben! Abschieben!« Spätestens jetzt ist klar: Nicht nur Kalbitz denkt so. Seine Rede ist genau das, worauf die Anhänger gewartet haben.

Parteichef Meuthen behauptet mittlerweile, er habe sich dort zum ersten Mal wirklich unwohl gefühlt. Die Töne seien ihm »zu krass« gewesen. Die Stimmung habe in seiner Wahrnehmung nicht mehr viel mit einem »politischen Freundestreffen« gemein gehabt. Paroli bietet Meuthen den »Flügel«-Führern damals trotzdem nicht.

Die wollen, dass sich ihre Anhänger auch offen zu ihnen bekennen. Der »Flügel«-Versand, der eine Weile offline war, geht wieder ans Netz: Dort gibt es »Flügel«-Fanartikel wie Anstecker, Tassen, »Schlüsselanhänger für Deutschland« sowie weitere »fantastische patriotische Accessoires« zu kaufen. Viele Höcke-Fans tragen auch gern den Jute-Beutel mit dem Konterfei des Thüringer Landeschefs und der Aufschrift »Geht aufrecht«.

Höckes Vision

Höcke verspürt offenkundig das Bedürfnis, seine Gedankenwelt einmal ausführlich auszubreiten. Im Juni 2018 veröffentlicht er ein aus einem langen Gespräch bestehendes Buch. In *Nie zweimal in denselben Fluß* erklärt er seine politischen Ziele. Zu lesen ist unter anderem die Verschwörungserzählung eines bevorstehenden »Volkstodes« durch »Bevölkerungsaustausch«. Nicht integrierbare Migranten möchte Höcke durch ein groß angelegtes »Remigrationsprojekt« abschieben: »Und bei dem wird man, so fürchte ich, nicht um eine Politik der ›wohltemperierten Grausamkeit‹, wie es Peter Sloterdijk nannte, herumkommen. Das heißt, daß sich menschliche Härten und unschöne Szenen nicht immer vermeiden lassen werden.«

Höcke sieht die Deutschen im Zuge des »westlich-dekadenten Liberalismus und der ausufernden Parteienherrschaft zu einer bloßen Bevölkerung herabgesunken«. Um wieder zu einem »eigenständigen« Volk zu werden, bräuchten die Deutschen »weniger die Not als Zuchtmeister« als eine »fordernde und fördernde« politische Elite, »die unsere Volksgeister wieder weckt«. In Anlehnung an Machiavelli bringt er unter anderem die Möglichkeit eines »alleinigen Inhabers der Staatsmacht« ins Spiel, der das »zerrüttete« Gemeinwesen wieder in Ordnung bringe. Doch das Buch schlägt kaum Wellen in der Partei. Nachdem gerade erst das Parteiausschlussverfahren gegen Höcke beendet ist, hat kaum jemand das Bedürfnis, das Thema neu aufzuwärmen.

Im Sommer 2018 beschleunigt sich die Radikalisierung der AfD. Es ist der Sommer, in dem sie von Revolution träumt. Schon lange gibt es in der Partei das Narrativ, die deutsche Demokratie sei in Wirklichkeit ein totalitäres System und Angela Merkel eine »Kanzlerdiktatorin«. Jetzt skandieren die AfD-Anhänger auf den Marktplätzen regelmäßig »Widerstand«. Auch Alexander Gauland spricht davon.

Bei einem Parteitag im bayerischen Augsburg fordert er, nicht nur Kanzlerin Merkel, sondern »ein ganzer Apparat, ein ganzes System« müsse weg. Er fühle sich an die »letzten Tage der DDR« erinnert. Gauland bezeichnet die deutsche Regierung als »Regime« und vergleicht die Kanzlerin mit Erich Honecker. Wieder gingen Bürger auf die Straße, »wieder ist Sachsen das Herz des Widerstands«. Diese Erzählung entwickelt sich in den Jahren darauf zum zentralen Narrativ der AfD.

Ende August 2018 spitzt sich die Situation zu. In Chemnitz wird ein 35-jähriger Deutsch-Kubaner ermordet – verurteilt wird später ein Syrer. Die Tat, die migrationsfeindlichen Proteste danach mit gewalttätigen Hooligans und Neonazis aus ganz Deutschland, die Ausschreitungen – all das wird die Republik lange beschäftigen. Für die AfD ist es in doppelter Hinsicht ein Schlüsselmoment. Denn hier treten zwei Dinge offen zutage. Erstens: ihr Schulterschluss nach ganz rechts außen. Und zweitens: die Umsturzfantasien in Teilen der Partei.

Die AfD sieht in den Demonstrationen einen verständlichen »Bürgerprotest«. Sie macht für den Mord die Migrationspolitik der Bundesregierung mitverantwortlich. Kurz nach der gewalttätigen Eskalation ruft der AfD-Bundestagsabgeordnete Markus Frohnmaier in einem Tweet indirekt zur Selbstjustiz auf: »Wenn der Staat die Bürger nicht mehr schützen kann, gehen die Menschen auf die Straße und schützen sich selber. Ganz einfach! Heute ist es Bürgerpflicht, die todbringende ›Messermigration‹ zu stoppen!« Auch Parteichef Gauland zeigt Verständnis: »Wenn eine solche Tötungstat passiert, ist es normal, dass Menschen ausrasten.«

In einem Facebook-Post der AfD-Fraktion im Hochtaunuskreis werden die Umsturzfantasien besonders deutlich. Dort steht: »Bei uns bekannten Revolutionen wurden irgendwann die Funkhäuser sowie die Presseverlage gestürmt und Mitarbeiter auf die Straße gezerrt. Darüber sollten die Medienvertreter hierzulande einmal nachdenken, denn wenn die Stimmung endgültig kippt, ist es zu spät.«

Die AfD will von der aufgeheizten Lage profitieren. Schon in den Monaten zuvor organisierte sie Kundgebungen und Demonstrationen, wenn von Ausländern begangene Gewalttaten öffentlich wurden. Wie etwa, als im pfälzischen Kandel ein junger Afghane seine 15-jährige Ex-Freundin in einem Drogeriemarkt erstach. In Chemnitz mobilisiert die AfD für einen Trauermarsch – gemeinsam mit dem islamfeindlichen Pegida-Bündnis. Höcke verkündet zuvor auf Facebook: »Extremisten und Gewalttäter wollen wir nicht in unseren Reihen«. Doch schon vor Marschbeginn vereinigt sich der Zug mit den Demonstranten der radikal rechten Gruppierung »Pro Chemnitz«.

Was dann in Chemnitz zu sehen ist, ist ein offensiver Schulterschluss quer durchs rechtsextremistische Spektrum. In der ersten Reihe die Frontmänner des »Flügels«: Björn Höcke und Andreas Kalbitz. Auch der sächsische AfD-Chef Jörg Urban, der rheinland-pfälzische Landeschef Uwe Junge und der Thüringer Co-Landeschef Stefan Möller laufen mit. Schräg hinter ihnen: der vorbestrafte Pegida-Anführer Lutz Bachmann.

Höcke, Urban und Kalbitz tragen Schlips und eine weiße Rose. Es soll bürgerlich aussehen, auch wenn es die Demo-Teilnehmer nicht sind. Der Verfassungsschutz Thüringen zählt 2500 bekannte Rechtsextremisten, die sich in der Menge hinter Höcke und Kalbitz einreihen – darunter Anhänger von »Der III. Weg« oder Maik Arnold, ehemaliges Führungsmitglied der mittlerweile verbotenen »Nationalen Sozialisten Chemnitz«. Auch einstiges Personal der ebenfalls verbotenen »Heimattreuen Deutschen Jugend« hat sich eingefunden, der Gruppierung also, bei der Kalbitz laut Verfassungsschutz früher Mitglied gewesen ist. Dass hier knallharte Neonazis mit der AfD demonstrieren und mit Menschen, die sonst nicht dem rechtsextremen Spektrum zuzuordnen sind – das halten Experten für eine neue Qualität.

Als die Demo vorzeitig aufgelöst werden muss, ist die Lage kurz davor, zu eskalieren. Ein AfD-Mann ruft, der Rechtsstaat habe vor »den Linksextremisten« kapituliert. Die Menge grölt einmal mehr »Widerstand«. Und nicht allen gefällt, dass Höcke, Kalbitz und Urban in dieser Situation den Anweisungen der Polizei Folge leisten und sich entfernen. »Ein Strahl aus dem Wasserwerfer bringt bei Temperaturen um die 18 Grad niemanden um«, schreibt der extrem rechte AfD-Mann Hans-Thomas Tillschneider hinterher in einem Beitrag für Kubitscheks *Sezession*. Er ärgert sich über die »Würdelosigkeit« der AfD-Oberen.

Parteichef Gauland treibt ein paar Tage später die Widerstandsrhetorik noch weiter auf die Spitze. Im Interview mit der *FAZ* fordert er eine »friedliche Revolution« gegen Bundeskanzlerin Angela Merkel und ihre Unterstützer. »Das sind auch Leute aus anderen Parteien und leider auch aus den Medien«, sagt Gauland. »Die möchte ich aus der Verantwortung vertreiben.« Es gehe um die Vertreibung aller Personen, die das »System Merkel« stützen. Er beteuert zwar, das sei »kein Umsturz der grundgesetzlich garantierten Ordnung.« Doch die Botschaft, die Gauland an seine Unterstützer sendet, ist eine andere.

Damals notiert die *Zeit*-Journalistin Mariam Lau: »Man kann förmlich zusehen, wie sich die AfD an der inneren Radikalisierung berauscht wie an einer Eigenbluttransfusion.«

In Chemnitz kann die breite Öffentlichkeit auch zum ersten Mal nicht mehr übersehen, wie eng die AfD inzwischen in ein Netzwerk aus neurechten und rechtsextremistischen Organisationen eingebunden ist.

Auch an vielen anderen Stellen zeigt sich die Kooperation zwischen Partei und außerparlamentarischen Bewegungen. So zum Beispiel in Brandenburg, dem Stammland von Kalbitz und Gauland: Die Kundgebungen der Anti-Asyl-Initiative »Zukunft Heimat« sind früh ein Publikumsrenner. Mittlerweile stuft der Verfassungsschutz den Verein als rechtsextrem ein und sieht Verbindungen zu inzwischen verbotenen Organisationen. In einer Broschüre weisen das Aktionsbündnis Brandenburg und die Rosa-Luxemburg-Stiftung nach, wie präsent die jungen Akteure der völkischen »Identitären Bewegung« und auch des inzwischen vom Verfassungsschutz beobachteten neurechten Vereins »Ein Prozent« auf den Versammlungen sind. Immer wieder treten Mandatsträger der AfD als Redner auf. Umgekehrt spricht der Vereinsvorsitzende Christoph Berndt 2018 bei der großen Kundgebung der Bundes-AfD in Berlin. Ab 2019 sitzt er für die Partei im Landtag.

Und bei »Zukunft Heimat« tritt auch der Herausgeber des rechten Magazins *Compact*, Jürgen Elsässer, im Sommer 2018 als Redner auf. Er hat in der Szene eine Art Scharnierfunktion, da er neben Verbindungen zur AfD eben auch enge Kontakte zu rechten Vereinen und Bürgerinitiativen unterhält. Wie er seine Arbeit versteht, macht Elsässer auf einer Bühne der Leipziger Buchmesse 2018 klar: »Aufgabe der oppositionellen Medien ist, zum Sturz des Regimes beizutragen – und da gehen wir Schulter an Schulter.«

Für viele Politiker anderer Parteien ist nach Chemnitz das Maß voll. Immer lauter werden die Rufe nach einer Beobachtung der AfD durch den Verfassungsschutz.

Eindämmungsversuche

In der AfD setzt nun eine Bewegung ein, die zum Ziel hat, zumindest den Anschein zu erwecken, man ginge gegen die Extremisten in den eigenen Reihen vor. Auch die völkisch-nationalistische »Patriotische Plattform« (PP) will sich auflösen, um dem Verfassungsschutz keine Angriffsfläche mehr zu bieten. Wirklich prägend war die Rechtsaußen-Vereinigung, die schon vor dem »Flügel« existierte, nie. Dennoch, was der PP-Vorsitzende Tillschneider zur Auflösung schreibt, lässt tief blicken. Er glaubt nämlich, dass es die Plattform ohnehin nicht mehr brauche. Gegründet worden sei die PP, um sicherzustellen, dass sich die AfD nicht zu einer gemäßigten »Scheinalternative« entwickle. »Dieses Ziel ist schon lange erreicht«, schreibt Tillschneider. »Wir können alles, was wir sagen und tun wollen, auch auf allen Ebenen der AfD sagen und tun.«

Dass alle Versuche, sich zu mäßigen, nur oberflächlich sein können, liegt auch daran, dass die Partei über Jahre hinweg bei der Einstellung ihrer Mitarbeiter in den Parlamenten im radikal und extrem rechten Milieu rekrutiert hat. Das mag zu einem Teil daran liegen, dass die AfD nur schwer Mitarbeiter findet, doch die Vernetzung ist auch gewollt. 350 Namen von Mitarbeiterinnen und Mitarbeitern untersuchte ein von der *tageszeitung* zusammengestelltes Recherchetearn mit finanzieller Unterstützung der gewerkschaftsnahen Otto-Brenner-Stiftung. Ergebnis der im Mai 2018 erschienenen Studie: »Ein nicht unwesentlicher Teil der neuen Mitarbeitenden der AfD hat einen extrem rechten Hintergrund beziehungsweise Verbindungen ins extrem rechte Milieu.« Mindestens 27 Fälle finden die Rechercheure, darunter aktive oder ehemalige Vertreter der »Identitären Bewegung« und extrem rechter Burschenschaften, andere wiederum seien »alte Bekannte« mit langjährigen Karrieren im völkischen oder ultrarechten Spektrum.

Dennoch will die AfD-Spitze der Öffentlichkeit zeigen, dass sie eine rote Linie zum Rechtsextremismus zieht: Eine Arbeitsgruppe wird gegründet, zu der etwa Parteichef Meuthen, der ehemalige leitende Oberstaatsanwalt Roman Reusch und der Ex-Bayer-Chefjurist Roland Hartwig gehören. Die Gruppe soll eine Beobachtung durch den Verfassungsschutz verhindern, Parteiausschlussverfahren im Auge behalten und einleiten sowie Hinweisen aus der Mitgliedschaft nachgehen. Im Herbst 2018 erklärt Reusch, es würden zudem Handreichungen erarbeitet, um die Mitglieder der AfD darüber zu informieren, »welche Positionen inakzeptabel sind«.

Doch in der Partei sorgt die Arbeitsgruppe für Unmut. Von Inquisitoren ist die Rede, von Sprachpolizei und Stasi. Eines der mehr oder weniger stillschweigenden Versprechen der AfD an ihre Mitglieder ist schließlich: Bei uns darfst du alles sagen. Auf einem Landesparteitag im thüringischen Pfiffelbach wettert Höcke im November 2018 gegen die Parteispitze: Panik angesichts einer möglichen Beobachtung durch den Verfassungsschutz sei »politische Bettnässerei«. Höcke wird mit großer Mehrheit als Landesvorsitzender wiedergewählt.

Im Januar 2019 kommt es, wie viele es bereits erwartet haben: Die AfD wird vom Verfassungsschutz zum »Prüffall« erklärt, Höckes »Flügel« und die Parteijugend »Junge Alternative« (JA) zu »Verdachtsfällen«. Theoretisch könnten jetzt V-Männer auf »Flügel«- und JA-Leute angesetzt, ihre Kommunikation überwacht werden. Als die Nachricht kommt, sitzt die AfD-Fraktion gerade bei ihrer wöchentlichen Sitzung im Bundestag zusammen.

Die Fraktionschefs Weidel und Gauland treten gemeinsam mit Roland Hartwig, dem Leiter der Arbeitsgruppe, vor die Presse. Gauland wirkt, obwohl ihn die Entscheidung nicht überraschen kann, bedrückt. Er behauptet, ein »gewisses gesellschaftliches Klima, ein gewisser politischer Druck« habe zu der Entscheidung geführt. Man werde juristisch dagegen vorgehen. Weidel schlägt aggressivere Töne an. Ihre Botschaft: Der Verfassungsschutz habe in Wirklichkeit überhaupt nichts in der Hand – deshalb habe er die AfD auch nur zum »Prüffall« erklärt.

Das Gutachten des Verfassungsschutzes, das kurz darauf an die Öffentlichkeit gelangt, zeigt, dass das nicht stimmt. Auf 442 Seiten breitet der Inlandsgeheimdienst Anhaltspunkte für Bestrebungen gegen die freiheitlich demokratische Grundordnung aus. Ausgewertet wurden dafür unter anderem 180 Reden von 50 AfD-Politikern. Der Verfassungsschutz erkennt bei der AfD »eine so fundamentale Ablehnung des Islam und eine pauschalisierte Herabwürdigung von Muslimen«, dass vom »Vorliegen einzelner tatsächlicher Anhaltspunkte für eine verfassungsfeindliche Bestrebung auszugehen ist«. Wenig überraschend taucht Höcke besonders häufig in dem Gutachten auf. Aber auch Gauland wird so oft zitiert, dass er als maßgeblicher Treiber der Radikalisierung der AfD erscheint.

Dass der Druck durch den Verfassungsschutz durchaus Wirkung zeigt, lässt sich im Februar 2019 bei einem Landesparteitag in Baden-Württemberg beobachten. AfD-Parteichef Jörg Meuthen ist nach Heidenheim gereist. Er will verhindern, dass radikale Quertreiber die Oberhand gewinnen. Bevor es zur Wahl kommt, betritt er die Bühne und hält eine Brandrede. Er ruft: »Wer hier seine gruppenbezogene Menschenfeindlichkeit ausleben will, dem sagen wir klipp und klar: Sucht euch ein anderes Spielfeld für solche Neurosen!« Der Saal kocht. Buhrufe und Pfiffe mischen sich in Applaus und Jubel.

Nie ist Meuthen so deutlich geworden. Für den Parteichef ist Heidenheim ein Wendepunkt – seine dortige Rede markiert den Bruch mit den »rücksichtslosen Radikalen« in der Partei, wie er sie nennt. Jahrelang hat er mit ihnen paktiert. Gerade einmal zwei Monate zuvor hat er beim Europaparteitag der AfD die Kandidatenliste für die Europawahl eng mit »Flügel«-Frontmann Kalbitz abgestimmt. Die beiden hätten sich hervorragend verstanden, berichten Parteifreunde. Doch mit seiner Rede in Heidenheim signalisiert Meuthen, dass andere Zeiten anbrechen sollen.

Expansion

Für die Radikalen ist jetzt noch nicht die Zeit zurückzuschlagen. Selbst Björn Höcke versucht sich zu mäßigen – zum Unmut einiger Anhänger, wie sich im März 2019 in der thüringischen Provinz zeigt. In Arnstadt begeht die Thüringer AfD ihren Politischen Aschermittwoch. Ein Termin, bei dem traditionell deftige Töne angeschlagen werden. Höcke ist an diesem Tag in der Zwickmühle: Es ist schon reichlich Bier geflossen, seine Vorredner haben für Lacher gesorgt, und die Erwartungen an ihn sind hoch. »Höcke! Höcke!«, rufen sie ihm aus dem Publikum zu, Jubel brandet auf, als er sein Bierglas auf dem Rednerpult abstellt. Doch dann verkündet Höcke: »Von mir gibt es heute nur hundert Prozent politisch Korrektes!« Da werden Buhrufe laut.

Es ist aber keineswegs so, dass der »Flügel« wegen der gestiegenen Aufmerksamkeit des Verfassungsschutzes seine Aktivitäten einschränkt – im Gegenteil. Auch wenn man sich mit allzu radikalen Äußerungen zurückhält, finden verstärkt Veranstaltungen von und mit »Flügel«-Größen statt. Im Januar: ein »Sachsentreffen« in Dresden. Im April: das »Berliner Flügeltreffen«. Im Mai: das »Süddeutsche Flügeltreffen« im bayerischen Greding. Letzteres gerät in die Schlagzeilen, weil Anhänger von Höcke dort die erste Strophe der Nationalhymne singen. Im Juni: die Veranstaltung »Junge Alternative trifft Flügel« in Sachsen-Anhalt. Später im Jahr: das »Königsstuhltreffen« in Binz auf Rügen. Hier taucht neben Höcke, Kalbitz und dem »Flügel«-Mann Enrico Komning aus Mecklenburg-Vorpommern auch ein Mann namens Haik J. auf. Das zeigen auf der Rechercheplattform »Exif« veröffentlichte Bilder. Der Polizist wird verdächtigt, Mitglied der teils rechtsextremen Prepper-Gruppe »Nordkreuz« zu sein, die sich auf einen »Tag X« vorbereitet. Auf den Bildern ist außerdem Holger Arppe zu sehen, der wegen Volksverhetzung verurteilt und aus der AfD geworfen wurde.

Immer deutlicher wird dem Verfassungsschutz, wie gut der »Flügel« organisiert ist – und dass er keineswegs nur eine lose Interessengemeinschaft ist, wie seine Protagonisten behaupten. Der Geheimdienst vermutet, dass es sogar formelle Mitgliedschaften beim »Flügel« geben könnte, was dieser stets bestritten hat. Über die zum Zollkriminalamt gehörende Financial Intelligence Unit wird dem Verfassungsschutz eine Geldwäscheverdachtsanzeige weitergeleitet. Das betroffene Bankkonto ist zeitweise auf der Website des »Flügels« als Spendenkonto angegeben. Inhaber: der Bundestagsabgeordnete Frank Pasemann, ebenfalls ein »Flügel«-Mann. Die Meldung, so heißt es in einem Gutachten des Verfassungsschutzes, umfasse insgesamt 69 Kontobewegungen im Zeitraum von Juni 2018 bis August 2019.

Die Spenden kommen von Einzelspendern, aber auch von »Flügel«-Funktionären wie Höcke, dem Berliner Abgeordnetenhausmitglied Thorsten Weiß, der »Flügel«-Anhängerin Christina Baum aus Baden Württemberg oder dem sachsen-anhaltinischen »Flügel«-Mann Hans-Thomas Tillschneider. Zwei weitere Überweisungen enthalten Mitgliedsnummern im Verwendungszweck. »Aufgrund der im Regelfall als Spende deklarierten Zahlungen kann aus den beiden Überweisungen zwar nicht geschlossen werden, dass der ›Flügel‹ über eine formalisierte Mitgliedschaft samt Mitgliedsnummern verfügt, allerdings bilden die beiden Überweisungen zumindest einen ersten Anhaltspunkt für eine bisher nicht bekannte Mitgliederstruktur«, schreibt der Inlandsgeheimdienst.

Nach der Europawahl Ende Mai 2019 kann man beobachten, wie »Flügel«-Frontmann Höcke öffentlich wieder forscher auftritt. Die Wahlergebnisse, verkündet der Thüringer AfD-Chef per Pressemitteilung, seien die »erneute Bestätigung« des Thüringer Kurses, »der Solidarität und Patriotismus verbindet«. Auch wenn das bundesweite Ergebnis der AfD bei der Europawahl enttäusche, habe man in Thüringen die 22 Prozent der Bundestagswahl verteidigen können. Ein kaum verhohlener Angriff auf die Westverbände der AfD, die deutlich niedrigere Ergebnisse geholt hatten. Und eine Aufforderung, die Bundes-AfD müsse sich am Thüringer Modell orientieren.

Wie selbstbewusst sich der »Flügel« nun wieder gibt, wird aber vor allem im Juli 2019 in einer Mehrzweckhalle im thüringischen Leinefelde deutlich. Mehr als 800 Anhänger warten beim jährlichen Kyffhäuser-Treffen auf ihren Star. Der wird mit einer großen Inszenierung angekündigt. Blasmusik spielt, ein weichgezeichneter Imagefilm zeigt »den Menschen Björn Höcke« beim Joggen und Schafe füttern. Dann betreten Fahnenträger den Saal, die Menge erhebt sich. Begleitet von Jubel und Sprechchören schreitet Höcke durch die Reihen. Später wird er auf der Bühne loyalen »Flügel«-Anhängern ein Abzeichen in Silber verleihen. »Du bist unser Anführer, dem wir gerne bereit sind, zu folgen«, bescheinigt ihm ein Getreuer. Der Personenkult um Höcke erreicht an diesem Tag seinen Höhepunkt – sogar manche Parteikollegen finden das gruselig. Höcke selbst verbindet den Auftritt mit einer Kampfansage: »Ich werde mich mit großer Leidenschaft der Neuwahl des Bundesvorstands hingeben.« Was das genau heißen soll, bleibt offen. Aber ganz sicher ist es eine Drohung an jene im Bundesvorstand, die gegen ihn arbeiten.

Mehr als 100 AfD-Politiker unterschreiben anschließend einen Appell »für eine geeinte und starke AfD« – das Dokument wird als »Appell der 100« in der Partei bekannt. Darin heißt es, der überwiegende Teil der Mitgliedschaft lehne den »exzessiv zur Schau gestellten Personenkult« um Höcke ab, wie er beim Kyffhäuser-Treffen zelebriert worden sei. Die Unterzeichner, zu denen mehrere Dutzend Mandatsträger zählen, halten fest: »Die AfD ist und wird keine Björn-Höcke-Partei«. Höcke solle sich auf seine Aufgaben in Thüringen beschränken.

Den »Flügel« beeindruckt der Aufruf wenig, zumal weder Gauland noch Meuthen oder Weidel unterschrieben haben. Die extrem Rechten merken sich aber genau, wer zu den Unterzeichnern zählt – der Appell bietet ihnen einen guten Überblick über ihre Gegner. Noch allerdings herrscht Waffenruhe. Die anstehenden Landtagswahlen erfordern die volle Konzentration der »Flügel«-Funktionäre.

Am 1. September dann liegen sich Andreas Kalbitz und Björn Höcke um kurz nach 18 Uhr in den Armen. Höcke schließt sogar für einen Moment die Augen. Der brandenburgische Spitzenkandidat und sein Parteifreund aus Thüringen feiern das Wahlergebnis der AfD: 23,5 Prozent in Brandenburg und 27,5 Prozent in Sachsen. Die Umarmung bei der Wahlparty im brandenburgischen Werder an der Havel soll zeigen: Dieser Erfolg ist ein »Flügel«-Erfolg – dominiert er doch die ostdeutschen Landesverbände.

Das Ergebnis, ruft Kalbitz kurz darauf in den prunkvollen Ballsaal hinein, zeige deutlich: »Die AfD ist gekommen, um zu bleiben.« Die Funktionäre auf der Bühne fangen an, laut »AfD! AfD!« zu skandieren und rhythmisch zu klatschen. Viele Ost-Funktionäre haben nun die Erwartung, dass der Osten wegen seiner Erfolge künftig an der Parteispitze stärker vertreten sein sollte. Dass Höckes AfD bei der Landtagswahl in Thüringen knapp zwei Monate später 23,4 Prozent holt, untermauert diesen Anspruch noch. Die Ost-Verbände wollen einen der ihren an der Parteispitze sehen.

Die Stabübergabe

Als Nachfolger für Alexander Gauland an der Parteispitze kursiert in den Wochen danach immer wieder der Name Tino Chrupalla. Der Malermeister aus Görlitz hat bei der Bundestagswahl dem sächsischen Ministerpräsidenten Michael Kretschmer das Direktmandat in seinem Wahlkreis abgenommen. Er gilt nicht als »Flügel«-Mann, hat aber einen guten Draht zu dessen Vertretern. Die Hoffnung in der Partei ist, er könne eine Brücke zwischen den beiden Lagern schlagen. Den Handwerker und Ostdeutschen sehen auch Gauland und Weidel als gute Ergänzung zum Wirtschaftsprofessor Meuthen.

Auf einem Parteitag im niedersächsischen Braunschweig wird Ende 2019 der neue AfD-Vorstand gewählt. Einen weiteren Rechtsruck kann man anschließend nicht diagnostizieren. Viele »Flügel«-Funktionäre sind bei den Wahlen durchgefallen. Ärgern müssen sich Höcke, Kalbitz und ihre Verbündeten aber trotzdem nicht. Tino Chrupalla ist als erklärter Wunschkandidat des »Flügels« gewählt worden. Und obwohl damals schon lange klar ist, dass Kalbitz 2007 zu einem Neonazi-Aufmarsch nach Athen gereist ist, wählt ihn die Partei erneut zum Beisitzer im Bundesvorstand. Zudem werden mehrere Unterzeichner des »Appells der 100« abgestraft und nicht wieder in den Parteivorstand gewählt – darunter der Berliner Fraktionschef Georg Pazderski.

In Braunschweig zeigt sich auch, dass die Radikalen in der Partei schon lange nicht mehr nur im »Flügel« zu suchen sind. AfD-Vize ist nun der Thüringer Jurist Stephan Brandner. Dabei wurde er erst kurz zuvor wegen seiner unflätigen Äußerungen und Tweets im Nachgang des rechtsextremen Anschlags in Halle als Vorsitzender des Rechtsausschusses im Bundestag abgesetzt. Der bayerische Bundestagsabgeordnete Stephan Protschka, der zu diesem Zeitpunkt wegen eines revisionistischen Gedenksteins in der Kritik steht, wird zum Beisitzer gewählt. Und der für seine migrationsfeindlichen Reden bekannte Physiker Gottfried Curio unterliegt Chrupalla zwar im Rennen um den Parteivorsitz, erhält aber trotzdem immerhin 41 Prozent der Stimmen.

In Braunschweig wird außerdem AfD-Fraktionschefin Alice Weidel ohne Gegenkandidaten zur stellvertretenden Parteivorsitzenden gewählt. Es ist eine Personalie, die wenig Aufsehen erregt. Doch tatsächlich ist Weidel eine der spannendsten Persönlichkeiten im neuen Machtgefüge der AfD. Selbst vielen Parteifreunden ist die Ökonomin ein Rätsel. Einst trieb sie gemeinsam mit Frauke Petry das Parteiausschlussverfahren gegen Björn Höcke voran. Doch auf dem Bundesparteitag wird klar, dass sie längst ihren Frieden mit dem »Flügel« geschlossen hat. Weidel gilt in der AfD als Opportunistin, die weiß, woher sie ihre Mehrheiten bekommt.

Schon dass Weidel gemeinsam mit Alexander Gauland zur Spitzenkandidatin bei der Bundestagswahl gewählt wurde, hatte sie unter anderem dem »Flügel« zu verdanken. Dazu war allerdings Gaulands Fürsprache nötig. Denn damals sind die Völkischen wegen des Höcke-Ausschlussverfahrens nicht gut auf Weidel zu sprechen. Ganz abgesehen davon, dass sie in einer gleichgeschlechtlichen Lebenspartnerschaft lebt und mit ihrer Partnerin zwei Kinder großzieht. Das passt so gar nicht zur Ideologie der Völkischen.

Doch Weidel muss irgendwann klar geworden sein, dass sie auf die Unterstützung des »Flügels« angewiesen ist, will sie in den internen Machtkämpfen bestehen. Schon im Sommer 2019 soll sie laut *Spiegel* einen Nichtangriffspakt mit Höcke geschlossen haben – vermittelt durch den Verleger Kubitschek. Weidel bestreitet das. Im September 2019 reist sie dann aber nach Schnellroda zur Sommerakademie des »Instituts für Staatspolitik« – einer mehrtägigen Veranstaltung für den neurechten Nachwuchs.

Die Symbolik des Ortes ist eindeutig: Höcke hat Schnellroda einmal als »Oase der geistigen Regeneration« bezeichnet. Auch Meuthen war schon hier, bevor er sich von den Radikalen in der Partei distanzierte. Parteifreunde sprechen nach Weidels Besuch vom »Kniefall von Schnellroda«. Und davon, dass der »Flügel« ihr ermöglicht habe, ohne Gegenkandidaten stellvertretende Parteichefin zu werden – politische Schulden, die es nun abzubezahlen gelte. Weidel bezeichnet die »Kniefall«-Erzählung dagegen als »böswillig« und als Versuch, ihr im »bürgerlichen Lager« zu schaden. Doch ihr Verhalten in den Monaten darauf zeigt, dass sie in vielen Fällen sehr im Sinne des »Flügels« agiert.

Das folgende Jahr 2020 wird für die AfD eines der turbulentesten ihrer Geschichte und eines, das maßgeblich von Parteichef Meuthen geprägt wird. Er hat in Braunschweig deutlich gemacht, dass er die AfD gegen Extremismus abgrenzen will. »Gewiss ist, dass ich mein Gesicht nicht für eine Partei hergeben werde, die schleichend in die Tolerierung extremistischer Positionen abrutscht«, hat er dort gerufen. Nachdem er in der Vergangenheit mit dem »Flügel« paktiert hat, halten selbst viele Parteikollegen sein Vorgehen für wenig glaubwürdig. Sicher ist nur eines: Meuthen will um jeden Preis eine Gesamtbeobachtung durch den Verfassungsschutz verhindern.

Der Parteichef begreift sich als eine Art Schachspieler. Den Eröffnungszug macht er im März 2020. Der Verfassungsschutz hat den »Flügel« als rechtsextrem eingestuft und offiziell zum Beobachtungsobjekt erklärt. Meuthen will ihn nun möglichst schnell auflösen. Im Bundesvorstand kann er zumindest durchsetzen, dass die Strömung zur »Selbstauflösung« bis Ende April aufgefordert wird.

Doch dass sich der »Flügel« tatsächlich auflöst, glaubt in der Partei kaum jemand. Ist er ja ohnehin keine offizielle Organisation, sondern vor allem ein einflussreiches Netzwerk, das auch ohne das Label »Flügel« weiter bestehen bleibt. Beim Verfassungsschutz ist von einer »Nebelkerze« und einer »Scheinauflösung« die Rede. Dennoch ist es eine erste Machtdemonstration von Meuthen, ein ernstzunehmender Schlag gegen die extremen Rechten.

Kurz darauf allerdings geht Meuthen einen riskanten Schritt. Auf dem rechtslastigen Internetportal »Tichys Einblick« gibt er ein Interview, das in der Partei einschlägt wie eine Bombe. Der Parteichef, der sich zuvor mit so gut wie niemandem abgesprochen hat, regt eine Debatte über eine »Trennung vom ›Flügel‹« an. Dabei führt er aber nicht den Extremismus des »Flügels« ins Feld. Er argumentiert vielmehr, die AfD bestehe im Grunde aus zwei Parteien. »Jeder weiß, dass der Flügel und dessen maßgebliche Exponenten uns ganz massiv Wählerstimmen im bürgerlichen Lager kosten, und ich denke auch, dass die ordoliberalen Ansichten des bürgerlich-konservativen Teils der AfD noch bessere Ergebnisse im staatpaternalistisch geprägten Wählermilieu des Flügels verhindern.« Meuthen schwebt ein Modell wie in Italien vor, wo es zwei rechte Parteien gibt.

Mit solchen Gedankenspielen können seine Parteifreunde wenig anfangen. Viele fragen sich, ob er sich nach diesem Vorstoß überhaupt an der Spitze wird halten können. Ist es doch seit Frauke Petry nicht mehr vorgekommen, dass jemand aus der Parteispitze explizit von Spaltung redet. Anhänger des »Flügels« fordern offen Meuthens Rücktritt.

Sein Co-Parteichef Tino Chrupalla und Fraktionschefin Alice Weidel wagen sich aus der Deckung. Sie schlagen dem Bundesvorstand gemeinsam mit dem »Flügel«-nahen AfD-Vize Stephan Brandner vor, eine Vorlage zu beschließen, in der davon die Rede ist, Meuthen habe der AfD »schwer geschadet« – was der *Spiegel* als mögliche Vorbereitung eines Ausschlussverfahrens wertet. Im Bundesvorstand kommt das zwar nicht durch – man einigt sich darauf, dass Meuthen einen »schweren Fehler« eingestehen muss –, dennoch ist nun klar, wo Weidel und Chrupalla stehen.

Meuthen holt daraufhin zu einem weiteren Schlag aus – und jetzt beginnt der Machtkampf in der AfD zu eskalieren. Es geht um den »Flügel«-Strippenzieher Andreas Kalbitz. In dem 258-seitigen Gutachten, in dem der Verfassungsschutz die Beobachtung des »Flügels« begründet, spielt Kalbitz eine zentrale Rolle. Kalbitz, so heißt es dort, habe jahrelang, bis unmittelbar vor seinen Eintritt in die AfD, Beziehungen zum organisierten Rechtsextremismus unterhalten. Das ist an sich nicht neu: Schon vorher waren zahlreiche Puzzlestücke aus Kalbitz' rechtsextremer Vita bekannt. So gab es etwa Fotos, die ihn in Lederhose zeigen, wie er 2007 ein Pfingstlager der rechtsextremen »Heimattreuen Deutschen Jugend« (HDJ) besuchte. Bislang spielte Kalbitz die Bedeutung der Bilder stets herunter: Er habe sich dort nur informieren wollen.

Doch im Gutachten des Verfassungsschutzes heißt es nun, Kalbitz habe »nachweislich« und »über mindestens 14 Jahre« mit der HDJ in Kontakt gestanden und sei auch Mitglied gewesen. In dem Bericht wird eine Mitgliederliste der HDJ aus dem Jahr 2007 aufgeführt. Unter der Mitgliedsnummer 01330 wird die »Familie Andreas Kalbitz« genannt.

Trotz dieser Vorwürfe bestreitet Kalbitz weiterhin, Mitglied der HDJ gewesen zu sein. Der Bundesvorstand fordert ihn auf, schriftlich Auskunft zu früheren Vereinsmitgliedschaften und Kontakten zu geben. Doch im Mai sieht Meuthen seine Chance gekommen, Kalbitz ganz loszuwerden: Eine Mehrheit im Bundesvorstand stimmt dafür, Kalbitz' Mitgliedschaft zu annullieren. Die Begründung: Kalbitz habe bei seinem Eintritt in die AfD seine frühere Mitgliedschaft in der HDJ und bei den einst vom Verfassungsschutz beobachteten Republikanern verschwiegen. Insofern hätte er gar nicht erst aufgenommen werden dürfen. Es ist ein juristischer Kniff.

Noch in der Nacht vor der entscheidenden Bundesvorstandssitzung versucht Gauland, Meuthen von seinem Plan abzubringen. Gut eine Stunde redet er nach eigenen Angaben auf Meuthen ein. Doch der lässt sich nicht davon abbringen. In der Sitzung hat Meuthen eine Mehrheit von sieben

Bundesvorstandsmitgliedern, ein Mitglied enthält sich, fünf stimmen dagegen. Darunter Alice Weidel und Tino Chrupalla. Während die Auflösung des »Flügels« vor allem eine Formalie war, ist der Rauswurf von Kalbitz ein wirklicher Schlag für die extrem Rechten in der AfD und ihre Verbündeten.

Für Meuthen ist es ein riskantes Unterfangen. Denn juristisch ist die Sache keineswegs eindeutig. Zwischenzeitlich entscheidet das Landgericht Berlin, dass Kalbitz wieder in die AfD aufgenommen werden muss, bis das Bundesschiedsgericht der Partei in der Sache ein Urteil gefällt hat. Die AfD-Fraktion in Brandenburg wählt Kalbitz sogar erneut als ihren Vorsitzenden. Dann bestätigt das Schiedsgericht die Annullierung von Kalbitz' Mitgliedschaft, und er lässt den Vorsitz im Landtag ruhen. Doch Meuthen weiß: Wenn der Rauswurf vor Gericht nicht standhält, dann ist er womöglich erledigt. Letztlich ist es dann aber Kalbitz selbst, der sich noch vor der Gerichtsentscheidung politisch ins Aus schießt.

Ein Treffen Mitte August in einem indischen Restaurant in Brandenburg, wo er Stammkunde ist. Mehr als zwei Stunden redet Kalbitz über Kurs, Personal und Zukunft der AfD. Doch mit keinem Wort erwähnt er, was schon kurz darauf alle wissen werden: Der Parlamentarische Geschäftsführer der Brandenburger AfD-Fraktion, Dennis Hohloch, liegt mit einem Milzriss im Krankenhaus. Kalbitz hat ihn geboxt – angeblich nicht im Streit, aber mit Wucht. In der Brandenburger AfD hat man Kalbitz viel durchgehen lassen. Doch dieser Angriff auf einen Getreuen ist das, was Kalbitz am Ende politisch den Kopf kostet. Er legt den Fraktionsvorsitz endgültig nieder.

Der Streit um Kalbitz hat alle in der AfD gezwungen, eine

Seite zu wählen. Die Frage, die die Partei nun spaltet, ist nicht nur, wie man zum Rauswurf des »Flügel«-Strippenziehers Kalbitz steht. Es ist die Frage, wie sehr sich die AfD bemühen soll, eine Gesamtbeobachtung durch den Verfassungsschutz zu verhindern.

Für Meuthen ist der Kampf gegen die Radikalen in der AfD nach dem Rauswurf von Kalbitz jedenfalls alles andere als vorbei. Denn der »Flügel« ist immer noch aktiv. Das merkt man schon daran, wie über die Strömung gesprochen wird. Niemand redet vom »Ex-Flügel«. In den Sätzen der AfD-Funktionäre ist »der Flügel« noch immer handelndes Subjekt.

Bei einer Begegnung im September 2020 sieht Meuthen so aus, als seien seit dem letzten persönlichen Gespräch nicht nur ein paar Monate vergangen. Er wirkt um Jahre gealtert. Der Machtkampf in der AfD fordert offenbar seinen Tribut. Kurz zuvor ist in Niedersachsen mit Jens Kestner ein vom »Flügel« unterstützter Mann zum Landesvorsitzenden gewählt worden und hat die vergleichsweise gemäßigte Vorgängerin Dana Guth abgesägt. Sie tritt später aus.

Auffällig ist: Es gelingt den Radikalen in der Partei immer dann gut, Mehrheiten auf Parteitagen zu erzielen, wenn es Mitgliederparteitage sind. Das heißt, jedes Mitglied aus dem Landesverband kann kommen und abstimmen. Immer wieder berichten AfD-Funktionäre, es würden zum Teil Busse gechartert, es gebe Freibier und etwas zu essen, um die Mitglieder anzulocken, die dann in eine bestimmte Richtung abstimmen. Insider erzählen auch, es würden in den Kreisverbänden gezielt radikale Mitglieder aufgenommen, um die Mehrheitsverhältnisse entsprechend zu beeinflussen.

Der Parteispitze um Meuthen wäre es lieber, man würde

die Mitgliederparteitage auf Landesebene abschaffen und stattdessen Delegierten-Parteitage machen. Das heißt, es werden zuerst an der Basis Repräsentanten gewählt, die dann zu den Parteitagen fahren. Das würde das Geschehen berechenbarer machen. Doch Meuthen weiß, dass er damit nicht so schnell durchkommen wird.

Eine Woche nach dem Parteitag in Niedersachsen lassen die Radikalen auch in Sachsen-Anhalt die Muskeln spielen. In einem dunkelblauen Dreiteiler steht Hans-Thomas Tillschneider auf der Bühne und bewirbt sich um das Amt des stellvertretenden Landesvorsitzenden. Er hat schon in der Vergangenheit versucht, in den Landesvorstand gewählt zu werden – ohne Erfolg. Jetzt probiert er es mit demonstrativer Loyalität zum frisch im Amt bestätigten Landeschef Martin Reichardt. Tillschneider ruft: »Diesem Kommandant unserer blauen Armee, dem will ich als Adjutant die Unterstützung leisten, die er braucht.«

Tillschneider wird vom Verfassungsschutz beobachtet. Er ist eine Schlüsselfigur in der neurechten Szene: So unterhielt er lange enge Kontakte zur »Identitären Bewegung« und dem rechten Kampagnen-Netzwerk »Ein Prozent für unser Land«. Im Verfassungsschutz-Gutachten von Anfang 2019 wird Tillschneider mehrere Dutzend Mal erwähnt. So habe er etwa über den Islam gesagt: »In Westeuropa aber, in unseren kranken Gesellschaften kann er sich einnisten, kann seine Parallelgesellschaften bilden, wie ein Baumpilz am Stamm der deutschen Eiche wuchern.«

In seiner Bewerbungsrede für den Landesvorstand beschwört er die Einheit der Partei und macht deutlich: An den Aussagen, die der Verfassungsschutz von ihm aufführt, findet er nichts Verwerfliches. »Die Altparteien sind die eigentlichen Verfassungsfeinde«, brüllt Tillschneider. »Und wir, die AfD, sind der eigentliche Verfassungsschutz in diesem Land.« Lauter Jubel brandet auf. Die Partei brauche »keine Schönheitsoperation« nach dem Geschmack der Altparteien. »Wir müssen uns nicht verstecken und uns schämen. (…) Hören wir auf, uns einreden zu lassen, wir seien das Problem.« Tillschneiders Botschaft ist klar: Die AfD muss sich weder mäßigen noch verändern. Er wird mit 84 Prozent ins Amt gewählt.

Die Landesparteitage in Niedersachsen und Sachsen-Anhalt sind nur zwei Beispiele. Aber sie zeigen, dass weder die Selbstauflösung des »Flügels« noch der Rauswurf von Kalbitz etwas daran ändern, dass in der Partei radikales und extrem rechtes Personal den Ton angeben kann. Selbst nach seinem Rauswurf ist Kalbitz in der Partei weiter aktiv und tritt gemeinsam mit AfD-Funktionären auf.

All das ist auch dem Verfassungsschutz nicht entgangen. Im Oktober 2020 sagt Verfassungsschutzchef Thomas Haldenwang in einem Interview: »Der Einfluss des ›Flügels‹ wird größer, auch wenn in der AfD versucht wird, klar erkennbare Rechtsextremisten wie den früheren ›Flügel‹-Wortführer Andreas Kalbitz aus der Partei zu entfernen.« Es gebe innerhalb des ehemaligen »Flügels« weiterhin einen großen Zusammenhalt und Austausch. »Bei parteiinternen Wahlen kommen Anhänger des ›Flügels‹ in Schlüsselpositionen.« Zu diesem Zeitpunkt wird die Gesamtbeobachtung der Partei auch in den Landesämtern für Verfassungsschutz intensiv diskutiert. Wer sich mit Experten in Sicherheitskreisen unterhält, der ahnt schon damals: Die Gesamtbeobachtung ist nur eine Frage der Zeit.

Schaut man auf die Entwicklung der vergangenen Jahre

zurück, dann wird deutlich, dass die Radikalisierung der AfD bereits vorgezeichnet war. Zehn Faktoren kristallisieren sich dabei heraus:

1. Viele Anhänger nehmen die AfD als Partei der scheinbar unbegrenzten Redefreiheit wahr. Die radikale Meinungsfreiheit macht es schwer, Parteimitglieder für ihre Äußerungen zu sanktionieren.
2. Stets werden eher die Gemäßigten aus der Partei gedrängt. Das ist ein selbstverstärkender Effekt. Denn je radikaler die Partei wird, desto mehr Radikale zieht sie an.
3. Gerade im radikalen Teil der AfD herrscht eine Sehnsucht danach, sich mit den Bewegungen auf der Straße zu solidarisieren und zu verbinden. Das führt zum Schulterschluss auch mit Rechtsextremen.
4. Der »Flügel« diente der außerparlamentarischen Rechten als Steuerungsmöglichkeit in die AfD hinein. Sie will, dass die AfD Teil einer in »Schwung kommenden Revolte« in Deutschland bleibt. Mit der Zeit entwickelte sich die AfD zum parlamentarischen Arm der Neuen Rechten.
5. Der »Flügel« agierte besser organisiert und skrupelloser als die »Gemäßigten«. Durch die strategische Besetzung von Gremien verschaffte er sich Vorteile. Unter den »Flügel«-Anhängern herrscht nach wie vor ein ausgeprägtes Freund-Feind-Denken.
6. Die AfD ist im Kern eine anarchische Partei, ein »gäriger Haufen«, wie es Gauland bezeichnet. Das heißt: Wer in der Partei versucht, sich allein an die Spitze zu stellen und die Richtung vorzugeben, wird sehr wahrscheinlich scheitern. Hier richtet sich die Skepsis und Ablehnung gegenüber Obrigkeiten auch gegen die eigene Parteiführung.
7. Oft sehen Opportunisten in der AfD, denen es um Man-

date und persönliches Fortkommen geht, einen Vorteil darin, mit den Radikalen zu paktieren, um deren Stimmen zu bekommen. Sie nennen das einen »integrierenden Kurs«.

8. »Integrierer« waren innerparteilich immer im Vorteil gegenüber angeblichen »Spaltern«, die sich vom rechten Rand abgrenzen wollten.
9. Auch wenn die Landesverbände im Osten zahlenmäßig kleiner sind, verschaffen ihnen die Erfolge bei den Landtagswahlen ein größeres Gewicht – und damit ihren radikalen Positionen.
10. Angriffe von außen schweißen die Partei zusammen – Stichwort Wagenburg-Mentalität.

2.

Das Prinzip Stören: Kammerflimmern im Herz der Demokratie

24. Oktober 2017, kurz vor 11 Uhr, Reichstagsgebäude, Plenarsaal: Schon seit gut einer Stunde richten sich die ersten Abgeordneten der AfD auf ihren Sitzen am rechten Rand des Plenums ein. Sie begrüßen einander, fotografieren, machen Selfies. Das beliebteste Hintergrundmotiv ist der Bundesadler samt deutscher Flagge. Genau einen Monat nach der Bundestagswahl ist die konstituierende Sitzung des Bundestags das erste Mal, dass sich die AfD-Abgeordneten unter der Reichstagskuppel wiederfinden. Der Stolz darüber ist deutlich zu spüren.

Für Fraktionschefin Weidel ist es ein feierlicher Moment. Sie hat in den Monaten zuvor im Wahlkampf als Spitzenkandidatin alles gegeben, jetzt ist sie an ihrem Ziel angekommen. Sie sitzt in der ersten Reihe neben Gauland. »Das war schon ein extremes Gefühl, zum ersten Mal dort Platz zu nehmen«, erzählt Weidel ein paar Jahre später. »Ich war voller Tatendrang, die Dinge anzugehen und die Politik zu verändern.«

Die Parlamentarier der anderen Fraktionen beobachten die Neuen aufmerksam. Den meisten fällt zunächst vor allem eines auf, als die AfD-Abgeordneten gesammelt ihre Plätze eingenommen haben: Sie sehen eine große, laute Männergruppe. Von den 92 AfD-Abgeordneten sind nur zehn

Frauen. Als Thorsten Frei, der Vizechef der Unionsfraktion, auf die AfD und die wieder eingezogene FDP blickt, wird ihm aber auch die Repräsentationslücke bewusst, die hier bislang klaffte: In der letzten Legislaturperiode habe er den Eindruck gehabt, dass das politische Spektrum in Deutschland nicht vollständig abgebildet gewesen sei.

Um Punkt 11 Uhr eröffnet der FDP-Abgeordnete Hermann Otto Solms als Alterspräsident die erste Sitzung des neuen Parlaments. Es dauert genau eine Minute, bis zum ersten Mal das höhnische Lachen von den AfD-Sitzen her in den Saal schallt, das in den kommenden Jahren so oft zu hören sein wird. Um 11.01 Uhr dokumentiert die AfD den ersten Konflikt mit allen anderen Fraktionen.

Den Grundstein haben in diesem speziellen Fall allerdings die anderen Parlamentarier gelegt, noch in der letzten Legislaturperiode – aus Sorge vor der AfD, die sich nach 13 Wahlsiegen in Folge anschickte, auch in den Bundestag einzuziehen. Nach der alten Geschäftsordnung hatte stets der älteste gewählte Abgeordnete die erste Sitzung des neuen Bundestags eröffnet und als Alterspräsident eine Rede gehalten – bis dann das Präsidium gewählt wurde. Das wäre in diesem Fall der AfD-Abgeordnete Wilhelm Gottberg gewesen. Um dies zu verhindern, beschloss der alte Bundestag, dass künftig der Dienstälteste die erste Sitzung leiten solle. Eine »Lex AfD« also.

Heute, mehr als drei Jahre später, sehen einige Abgeordnete diese vorauseilende Reaktion kritisch – weil es der AfD schon an Tag eins die Möglichkeit bot, in die Opferrolle zu schlüpfen. Man hätte die Rede einfach aushalten sollen, sagen sie.

So kann die AfD am Tag der konstituierenden Sitzung direkt in die Offensive gehen. Sie bringt einen Antrag ein, in dem sie implizit die Absetzung von Hermann Otto Solms fordert und die Wahl eines neuen Versammlungsleiters beantragt. Solms bittet um Handzeichen. Die AfD stimmt geschlossen dafür. Als bei der Gegenprobe die Abgeordneten aller anderen Fraktionen den Antrag ablehnen, lachen die Neuen verächtlich.

Der AfD gelingt es gleich zu Beginn, den Ton des Gegeneinanders für die kommenden vier Jahre zu setzen: In dieser Atmosphäre – gespannt, gereizt, in Habachtstellung – wird sich das Parlament für die nächsten Jahre einrichten müssen. Das verächtliche Gelächter wird zu einem festen Bestandteil der Geräuschkulisse im Bundestag.

Auch einen zentralen Punkt ihrer Taktik zeigt die AfD bereits in dieser ersten Sitzung: den Tabubruch. Erster Redner der Fraktion ist der Parlamentarische Geschäftsführer Bernd Baumann, der bisher in der Hamburger Bürgerschaft saß und den die Medien – in ihrem sich später als wenig valide erweisenden Einordnungsschema der Frühphase – als einen der Rechtskonservativen, Bürgerlichen in der Partei betrachten.

Für Baumann ist dieser Tag, diese Rede, einer der interessantesten Momente seines Lebens, wie er sagt. Das Plenum ist voll besetzt, es herrscht gespannte Stille. Baumann blickt in die Gesichter der anderen Parlamentarier. »Die Kanzlerin saß vor mir, nach vorn gebeugt, voller Aufmerksamkeit.« Er sieht Menschen, die er zuvor nur aus dem Fernsehen kannte, für die ihm aber teils der Respekt abhandengekommen ist. »Wegen ihrem oft rückgratlosen Opportunismus, ihrer Angepasstheit, ihrem Mitläufertum«, sagt er. Doch an diesem Tag müssen sie ihm zuhören. Baumann breitet seine Papiere aus und trägt die vorbereiteten Zeilen vor.

Baumann redet zur Alterspräsidentenregelung, bezeichnet sie als »List, mit der Sie die AfD ausgrenzen wollten«. Seit 1848 hätten alle Reichs- und Bundestage nichts an dieser Regelung auszusetzen gehabt. Mit einer Ausnahme, sagt Baumann: »1933 hat Hermann Göring die Regel gebrochen, weil er politische Gegner ausgrenzen wollte, damals Clara Zetkin«. Seine Fraktion applaudiert tosend. Die anderen Abgeordneten sitzen sprachlos da. »Wie groß, frage ich Sie, wie groß muss die Angst vor der AfD und ihren Wählern sein?«, fragt Baumann.

Der Göring-Vergleich sorgt für so viel Empörung, dass die Deutsche Presseagentur ihren Kunden einen Faktencheck übermittelt: Der Vergleich sei teilweise falsch. Wie der Historiker Heinrich August Winkler darlegt, konnte die KPD-Politikerin Clara Zetkin 1933 nicht das älteste Mitglied des Reichstags sein, weil sie von Göring an der Ausübung ihres Mandats gehindert wurde. Göring, der die ersten Konzentrationslager einrichten ließ, um den politischen Gegner zu vernichten, schaffte nach der Machtergreifung das Amt des Alterspräsidenten im Handstreich ab.

Oben auf der Tribüne verfolgt an diesem Morgen Inge Deutschkron die Rede Baumanns. Zu wichtigen Sitzungen lädt das Parlament Gäste ein. Es sind immer Zeitzeugen dabei, hochbetagte Menschen, die vieles erlebt haben – und überlebt. Deutschkron, Jüdin, 1922 in Finsterwalde geboren, überlebte den Holocaust in Berlin, flüchtete mit ihrer Mutter von Versteck zu Versteck. Als die Alliierten sie vor den Nazis retteten, saß das Mädchen in ihrer letzten Zuflucht, einem Ziegenstall. Jetzt ist Inge Deutschkron 95. Sie sitzt auf der grauen Bank der Tribüne, klein, alt und stolz. Als Baumann seinen Göring-Vergleich zieht, ist ihre Miene unbewegt.

Nach Baumanns Tabubruch wird es still im Parlament. Die Parlamentarier und Beobachter bekommen eine Ahnung davon, dass vieles, was unsäglich ist, bald sagbar werden wird. Baumann erklärt: »Das Volk hat entschieden, nun beginnt eine neue Epoche, meine Damen und Herren. Von dieser Stunde an werden hier Themen neu verhandelt.«

Das ist je nach Perspektive eine Drohung oder ein Versprechen. Fürs Erste aber bleibt es Theorie. In der Praxis folgt an diesem Tag die Wahl der Vizepräsidenten. Sie sind neben dem Bundestagspräsidenten so etwas wie die Schiedsrichter während der Plenarsitzungen. Sie achten auf die Einhaltung der Regeln und repräsentieren den Bundestag nach außen. Ein solcher Posten bedeutet Macht und Gestaltungsspielraum.

Die Wahl wird an diesem Tag zu einem Geduldsspiel, weil das Plenum in drei Wahlgängen in jeweils namentlicher Abstimmung den Kandidaten der AfD, Albrecht Glaser, durchfallen lässt. Ein Novum ist das nicht. Auch der einstigen PDS ging es in der ersten Legislaturperiode so. Doch im Fall der AfD ist die Vizepräsidentenfrage ein Politikum, das den Bundestag in den kommenden Jahren immer wieder beschäftigen wird.

Mit seiner Ankündigung wird Baumann dennoch Recht behalten. Die AfD verändert das Parlament vom ersten Tag an und benutzt es als Plattform für ihr Projekt, das demokratische Miteinander zu stören. Die anderen Parteien hätten darauf vorbereitet sein können, denn in Landesparlamenten agiert die AfD schon länger mit ihren Methoden.

Im Bundestag trifft sie nun auf fünf Fraktionen, die alle mit sich selbst beschäftigt sind und über einen viel zu langen Zeitraum – teilweise bis heute – keine Strategie für den Umgang mit den Neuen gefunden haben. Im Rückblick ist es genauso offenkundig wie fatal, dass die anderen Parteien unterschätzt haben, wie planvoll die AfD ihre Strategie verfolgt.

Die Methode Gegenöffentlichkeit: Wie die AfD den Bundestag als Kulisse für ihre Inszenierung nutzt

Das zielgerichtete Vorgehen zeigt sich schon bald an einer Ankündigung von Alice Weidel. »AfD statt ARD« sollten die Menschen in Zukunft schauen, verkündet die Fraktionschefin vollmundig. Ein alternativer TV-Kanal nach Vorbild der österreichischen Rechtspopulisten schwebe der Fraktion vor. In einem »Newsroom« solle im 24/7-Schichtbetrieb gearbeitet werden. Die Absicht dahinter ist klar: Die AfD will ihre Inhalte ungefiltert an den Mann bringen – ohne kritische Nachfragen der Presse, deren Berichterstattung ihr ohnehin nicht passt. Die Partei kündigt sogar eine eigene »investigative Recherche«-Einheit an, die jene Themen aufspüren soll, die von den Medien »unter den Teppich« gekehrt würden. Das Ziel: eine Gegenöffentlichkeit schaffen, in der die AfD die Deutungshoheit hat.

Der Plan der AfD löst Unruhe im politischen Berlin aus. Schon damals hat die AfD-Fraktion auf Facebook und YouTube die höchsten Abonnenten- beziehungsweise Zugriffszahlen. Das ist auch kein Wunder: Die AfD ist eine Internetpartei. Ohne Facebook und Co. wäre sie nicht da, wo sie heute ist – entsprechend geschickt ist sie im Umgang mit den sozialen Medien. Die anderen Fraktionen können in diesem Bereich mit den Rechten nicht einmal annähernd mithalten. Da wollen sie sich lieber gar nicht erst vorstellen, dass die

AfD-Fraktion ihre Anhänger tatsächlich mit einem eigenen Fernsehprogramm bespielt.

Ganz in die Tat umgesetzt hat die AfD-Fraktion ihre hochfliegenden Pläne zwar bis heute nicht. Es gibt keinen rund um die Uhr besetzten »Newsroom«. Doch aus Sicht von Johannes Hillje ist das auch gar nicht nötig. Der Berliner Politikberater und Medienexperte beobachtet die Kommunikation der AfD seit Jahren. »Im Bundestag hat die AfD ihre Kommunikation noch einmal deutlich professionalisiert – Ziel ist die Entwicklung einer ideologisch konformen Gegenöffentlichkeit«, sagt Hillje, der ein Buch über die Kommunikationsstrategie von Rechtspopulisten geschrieben hat.

Es komme nicht darauf an, einen 24 Stunden besetzten »Newsroom« zu haben. »Was bringt 24/7, wenn an einem Tag mal nichts passiert? Das ist nicht der Maßstab.« Der Maßstab sei, schnell reagieren zu können, wenn etwas Relevantes passiere, und sofort seine Deutung anzubieten. »Und das kann die AfD«, sagt Hillje. Man habe das etwa beobachten können, als 2020 der Brand im völlig überfüllten Flüchtlingslager Moria auf der griechischen Insel Lesbos ausgebrochen war. Ohne jegliche Belege und ohne zu zögern habe die AfD sofort behauptet, dass die Flüchtlinge das Lager angezündet hätten. »Sie weiß bei jedem Kriminalfall, bei jedem Anschlag schneller als die Polizei, wer die Schuldigen sind«, sagt Hillje. Selbst wenn sich die Annahme dann als falsch herausstelle, bleibe immer etwas hängen. Vorurteile bestätigten und Weltbilder verfestigten sich. »Das Prinzip von *rapid response* zur Erreichung von Deutungshoheit beherrscht die AfD mit ihren Instrumenten sehr gut.«

Was aber aus Sicht der AfD-Fraktion die größte Errungenschaft ist: Sie hat es geschafft, sich das Parlament zur Bühne zu machen. Sie nutzt den Bundestag, um sich zu inszenieren. Von Anfang an werden die aufgezeichneten Redebeiträge der Abgeordneten in den sozialen Medien verbreitet. Sie werden hunderttausendfach auf YouTube angesehen, bei Twitter geteilt, auf Facebook geliked. »Bundestag AfD macht Merkel BRUTAL FERTIG«, heißt in der Anfangszeit ein Video. Oder: »Beatrix von Storch bringt den Bundestag zum Toben«.

In ihrer Gegenöffentlichkeit hat die AfD die Deutungshoheit über das, was im Plenarsaal passiert. Mal stellt sie sich als einzig wahre Opposition dar, mal als Partei des einfachen Volkes, mal als Opfer unfairer Ausgrenzung. Ihre Anhänger bekommen meist nur das zu sehen, was die AfD-Abgeordneten von sich geben. Die Erwiderungen der anderen Parteien, die Richtigstellungen der inhaltlichen Fehler – all das taucht in den Videos nicht auf. Und die Titel laden immer zum Klicken ein. Während die Aufnahmen bei der Unionsfraktion Titel haben wie »Was ist eigentlich ein Nachtragshaushalt?« oder »Mehr Geld für Sportvereine und Sportstätten«, heißen sie bei der AfD »Wenn Blicke töten könnten! – Merkel im Kreuzverhör«. Die Videos sind das wichtigste Produkt ihrer Arbeit im Bundestag.

Der Prototyp des YouTube-Abgeordneten ist der AfD-Politiker Gottfried Curio. Der Physiker und Kirchenmusiker gibt in den Medien so gut wie keine Interviews und gilt in der Partei als Einzelgänger. Doch der blasse Mann kann scharfe Reden halten, die wohl radikalsten seiner Fraktion. Curio sitzt zunächst für seine Partei im Berliner Abgeordnetenhaus. Als der Landesverband Berlin seine Landesliste für die Bundestagswahl aufstellt, schafft er es wegen seiner Rednerkunst aus dem Stand auf Platz zwei. Seit seinem Einzug in den Bundestag wächst seine Anhängerschaft.

Die Basis dieser Popularität: seine YouTube-Videos aus dem Bundestag. Hier werden nicht nur seine Reden verbreitet, der AfD-Kanal interviewt Curio auch regelmäßig für verschiedene Formate. Der Innenpolitiker hat sich auf Muslime und Flüchtlinge eingeschossen. Er sagt Sätze wie »Masseneinwanderung heißt auch Messereinwanderung«, spricht vom »Geburten-Dschihad« und erklärt, der Islam sei untrennbar mit der Scharia verbunden. Als er in einer Bundestagsrede den »zur Regel entarteten Doppelpass« kritisiert, sind die Bundestagsabgeordneten der anderen Parteien angesichts der NS-Vokabel fassungslos.

An einem Sitzungstag in der zweiten Oktoberwoche 2018 ist es wieder so weit. Auf der Tagesordnung steht einer der Anträge der AfD zum Thema Islam. Curio – dunkles Jackett, das schüttere Haar quer über den Kopf gekämmt – tritt ans Mikrofon. Er spricht schnell, sehr artikuliert, im Schwall ergießen sich seine Worte ins Plenum. Sein Antrag lautet: »Unvereinbarkeit von Islam, Scharia und Rechtsstaat – Der Radikalisierung den Boden entziehen, keine Verbreitung gesetzwidriger Lehren«.

Die Verbreitung des Islam, so der Tenor, sei eine Gefahr für Deutschland. Der Islam sei nicht nur eine Religion, sondern auch eine »gewaltaffine Ideologie«. Etliche Weisungen im Koran riefen zu Straftaten auf. »Bei Millionen von Muslimen in Deutschland, bei Zigtausenden von Salafisten, islamistischen Gefährdern und schon im Kindesalter radikalisierten Muslimen, gefährden diese Texte den inneren Frieden«, sagt Curio. Zwangsheirat, Polygamie, Gewalt und Terror fänden ihre Rechtfertigung im Islam. Acht Minuten geht das so.

Kurze Zeit später tritt der CDU-Abgeordnete Patrick Sensburg ans Rednerpult. Der Jurist aus dem Sauerland ist schon in dritter Legislaturperiode im Parlament. Sensburg moniert, dass die AfD den Antrag viel zu spät eingereicht habe. Die endgültige Version habe erst um 8.50 Uhr – also gut eine Stunde vor Beginn der Debatte – vorgelegen. Für die anderen Abgeordneten war eine inhaltliche Auseinandersetzung also kaum möglich.

Sensburg kritisiert außerdem inhaltlich, dass die AfD in ihrem Antrag fordert, die Verbreitung von im Koran enthaltenen gesetzeswidrigen Inhalten und Aufrufen zu unterbinden. »Wir reden von einem religiösen Schriftstück aus dem sechsten, siebten Jahrhundert. Wie kann man etwas so undifferenziert beantragen?« Während Sensburg redet, hört Curio mit unbewegter Miene zu. Er weiß: Am Ende wird sich vor allem das Video seiner Rede verbreiten. Um die Debatte, um Gegenargumente geht es nicht. Es geht um Reichweite. Denn Reichweite verschiebt den Diskurs.

Auch bei den anderen Fraktionen ist in den vergangenen Jahren der Eindruck entstanden, dass die AfD vor allem Wert darauf legt, klickträchtige Videoclips zu produzieren. »Wir liefern da nur noch die Geräuschkulisse«, sagt der junge FDP-Innenpolitiker Benjamin Strasser aus Baden-Württemberg, der 2017 zum ersten Mal in den Bundestag einzog. »Der AfD geht es selten um die parlamentarische Debatte«, sagt auch der Unionsabgeordnete Philipp Amthor. »Sie nutzen das Rednerpult des Bundestags häufig nur als Hintergrund für ihre Auftritte im Internet. Dabei geht es nicht um einen Diskurs, sondern nur um ein Senden und ein Vorführen.«

Amthor kann damit umgehen. Seine Antworten auf die AfD werden selbst oft zu Klickhits im Internet. Gleich seine zweite Rede im Bundestag geht viral. »Hören Sie mir mal zu, dann können Sie nämlich noch was lernen über die Verfassung«, ruft er der AfD im Februar 2018 zu. Der junge CDUler mit der kleinen Deutschlandfahne am Revers soll auf Curio antworten und erklären, warum die CDU dem Antrag der AfD für ein Burkaverbot im öffentlichen Raum nicht zustimmen kann – obwohl sie die Vollverschleierung selbst kritisch sieht. »Überall dort, wo der politische Islam versucht, unsere offene Lebensweise zu beschränken, da werden wir ihm mit der Härte des Rechtsstaats begegnen«, wettert Amthor. Aber der AfD-Antrag strotze nur so vor Fehlern. »Sie haben nicht mal das Gutachten des Wissenschaftlichen Dienstes gelesen, wo drin steht, dass Ihr Entwurf verfassungswidrig ist«, wirft er der AfD vor. Die Rede wird sein Durchbruch auf der bundespolitischen Bühne.

Amthor lässt während seiner Rede vergnügt auch zwei Zwischenfragen aus der AfD-Fraktion zu. Doch viele andere Parlamentarier machen das nicht mehr. »Am Anfang stellte die AfD eine Zwischenfrage nach der anderen – und die Kollegen haben sie immer wieder drangenommen«, sagt der Parlamentarische Geschäftsführer der Linksfraktion, Jan Korte. Das habe die gesamte Debatte dominiert. »Die AfD hatte so viel Content für ihren YouTube-Kanal und der wurde ihr von den anderen Fraktionen frei Haus geliefert.« Korte ist einer derjenigen, die früh darüber nachdenken, wie mit der AfD strategisch umzugehen sei. Und er gehört zu denen, die den Begriff »Nazis« verwenden. »Als dann viele Kollegen keine Zwischenfragen mehr zugelassen haben, hat das das Konzept der AfD ein Stück weit durcheinandergebracht«, erzählt er.

Bernd Baumann von der AfD kann an dem Vorwurf, das Parlament zur Bühne zu machen, nichts Verwerfliches finden: »Alle Fraktionen nutzen das Parlament als Bühne. Das Parlament ist die größte Bühne«, sagt er. Alles sei doch in der

Regel schon vorher beschlossen. »Man könnte hier die Gesänge Homers übertreffen, deshalb würde kaum jemand anders abstimmen.«

Was Baumann sagt, stimmt in gewisser Weise. An der Sache gearbeitet wird im Bundestag in den Ausschüssen. Was viele Politiker der anderen Fraktionen aber frappierend finden: Wie unterschiedlich die AfD-Abgeordneten in den Ausschüssen und im Plenum auftreten. Dem FDP-Innenpolitiker Benjamin Strasser fällt das besonders im Untersuchungsausschuss zum Attentat am Breitscheidplatz auf. »Dieser Ausschuss erfordert viel inhaltliche Vorbereitung durch Aktenstudium. Bei der AfD ist das eine Kosten-Nutzen-Abwägung: In der Ausschusssitzung gibt es keine Kameras und deshalb auch keinen Grund, Bilder zu produzieren«, sagt er. Das bedeute aber auch, dass die Abgeordneten der AfD oft schlecht vorbereitet in den Sitzungen säßen.

Auch die Parlamentarischen Geschäftsführer der anderen Fraktionen bekommen von vielen Kollegen rückgespiegelt, wie sich die AfD in den Ausschüssen verhält. »In manchen Ausschüssen kommt von denen überhaupt keine fachliche Debatte, keine scharfen Auseinandersetzungen, kein Input, keine Beteiligung«, sagt Britta Haßelmann, die Parlamentarische Geschäftsführerin der Grünen, eine gewiefte Kennerin der Geschäftsordnung. Sie gehört zu denjenigen, die die Arbeit der AfD in Landesparlamenten schon seit Jahren genauer beobachtet haben.

Einer der wenigen Ausschüsse, in dem die AfD sich doch profiliere, sei der Innenausschuss. Dort suchten die Abgeordneten die Auseinandersetzung und seien auch vorbereitet, erzählt Haßelmann. Auch der Unionsfraktionsvize Thorsten Frei erlebt dieses Verhalten im Innenausschuss, wo er als stellvertretendes Mitglied sitzt. Er berichtet von einer Sitzung, in der er eine Akte bearbeitet, während ein Redner spricht. Erst nach einer Weile wird ihm klar, dass es sich um den AfD-Abgeordneten Curio handelt. »Ich habe seine Stimme zunächst gar nicht erkannt, denn er hat in einem ganz normalen Tonfall gesprochen«, erzählt Frei. »Ich habe ihn natürlich oft im Plenum gehört, wo er nach meiner Wahrnehmung als Hetzer auftritt, und zwar mit einer gekünstelten Schauspielerstimme.« Curio sei wahrscheinlich der extremste Fall: Er stelle dort, wo in gewissem Sinne niemand sei, normale Fragen mit normaler Stimme und dort, wo alle seien, trage er Propaganda vor. »Er missbraucht das Plenum in einer fürchterlichen Weise«, sagt Frei.

Im Plenum laut, im Ausschuss leise: Für die Stuttgarter FDP-Abgeordnete Judith Skudelny, die im Umweltausschuss sitzt, gibt es diesbezüglich ein einschneidendes Erlebnis. 2018 sei es im Ausschuss um den Schutz von Wolfspopulationen gegangen und darum, wie man Hybride, also Hund-Wolfs-Mischlinge erkennt. Während einer Anhörung zu dem Thema habe sich Karsten Hilse, der Berichterstatter der AfD-Fraktion, »völlig normal« verhalten. Doch als dieser dann seine Rede im Plenum hielt, sei sie »erschüttert« gewesen.

Hilse zieht damals Parallelen zwischen der Migrationskrise und der »Ansiedlung der Wölfe«. »In der Migrationskrise hat die Bundesregierung anfangs behauptet, dass vorwiegend Frauen und Kinder kommen. Weiterhin hieß es, Flüchtlinge würden unsere Rente finanzieren und das Sozialsystem entlasten«, sagt Hilse. »Mittlerweile wissen wir, dass überwiegend junge Männer zu uns kamen. (…) Der überwiegende Teil lebt vom Sozialstaat.« Genauso laufe es beim Wolf. »Wohl wissend, dass es durch die Neuansiedlung Probleme mit der

Landbevölkerung geben würde, haben Sie das Experiment Wolf begonnen.« Immer wieder wird die krude Rede von den aufgebrachten Rufen aus dem Plenum unterbrochen.

Auch Skudelny ist auf Hilses Rede nicht gefasst. Es ist ein Schlüsselmoment für sie. »Seitdem weiß ich: Selbst die, die sich im kleineren Umfeld normal und harmlos benehmen, hauen im Plenum im Rampenlicht völlig inakzeptable Botschaften raus.«

Dass die Videos der AfD so große Verbreitung im Netz finden, liegt zudem daran, dass ihre Anhänger sie dabei unterstützen. Im Gegensatz zu den anderen Fraktionen hat die AfD von Anfang an aktiv ihre Community gepflegt, indem sie sie etwa aufgefordert hat, sich an Diskussionen zu beteiligen und ihre Meinung zu posten. Die Follower der AfD teilen nun fleißig deren Beiträge, Fan-Accounts bei YouTube stellen Kopien von Redebeiträgen ins Netz und erhöhen so deren Reichweite.

Dass die AfD so gern Videos verwendet, hat mehrere Gründe. Zum einen bevorzugt der Algorithmus von Facebook Bewegtbilder. Zum anderen polarisieren die Beiträge und rufen Emotionen hervor, was zu noch mehr Interaktionen der Nutzer mit den Inhalten führt – das heißt, es wird mehr kommentiert, geteilt oder auf »Gefällt mir« geklickt. In der Folge stuft der Algorithmus den Beitrag als noch relevanter ein und zeigt ihn mehr Menschen an. Dieser Mechanismus ist auch ein Anreiz für die Abgeordneten, möglichst polarisierende Reden zu halten.

Darüber hinaus hat die AfD erkannt, wie gut die Videoplattform YouTube zu ihrem Plan passt, sich eine Gegenöffentlichkeit zu schaffen. »Die AfD hat offenbar schon 2017 begriffen, dass YouTube eine größere Rolle für politische

Kommunikation spielen wird. Das Gefährliche ist, dass der YouTube-Algorithmus eine stark ideologisierende Wirkung haben und Nutzer viel stärker als andere Plattformen in einen ideologischen Sog hineinziehen kann«, sagt Kommunikationsexperte Hillje. Schon der Facebook-Algorithmus zeige vor allem Inhalte an, die dem ähneln, was man in der Vergangenheit interessant fand. »Aber YouTube ist diesbezüglich noch krasser. Es setzt bei seinen Vorschlägen für die Nutzer noch mehr auf Monokultur und spielt kaum Beiträge aus, die eine andere Sichtweise beinhalten. So können Nutzer immer tiefer in diese ideologische Spirale reingezogen werden.« Neben AfD-Inhalten schlage der YouTube-Algorithmus den interessierten Nutzern dann auch die ganze Bandbreite extrem rechter Propaganda-Kanäle vor. All das helfe der AfD dabei, ihre Parallelöffentlichkeit zu erzeugen.

Zudem bemüht sich die AfD um Kontakte zu ihr wohlgesinnten Bloggern und Medien. So organisieren mehrere Bundestagsabgeordnete im Mai 2019 eine »Konferenz« der »freien Medien«. Gedacht ist das Treffen als eine Art Weiterbildung für rechte Blogger. Als »Stargast« ist der Brite Milo Yiannopoulos eingeladen, ein frauenfeindlicher YouTuber und Autor. Er wird zwar auf Willen der Fraktionsführung wieder ausgeladen – zu heikel ist die Personalie. Doch das Treffen findet dann einfach außerhalb des Bundestages statt. Die AfD-Abgeordneten setzen sich am Rande der Konferenz kurzerhand in einem Wirtshaus mit Yiannopoulos zusammen. 2020 gibt es eine zweite Ausgabe der Konferenz.

Aber auch von der Idee, journalistisch anmutende Formate und Beiträge für ihre Gegenöffentlichkeit zu produzieren, ist die AfD keineswegs abgekommen. So veranstaltet sie jetzt ihre eigenen »Sommerinterviews« – eigentlich ein

Format, bei dem sonst traditionell Politiker im öffentlich-rechtlichen Fernsehen von Journalisten kritisch in die Mangel genommen werden. In einem der AfD-Sommerinterviews 2020 durfte sich etwa der AfD-Innenpolitiker Roman Reusch den wohlwollenden Fragen des Moderators stellen. Hinzu kommen »Dokumentationen« im »TV-Format«. Die tragen dann Titel wie »Dieselmord im Ökowahn« oder »Land im Klimawahn – Greta, Kobolde und viel Ideologie«. Letztere dreht sich um »die grüne Irrsinnspolitik« und verhöhnt die Klimaaktivistin Greta Thunberg.

Es gibt ein Paradebeispiel dafür, wie die AfD ihre Medienmacht nutzt und eine Debatte in Gang setzt, die aus ihrer Facebook-Blase sogar in die etablierten Medien überschwappt: die Kampagne gegen den globalen Migrationspakt. Dabei handelte es sich um ein UN-Migrationsabkommen namens »Global Compact for Migration«, das im Dezember 2018 von fast allen Staaten der Welt unterzeichnet werden sollte. Der Pakt ist dazu gedacht, Migrationsströme in geregelte Bahnen zu lenken. Ein Ziel ist es unter anderem, »Faktoren zu minimieren, die Menschen daran hindern, in ihren Herkunftsländern eine nachhaltige Existenzgrundlage aufzubauen« – es geht also auch darum, die Voraussetzungen zu schaffen, dass Menschen in ihrer Heimat bleiben. Dass der Pakt Migration aber als etwas grundsätzlich Positives begreift, ruft die Rechten auf den Plan.

Während in der breiten Öffentlichkeit noch niemand von dem Pakt Notiz nimmt, stolpert im Januar 2018 Matthias Moosdorf über das UN-Dokument. Moosdorf und sein Chef, der AfD-Abgeordnete Martin Hebner, erkennen das Mobilisierungspotenzial, das in einer Kampagne gegen den Pakt stecken könnte.

Ab dem Frühjahr tingeln Hebner und seine Mitarbeiter mit einer Powerpoint-Präsentation durch die Republik. Sie schüren Angst vor einer »geplanten Umsiedelung« nach Deutschland. Im selben Monat beschäftigt sich auf Antrag der AfD auch der Bundestag in einer Aktuellen Stunde mit dem Migrationspakt.

In ihrer eigenen Partei dringen Hebner und Moosdorf mit dem Thema zunächst kaum durch. Zwar macht auch Hebners baden-württembergischer Fraktionskollege Markus Frohnmaier gegen den Pakt mobil, aber dem Bundesvorstand ist das Thema als Kampagnengegenstand zu sperrig. Erst im September bekommt es Priorität – mit einer Website, Plakaten, Aufklebern, Ansteckern und Flyern. Gleichzeitig machen die vom Verfassungsschutz beobachtete »Identitäre Bewegung« und das neurechte Internet-Portal »Epochtimes« Stimmung. Eine Vielzahl an Halbwahrheiten und Fehlinformationen ist im Umlauf. Verfangen können diese, weil bis zu diesem Zeitpunkt in Medien und Politik wenig über den Pakt gesprochen wird.

Gleichzeitig nimmt im Nachbarland Österreich die Kampagne gegen den Pakt an Fahrt auf. Im September beginnt die völkische »Identitäre Bewegung« unter ihrem Chef Martin Sellner massiv mobil zu machen. Die rechtspopulistische FPÖ, die an der Regierung beteiligt ist, wird von ihren Anhängern unter Druck gesetzt. Ende Oktober gibt die österreichische Regierung ihren Ausstieg aus dem Pakt bekannt, andere europäische Länder folgen. Jetzt ist das Thema auch in den Massenmedien angekommen. Die Politik bemüht sich, es zu erklären. Doch die Deutungshoheit liegt bei den Rechten – sie waren einfach früher dran.

Für Kommunikationsexperten zeigt sich an diesem Beispiel die Propagandamacht der Rechten. Denn auch in Deutschland bleibt die Mobilisierung nicht ohne Konsequenzen. Einige CDU-Politiker übernehmen die Interpretation der AfD, wonach durch den Pakt womöglich mehr Menschen nach Deutschland kommen. Die CDU stimmt auf ihrem Parteitag sogar über den Pakt ab, um die Wogen zu glätten. Hier bekommt er zwar eine Mehrheit, dass aber überhaupt so große Zweifel aufkamen, lag an der AfD und der Mobilisierung über die sozialen Medien. Und auch in diesem Zusammenhang lässt sich wieder beobachten, wie die AfD den Bundestag in ihre Inszenierung einbaut.

Als AfD-Innenpolitiker Curio in der letzten Debatte zum Migrationspakt spricht, gibt es Dutzende Zwischenrufe. »Alles Lüge«, »Absoluter Unsinn«, »Bei der Wahrheit bleiben«, »Ekelhaft«, »Glauben Sie eigentlich, was Sie da erzählen?« und »Elende Hetzerei« sind nur einige davon. Curio ignoriert sie. Unbeirrt hält er seine Rede – die Zwischenrufe sind im Video ohnehin nicht zu hören, sie stehen nur im Protokoll. Am Ende erheben sich einige der AfD-Abgeordneten, um ihm zu applaudieren. Fraktionschef Gauland schüttelt Curio begeistert die Hand. Das halten die Kameras fest.

Die Methode Geländegewinn: Wie die AfD die Grenzen des Sagbaren verschiebt

Alice Weidel, Fraktionschefin im Bundestag, trägt genau wie ihr Kollege Alexander Gauland eine Art Uniform als Ausweis des konservativen Bürgertums. Während Gauland fast immer in Tweedjackett und Dackelkrawatte erscheint, tritt

Weidel meist mit Bluse und oft mit Perlenkette auf. Dieser Kleidungscode sendet eine Botschaft: Wir gehören dazu, sind anständig, respektvoll und können uns benehmen.

Am 16. Mai 2018 sprengt Weidel diese Fassade. Das Parlament trifft sich zur ersten Lesung des Bundeshaushalts. Debattiert wird der Etat des Kanzleramts. Traditionell ist das der Anlass für die Generaldebatte, die parlamentarische Königsdisziplin für die Oppositionsführerin im Bundestag, die als Erstes sprechen darf, noch vor der Kanzlerin. Diese Rolle fällt nun Alice Weidel zu. Bis zu diesem Tag gehört sie nicht zu den schärfsten Rednern ihrer Fraktion. Sie fiel eher durch einen wütenden Tonfall auf als durch eine grenzüberschreitende Wortwahl.

An diesem Tag ist das anders. Weidel fängt mit einem generellen Vorwurf an. Sie unterstellt der Bundesregierung, zu »tarnen und zu täuschen«. Die Infrastruktur zerfalle, der Staat beute seine Steuerzahler »nach Gutsherrenart« aus, könne seine Bürger nicht mehr schützen und zugleich flössen »Abermilliarden in die Aufnahme und Alimentierung illegaler Einwanderer«.

Der Satz, der aus dieser Rede im kollektiven Gedächtnis bleibt, lautet: »Burkas, Kopftuchmädchen, alimentierte Messermänner und sonstige Taugenichtse werden unseren Wohlstand, das Wirtschaftswachstum und vor allem den Sozialstaat nicht sichern.« Für die Formulierung erteilt Bundestagspräsident Wolfgang Schäuble der Rednerin Weidel einen Ordnungsruf. Seine Begründung: Mit der Formulierung »Kopftuchmädchen … und sonstige Taugenichtse« würden alle Frauen diskriminiert, die ein Kopftuch trügen.

Für Weidel ist die Rede trotzdem ein Erfolg, denn die Provokation ist volle Absicht. »Das war eine bewusste Setzung«, gibt sie später offen zu. »Ich wollte die Debatte, darum habe ich diesen Begriff benutzt. Ich wollte die Debatte über eine Religion, die Frauen nicht gleich behandelt und abwertet.« Sie sagt: »Ich mache mir Sorgen um einen drohenden Scharia-Staat. Es ist mir unvorstellbar, in so einem Staat zu leben. Da könnte ich nicht mit meiner Lebenspartnerin durch die Stadt gehen.«

Vielleicht spricht die Rede der Fraktionsvorsitzenden also auch aus dem Herzen. Vor allem aber ist der Auftritt in entscheidenden Passagen komplett aufs Internet zugeschnitten, verletzt gezielt Grenzen und benutzt exakt die Codes, die weit ins rechtsextreme Milieu hineinwirken und Anklang finden. Es ist eine Sprache, wie sie im Bundestag vor Einzug der AfD nicht zu hören war.

Die Rede trägt klar völkische Züge. Vom »Volksvermögen« ist die Rede, das der Staat treuhänderisch zu verwalten habe. Weil das deutsche Volk schrumpfe, setze die Bundesregierung auf »kompensatorische Einwanderung«, und zwar durch Muslime, bei denen »die Geburtenrate ganz anders« aussehe. »Sogar die Auffettung der Einwohnerzahl durch zugewanderte Straftäter mit mehrfachen Identitäten scheint Sie überhaupt gar nicht zu stören«, echauffiert sich Weidel.

Wie nebenbei bringt Weidel schon zu Beginn auch einen rechten Verschwörungsmythos unter: den vom großen Plan zum Bevölkerungsaustausch. Diese Erzählung besagt, dass die Migration mit Absicht befeuert wird, um die einheimische Bevölkerung auf Dauer zu ersetzen. »Dem deutschen Volk fühlen Sie sich ohnehin nicht mehr verpflichtet«, wirft sie der Bundesregierung vor. »Das Volk, das wollen Sie sich nämlich selbst aussuchen und zusammenstellen.« Später spricht Weidel von einer »Strategie des Generationenersatzes durch eine ungeregelte Zuwanderung, teilweise aus frauenverachtenden Stammeskulturen«.

Die Rede ist so kalkuliert wie die zur Schau gestellte Wut. Sie folgt einem Plan der Partei, den die Fraktion von Anfang an gezielt umsetzt. Die AfD-Abgeordneten mögen Neulinge auf dem bundespolitischen Parkett sein – unvorbereitet sind sie nicht.

Britta Haßelmann, die Parlamentarische Geschäftsführerin der Grünen, sagt: »Es gibt inzwischen etliche Beispiele dafür, dass systematisch versucht wird, die Grenzen des Sagbaren zu verschieben. Es ist inzwischen jedem klar, dass das eine Strategie ist.«

An der Rede Weidels zeigt sich zudem, dass die AfD es auch als ihre Aufgabe versteht, ein strategisches Ziel der Neuen Rechten zu erreichen: nämlich Positionen in den parlamentarischen Raum einzuführen und damit in der Mitte der Gesellschaft zu verankern, die bisher nur rechtsextreme außerparlamentarische Bewegungen vertreten. Das »Spektrum der politischen Debatte« müsse erweitert werden, forderte Alexander Gauland schon früh. Und er benannte auch die Instrumente, die dabei zum Einsatz kommen: Grenzüberschreitungen und Konflikte.

Es dauert lange, bis sich die Erkenntnis nach und nach bei allen anderen Parteien durchsetzt: Zum ersten Mal in der jüngeren Geschichte der Republik hat die extreme Rechte mit der AfD einen parlamentarischen Arm und so die Möglichkeit, die Bühne des Parlaments für die Verschiebung des Diskurses zu nutzen. So erfüllt die AfD-Fraktion genau die Funktion, die der rechte Verleger Götz Kubitschek für sie vorgesehen hat. Mit welchen drei Methoden sich die Ausweitung der Kampfzone betreiben lässt, beschreibt er in einem

Aufsatz namens *Selbstverharmlosung*. Dieser liest sich wie eine Gebrauchsanweisung, der viele AfD-Abgeordnete folgen.

Die erste Methode zielt auf den »Geländegewinn«: Der Redner solle den Sprachraum erweitern. Er solle »in Grenzbereiche des gerade noch Sagbaren und Machbaren provozierend« vorstoßen. Wenn dort ein »Brückenkopf« platziert sei, solle der erhalten, erweitert und auf Dauer zum eigenen Hinterland gemacht werden. Kubitschek: »Das ist – ins Zivile übersetzt – nichts anderes als die Schaffung neuer Gewohnheiten.«

Die AfD-Abgeordneten bemühen sich ohne Unterlass um die Schaffung dieser neuen Gewohnheiten. Ganz vorne mit dabei ist der Innenpolitiker Curio, dessen Rede zur doppelten Staatsbürgerschaft im Februar 2018 starke Reaktionen auslöst, weil er sich aus dem sprachlichen Werkzeugkasten des Nationalsozialismus bedient und vom »zur Regel entarteten Doppelpass« spricht. Wie empfindlich die politische Landschaft auf diesen Rückgriff auf den NS-Jargon reagiert, muss Curio genau wissen.

Denn bereits der frühere AfD-Chef Bernd Lucke hatte einen Sturm der Entrüstung ausgelöst, als er Jahre zuvor nach dem verpassten Einzug in den Bundestag von »Entartungen von Demokratie und Parlamentarismus« gesprochen hatte, die er in den zurückliegenden Jahren in Deutschland erlebt habe. Lucke verteidigt damals seine Wortwahl, indem er auf die Verwendung des Wortes in der Biologie, zum Beispiel bei Krebszellen, verweist.

Aus Sicht des Soziologen Andreas Kemper, der die Partei schon lange beobachtet, steht hinter solchen Vorstößen ein strategisches Ziel. »Für die Etablierung einer nationalistischen, biopolitischen Bevölkerungspolitik braucht man natürlich auch die entsprechenden Vokabeln«, schreibt Kemper. Er glaubt, dass AfD-Funktionäre deshalb danach trachten, die seit dem vernichtenden Werk des Nationalsozialismus nicht sagbaren Vokabeln aus diesem Sprachfeld zu enttabuisieren.

Für diese These spricht auch eine Passage in einem Interview Björn Höckes mit dem ZDF. Vom Interviewer auf die Wortwahl Curios angesprochen, sagt Höcke: »Wenn Sie Biologie sich ein bisschen zu Gemüte geführt haben, was Sie bestimmt in der Schule getan haben, dann werden Sie sicherlich in der Molekularbiologie bzw. Zytologie auch mit dem Begriff der Entartung konfrontiert worden sein. Von daher sind das alles Kampfbegriffe, die von einem politisch-medialen Establishment so definiert werden und damit – ja – dem Sprachgebrauch entzogen werden sollen, um ein politisches Ziel zu erreichen. Und das geht nicht.« Und weiter: »Wir haben eine Tendenz in diesem Lande, die Sprach- und Meinungskorridore immer weiter zu verengen. Und das tut unserer Demokratie nicht gut.«

Im Bundestag ist die Veränderung der Wortwahl zu beobachten. Die *Süddeutsche Zeitung* analysiert 2019 in einer computerlinguistischen Datenrecherche mehr als 4200 Plenarprotokolle seit 1949. Das Blatt kann nach dem Einzug der AfD einen deutlichen »Bruch in der Debatte« belegen. Statt von »Flüchtlingen« werde nun deutlich häufiger, vor allem bei Rednern der AfD, von »Migranten«, »Asylbewerbern« und »Einwanderern« gesprochen. Selbst bei asylrechtlichen Debatten sprächen die AfD-Abgeordneten von »syrischen Migranten« – dabei geht es rechtlich eindeutig um Bürgerkriegsflüchtlinge. Die Autoren zeigen einen frappierenden Wandel auf: Werde das Wort »illegal« zwischen 2013 und

2017 noch allen voran in Bezug auf den Akt des »Grenzübertritts« verwendet, so ändere sich das mit dem Einzug der AfD. Jetzt sei es der Mensch selbst, der »Migrant« und der »Einwanderer«, der mit dem Wort »illegal« verbunden werde.

Wie die AfD hier den Diskurs verschiebt, ist also ganz im Sinne ihres Rechtsaußen-Vordenkers Kubitschek. »Die Sprache erweitert sich um neue Begriffe, das Argumentationsrepertoire um neue Verknüpfungen, die Wahrnehmung um neue Benennungsmöglichkeiten«, schreibt er in seinem Aufsatz.

Als zweite Methode nennt der Ex-Soldat Kubitschek, ebenfalls mit einem militärischen Sprachbild, die »Verzahnung«. Gemeint ist damit das Vorstoßen in feindliches Gebiet an einzelnen Stellungen, sodass die Fronten nicht mehr klar sind und die »feindliche Artillerie« am Beschuss gehindert wird. »Sprachlich kann man dadurch verzahnend vorstoßen, dass man zitiert und auf Sprecher aus dem Establishment verweist, die dasselbe schon einmal sagten oder wenigstens etwas Ähnliches«, so Kubitschek.

Ein bekanntes Beispiel – und nur eines von vielen – ist eine Aussage des Fraktionsvorsitzenden Alexander Gauland im August 2017 bei einer AfD-Wahlkampfveranstaltung im thüringischen Eichsfeld. Gauland zitiert Aydan Özoğuz, die damalige SPD-Integrationsbeauftragte der Bundesregierung. »Diese tolle Ausländerbeauftragte« sage, eine spezifisch deutsche Kultur sei jenseits der Sprache schlicht nicht identifizierbar. »Das sagt eine Deutschtürkin«, betont Gauland. »Ladet sie mal ins Eichsfeld ein und sagt ihr dann, was spezifisch deutsche Kultur ist. Dann kommt sie hier nie wieder her, und wir werden sie dann auch Gott sei Dank in Anatolien entsorgen können.« Aydan Özoğuz ist gebürtige Hamburgerin, die deutsche Staatsangehörigkeit hat sie seit 1989.

Gaulands Aussage schlägt hohe Wellen. Zunächst antwortet Gauland auf Nachfragen, er könne sich an seine Wortwahl nicht mehr erinnern. Doch dabei bleibt es nicht. »Ich hab' eigentlich nur Frau Özoğuz einen längeren Urlaub in einem Land empfohlen, wo sie offensichtlich mehr von der Kultur versteht«, sagt er etwa eine Woche später bei einer Wahlkampfveranstaltung in Pforzheim. Das Publikum klatscht und jubelt.

In einer dritten Rechtfertigung wendet Gauland schließlich die Kubitschek-Strategie an und verweist auf Sprecher aus anderen Parteien, die dasselbe Wort bereits vor ihm verwendet hätten. Gegenüber der Zeitung *Die Welt* verweist er auf einen Tweet des damaligen SPD-Abgeordneten Johannes Kahrs, der am 31. März 2013 getwittert habe: »Wir wollen ja alle die Merkel entsorgen.«

Gleichzeitig – und hier liegt der Geländegewinn – legt Gauland aber auch inhaltlich nach. Das Wort habe er nur metaphorisch verwendet, sagt er dem *Welt*-Redakteur Matthias Kamann. »Inhaltlich bleibe ich dabei, dass, wer solche Ansichten vertritt, in diesem Land nichts verloren hat. Ich würde mir wünschen, dass Frau Özoğuz dorthin zurückkehrt, wo sie offensichtlich besser aufgehoben ist.« Die Forderung, deutsche Staatsbürger mögen »zurückkehren«, ist deckungsgleich mit Forderungen rechtsextremistischer Parteien und Organisationen.

Gauland greift in seiner Argumentation häufig noch zu einem anderen Kniff. Wird er auf die grenzverletzende, verhetzende Wortwahl angesprochen, verweist er auf die Vergangenheit, in der sich im Bundestag Kontrahenten wie

Franz Josef Strauß und Herbert Wehner ebenfalls nichts geschenkt hätten.

Marco Buschmann, Parlamentarischer Geschäftsführer der FDP-Fraktion, wendet sich ganz generell gegen diesen Vergleich: »Damals war das Ziel nicht die Vernichtung des Systems. Man wollte stärker sein als der politische Wettbewerber, aber man hat ja anderen nicht per se abgesprochen, für Teile der Bevölkerung zu sprechen.« Das tue die AfD aber. »Mit der AfD ist zum ersten Mal die Idee ins Parlament zurückgekehrt, dass wir nicht mit Argumenten den sportlichen Wettbewerb um die beste Lösung führen, sondern uns in einem Kampf befinden«, sagt Buschmann. »Alle anderen sind nicht Wettbewerber, sondern Feinde, die vernichtet werden müssen.« Die AfD inszeniere sich als diejenige, die dieses System brechen kann. »Es geht ihr um ›Wir gegen alle anderen‹, um Gut gegen Böse.«

Die dritte Methode, die der politische Vordenker Kubitschek seinen Gefolgsleuten empfiehlt, ist die der »Selbstverharmlosung«, um das einzureißen, was er die »emotionale Barriere« nennt: Kubitschek beschreibt einen Wähler, der eigentlich gern sein Kreuzchen bei der AfD machen würde, den aber eine pauschale Warnung vor dem »Bösen, Hässlichen, Rückwärtsgewandten« zurückhält. Dagegen hilft, die »Zurschaustellung der eigenen Harmlosigkeit«. Im Grunde geht es darum zu betonen, dass man einer ganz normalen Partei angehört, die normale Dinge sagt, fordert und tut.

Warum das nötig ist, erklärt sich eigentlich von selbst: Überall dort, wo die Mehrheitsgesellschaft sich darin einig ist, die viel zitierte Brandmauer gegen diejenigen zu ziehen, die sich antidemokratisch, rassistisch, grundgesetzfeindlich positionieren, hat die AfD mittelfristig ein handfestes Problem. Sie wird an dieser Stelle nicht weiterkommen, weder mit ihrer Strategie der Diskursverschiebung durch Provokation noch mit dem Ziel einer Kooperation, Tolerierung oder Regierungsbeteiligung.

Also muss sie sich verhalten wie ein trojanisches Pferd, um den Marsch durch die bürgerlichen Institutionen antreten zu können. Oder wie es einem Strategiepapierentwurf von Dezember 2016 heißt: »Der Schlüssel, um einerseits eine klare Abgrenzung gegen rechts außen zu haben und andererseits dennoch unsere Positionen nicht zu verwässern, liegt im Auftreten und in der verwendeten Sprache.« Man könne relativ »radikale« Forderungen erheben, wenn man sie gut begründe und in sachlichem Ton vortrage.

Eine spezielle Form der Selbstverharmlosung ist immer dann zu beobachten, wenn die AfD sich politisch zu rechtsextremen Gewalttaten verhält. Ein Beispiel für diese Methode ist die Bundestagsdebatte nach dem rechtsextremistischen Anschlag auf die Synagoge von Halle. Als Fraktionschef antwortet Alexander Gauland auf die Rede des Bundesinnenministers Horst Seehofer. Gaulands Antwort ist – nach dem versuchten Massenmord in einer Synagoge – so bemerkenswert, dass sie hier ausführlicher zitiert sei. Das Erste, was Gauland anbringt, ist die Aufforderung an Seehofer, sich zu entschuldigen: »Meine Damen und Herren! Herr Bundesminister, solange ein Mitglied der Bundesregierung sagen kann, die AfD sei der politische Arm des Rechtsterrorismus, entschuldige ich mich hier für nichts. Sie müssten damit anfangen.« Während der gesamten Rede fällt kein einziger Satz zu den beiden Todesopfern des Anschlags und nur einer zu den mehr als 50 Menschen, die verbarrikadiert im ersten Stock der Synagoge um ihr Leben fürchteten.

Gauland ist wütend, das hört man seiner Stimme an, aber ebenso wütend sind die Zurufe, die ihn aus dem Parlament bei seiner Rede begleiten. Zwar spricht er von dem Terroranschlag als »Skandal«, der »nicht sein dürfe« – landet aber bereits im nächsten Satz bei islamistischem Antisemitismus: »Juden müssen mit Kippa und Davidstern durch deutsche Städte laufen können, ohne dass sie beschimpft und attackiert werden. Wenn das nicht oder nur eingeschränkt möglich ist, hat sich dieses Land zu fragen, ob es noch zivilisiert ist.« Und schon hat Gauland das Thema gewechselt zur Opferrolle.

Alle anderen seien sich einig, dass »wir ein sogenanntes Klima geschaffen haben, in dem solche Taten möglich sind«, sagt er. Und fährt fort: »Ich gestatte mir an dieser Stelle einmal die Frage, wer denn das Klima geschaffen hat, das den Anschlag vom Breitscheidplatz möglich gemacht hat.« Die AfD, so Gauland, werde immer als schuldig betrachtet. Dabei sei es »seit der Ausrufung der Willkommenskultur 2015 zu einer gewaltigen Radikalisierung und Spaltung der gesamten Gesellschaft gekommen«. Für diese Radikalisierung »haben jene die Ursache gesetzt, die in einem historisch beispiellosen Akt mehr als 1,5 Millionen unserer Kultur fremder Menschen ins Land gelassen haben«.

Statt über rechtsextremistischen spricht Gauland nun über islamistischen Terror – und zugleich über das Oberthema Migrationspolitik. Er fragt, wo die spontane Mahnwache nach dem Terroranschlag vom Breitscheidplatz gewesen sei. Gaulands Rede gipfelt in dem Satz: »Wenn wir angeblich der politische Arm des Rechtsterrorismus im Parlament sind, wie das ein Staatsminister gesagt hat, dann wären Sie der politische Arm des islamistischen Terrors in diesem Land.«

Der Ablauf solcher rhetorischer Manöver ist immer derselbe: Im ersten Schritt wird die Tat verurteilt, jedoch ohne den Rechtsextremismus zu erwähnen. Die AfD behauptet im zweiten Schritt, dass die Voraussetzungen für die Taten mit der Flüchtlingspolitik der Koalition überhaupt erst geschaffen wurden. Dann positioniert sich die AfD selbst als Opfer, da sie zu Unrecht für die Verschärfung des gesellschaftlichen Klimas mitverantwortlich gemacht werde. Und schließlich beschuldigt sie die anderen Parteien, die Terroropfer politisch zu instrumentalisieren.

Egal ob die AfD also ihre Rolle bei der Verschärfung des gesellschaftlichen Klimas verharmlost, vorher unsagbare Vokabeln im Bundestag einführt oder Tabubrüche rechtfertigt – am Ende ist immer eine Grenze verschoben.

Steter Tropfen höhlt den Stein: Wie die AfD alles auf die Migrationskarte setzt

Es mag die auffälligste Taktik der AfD sein, aber dadurch büßt sie nicht an Wirksamkeit ein: Eine der wichtigsten Methoden der AfD im Bundestag ist, immer wieder auf ihr Kernthema, die Migration zurückzukommen – selbst wenn das eigentliche Thema ein ganz anderes ist. Die Idee dahinter: Je stärker und öfter sie das Thema bespielt, desto eher sind hier Geländegewinne zu verzeichnen.

In einem vertraulichen Strategiepapier für den Wahlkampf mit der Bezeichung »AfD – Manifest 2017« hatte sich die AfD schon Ende 2016 vorgenommen, sich auf ihre Kernthemen zu konzentrieren. »Die stete Wiederholung dessen, wofür man bereits bekannt ist, bringt mehr Erfolg als immer wieder Neues zu bringen.« Die AfD müsse »ganz bewusst und ganz gezielt immer wieder politisch inkorrekt sein und auch vor sorgfältig geplanten Provokationen nicht zurückschrecken.« Schon von Beginn an haben die Fraktionen in den Landtagen so gearbeitet. Trotz aller Unterschiede in den Fraktionen stellte das Wissenschaftszentrum Berlin für Sozialforschung in einer frühen Studie fest: Fast jede dritte Anfrage beschäftigt sich mit den Themen Migration und Innere Sicherheit. Die klassischen landespolitischen Themen Bildung und Infrastruktur interessieren die Abgeordneten unterdurchschnittlich.

Für die AfD ist klar: Migration eignet sich als ideales Mantelthema – es mobilisiert emotional, und zugleich lassen sich damit die verschiedensten politischen Felder aus der Perspektive der Partei verbinden und vermitteln. Dazu gehören neben Identitätsfragen alle Fragen der Verteilungsgerechtigkeit und der Ökonomie.

Wie die AfD mit dieser Methode die anderen Fraktionen immer wieder kalt erwischt, zeigt sich in frappierender Weise am 18. Oktober 2019. Im Plenum spricht Sozialminister Hubertus Heil (SPD), es geht um einen Gesetzesentwurf zum sozialen Entschädigungsrecht. Es soll die Interessen der Opfer von Gewalttaten und Kriminalität in den Mittelpunkt stellen. Bislang war das Entschädigungsrecht auf die Opfer der beiden Weltkriege konzentriert. Jetzt sollen auch Opfer von Anschlägen wie dem Attentat am Breitscheidplatz in den Blick genommen werden, genauso wie Opfer von sexueller Gewalt oder Stalking, die unter den psychischen Folgen leiden. Und Heil ist wichtig: Nicht die Staatsangehörigkeit soll darüber entscheiden, welche Leistung ein Mensch bekommt. »Alle, die hier in Deutschland Opfer von Gewalttaten werden, werden gleichbehandelt.«

Antworten darf der bayerische AfD-Abgeordnete Martin Sichert. Sein Vorwurf: Die Bundesregierung ergreife keine Maßnahmen zum Schutz der Bürger, sondern kenne nur den »Griff in den Geldbeutel der Steuerzahler«. »Seit Jahren steigen die Zahlen der Genitalverstümmelungen durch die Zuwanderung von Menschen aus archaischen Kulturkreisen. Warum schützen Sie denn diese Frauen nicht?« Sichert – gegen den unter Parteichef Bernd Lucke noch ein Ausschlussverfahren wegen Rechtsextremismusverdachts lief – spricht auch von zwangsverheirateten Frauen in Deutschland und Frauen, die mit dem Tode bedroht werden, wenn sie jemanden aus einem anderen Kulturkreis heiraten. Es wird laut im Plenum. »Nach zwei Jahren Bundestag weiß ich, warum Sie sich hier so aufregen und warum Sie diese Mädchen und Frauen nicht schützen. Sie müssten nämlich zugeben, dass Multikulti gescheitert ist«, ruft Sichert.

Der einzige Weg, diese Frauen und Mädchen zu schützen, sei, »dass eine gleichberechtigte freiheitliche Leitkultur in unserem Land etabliert wird und sich nicht jeder Zugereiste aufführen kann wie in seinem Heimatland.« Dann sagt er den entscheidenden Satz: »Sie schreiben in Ihrem Gesetzentwurf, dass das Gesetz eine Folge der Auswirkungen des verheerenden Terroranschlags vom Breitscheidplatz ist. Wir sind hier aber nicht im Nahen Osten, wo man mit Blutgeld selbst Morde sühnen kann.« Den Angehörigen der Opfer im Nachhinein Geld und Unterstützung zukommen zu lassen, möge kurzfristig manche besänftigen, machte die Taten aber nicht ungeschehen. »Wir brauchen hier kein Blutgeldgesetz, sondern eine Bekämpfung von Ursachen!«

Die Abgeordneten sind außer sich. Ein Unions-Mann ruft: »Das müssen wir uns nicht gefallen lassen. Das verdient einen Ordnungsruf.« Tatsächlich spricht die grüne Bundestagsvizepräsidentin Claudia Roth, welche die Sitzung leitet, für die Verwendung des Worts »Blutgeldgesetz« eine Rüge aus. Dann erteilt sie Minister Heil noch einmal das Wort für eine Kurzintervention. »Sie sollten sich dafür schämen, dass Sie kein Wort des Mitgefühls mit Menschen, die Opfer sind, gesagt haben«, wettert Heil. »Stattdessen haben Sie die Opfer von Gewalttaten für Ihre nationalistische Hetze in diesem Haus missbraucht.« Er zitiert aus einer Rede des SPD-Politikers Kurt Schumacher von 1932, der einzigen, die dieser jemals im Reichstag hielt. Heil fragt: »Wissen Sie, wie er Nationalismus wie Ihre Reden genannt hat? Die Mobilisierung des menschlichen Schweinehunds. – Ich finde, das haben Sie mit dem Begriff ›Blutgeld‹ zum Ausdruck gebracht.«

»Blutgeld« – dieser Begriff klingt nicht einfach nur drastisch. Bei Blutgeld handelt es sich um ein Sühnegeld, das vom Mörder an die Familie des von ihm Ermordeten gezahlt wird. In einigen vom Islam geprägten Ländern ist es als finanzieller Ausgleich anerkannt, damit auf Rache verzichtet wird. Indem Sichert das Wort verwendet, transportiert er auch die gängige Botschaft der AfD: dass in Deutschland die Islamisierung voranschreite und im Prinzip die Einführung der Scharia drohe.

Es gibt viele Beispiele, in denen es absurd anmutet, wie die AfD die Verbindung zur Migration herstellt. Dazu zählt eine Kleine Anfrage, für welche die Abgeordnete Nicole Höchst und andere verantwortlich zeichnen. Höchst ist eine der AfD-Frauen, die rhetorisch massiv provozieren – dazu gehört auch schon mal, Angela Merkel mit Adolf Hitler zu vergleichen. In der Anfrage vom März 2018 möchte die AfD Auskunft darüber erhalten, wie sich die Zahl der Behinderten seit 2012 entwickelt habe, »insbesondere die durch Heirat innerhalb der Familie entstandenen (bitte nach Jahren aufschlüsseln)« und »wieviel Fälle« davon einen Migrationshintergrund hätten. Außerdem wird gefragt, wie viele Schwerbehinderte – »bitte hier alle Arten von Behinderungen zusammenfassen« – keine deutsche Staatsbürgerschaft besäßen – »bitte nach Jahren seit 2012 aufschlüsseln.«

Der Tabubruch ist so gewaltig, dass 18 Sozialverbände sich sofort gegen die Anfrage positionieren und in einer bundesweit geschalteten Anzeige einen Appell an die Bevölkerung richten: »Wir rufen die Bevölkerung auf, wachsam zu sein und sich entschlossen gegen diese unerträgliche Menschen- und Lebensfeindlichkeit zu stellen«, schreiben sie. »Die Fraktion der AfD erkundigt sich vordergründig nach der Zahl behinderter Menschen in Deutschland, suggeriert dabei jedoch in bösartiger Weise einen abwegigen Zusammenhang von Inzucht, behinderten Kindern und Migrantinnen und Migranten«, heißt es in der Begründung. »Es vermittelt sich darüber hinaus die Grundhaltung, Behinderung sei ein zu vermeidendes Übel.«

Den Zusammenhang zur Euthanasie im Nationalsozialismus sehen die 18 Verbände eindeutig hergestellt. Die Anfrage erinnere »an die dunkelsten Zeiten der deutschen Geschichte, in denen Menschen mit Behinderung das Lebensrecht aberkannt wurde und sie zu Hunderttausenden Opfer des Nationalsozialismus wurden«.

Es mag aussehen wie ein kleiner Erfolg, dass sich so viele Verbände versammeln, um Position gegen diese menschenverachtende Politik zu beziehen. In Wahrheit aber ist es die AfD, die hier ihr strategisches Ziel erreicht. Zum einen versichert sie sich einmal mehr des steten Stroms der Aufmerksamkeit. Zum zweiten gelingt es ihr auch mit diesem Tabubruch, die derzeit geltenden Grenzen anzutasten, um sie zu verschieben. Demonstriert wird: Es kann, es darf in einem deutschen Parlament nach 1945 wieder darüber diskutiert werden, unter welchen familiären Umständen behinderte Kinder zur Welt kommen.

Die Antwort der Bundesregierung auf die Anfrage der AfD fällt trocken aus: »Daten zum Familienstand der Eltern von Kindern mit Behinderungen werden in der Statistik der Schwerbehinderten nicht erhoben.« Mehr als 94 Prozent der Schwerbehinderten seien Deutsche. Es ist kennzeichnend für solche Anfragen, dass nicht die Antwort der Bundes- oder jeweiligen Landesregierung das Ziel der Übung ist, sondern die Empörung und das damit erreichte Einreißen einer Grenze.

Die Methode Hammelsprung: Wie die AfD versucht, den Bundestag vorzuführen

Der Morgen des 8. Juni 2018 ist der Moment, in dem eine Provokation der AfD für Bundestagsvizepräsidentin Claudia Roth zur persönlichen Bedrohung wird. Roth führt den Vorsitz im Plenum, als der badische AfD-Abgeordnete Thomas Seitz ans Rednerpult tritt und das versammelte Haus zu einer Schweigeminute auffordert. In Wiesbaden ist kurz zuvor die 14-jährige Susanna getötet worden. Zu diesem Zeitpunkt gibt es schon den Verdacht, dass ein Flüchtling der Täter sein könnte. Eigentlich steht eine Geschäftsordnungsdebatte an, in der es um die Erweiterung der Tagesordnung gehen soll. Seitz aber legt um 9.07 Uhr seine Hände wie zum Gedenken aufeinander und sagt: »Aus der Erde kommst du, zu Erde wirst du werden.«

Nach wenigen Sekunden huscht sein eigentlich in Andacht niedergeschlagener Blick immer wieder nach rechts in Richtung seiner Fraktion. Dort erheben sich die meisten Abgeordneten. Im Plenum herrscht angespannte, überraschte Stille. Auf dem Präsidentenpodium bricht Hektik aus. »Darf ich Sie hinweisen, dass wir gerade zur Geschäftsordnung reden«, sagt Claudia Roth. Sie fordert Seitz auf, sich an die vorgegebene Tagesordnung zu halten. Daraufhin erheben sich auch noch die beiden AfD-Fraktionsvorsitzenden Alexander Gauland und Alice Weidel.

Roth ist ein Politprofi. Die frühere Parteichefin der Grünen ist schon seit 2013 Bundestagsvizepräsidentin und einiges an Auseinandersetzungen und Zuspitzungen gewöhnt. Aber dieser Moment fühlt sich für sie kurz an wie Ertrinken. Zwei Jahre später sitzt sie am großen, hölzernen Besprechungstisch in ihrem Büro im Jakob-Kaiser-Haus und erinnert sich an diesen Tag: »Es war furchtbar. Der Mord an der 14-jährigen Susanna war ein abscheuliches Verbrechen.« Der Versuch von Seitz, die Schweigeminute zu erzwingen, sei »ganz klar von langer Hand geplant« gewesen, glaubt Roth. »Der machte das, weil er wusste, dass ich das gar nicht zulassen darf.« Denn eine Schweigeminute kann nach den Regeln des Parlaments keine Fraktion einzeln beschließen – hätte die AfD-Fraktion ein solches Gedenken wirklich gewollt, hätte sie das am Vortag in der Runde der Parlamentarischen Geschäftsführer ansprechen müssen. Ihr sei sofort klar gewesen, dass es der AfD um einen Missbrauch der Geschäftsordnung ging, sagt Roth. »Ich habe ja von meinem Platz aus gesehen, dass es bei dieser Aktion nicht um Trauer ging. Von wegen Schweigen. Ich habe das Grinsen, die Häme und die Boshaftigkeit in den Gesichtern der sitzenden Abgeordneten gesehen.«

In der Situation selbst bleibt Roth damals extrem ruhig. Sie fragt Seitz, ob er noch etwas zu sagen habe. Sonst möge er das Rednerpult freigeben. Nach knapp zwei Minuten ist der Spuk vorbei.

Die Bilder von Seitz und Roth rauschen wie ein Sturm durchs Internet. Die AfD-Fraktion lädt das Video hoch mit der Beschriftung: »+++Ansehen und teilen – entlarvende Reaktionen seitens Claudia Roth und der anderen Fraktionen!+++ Soeben nutzte die AfD-Fraktion die Gelegenheit, der in Wiesbaden von einem abgelehnten Asylbewerber getöteten Susanna (14) im Bundestag zu gedenken. Lediglich die AfD-Fraktion beteiligte sich hieran. Sitzungspräsidentin Claudia Roth ignorierte die Schweigeminute und verwies Thomas Seitz (AfD) vom Rednerpult.«

Im Netz bricht der Hass los. »Mein Büro erreichten kurz darauf massenhaft empörte Anrufe und Nachrichten mit Beleidigungen und Drohungen gegen meine Person, es war totaler Ausnahmezustand«, erzählt Roth. Bundestagspräsident Wolfgang Schäuble veranlasst, dass Roth Polizeischutz bekommt. In einer persönlichen Erklärung zitiert Roth eine der mehreren Tausend Drohungen mit Vergewaltigung, Misshandlung, Mord: »Dich Vieh werden wir an Klavierdraht am Fleischerhaken hängen.«

Roth benennt in ihrer Erklärung auch das Kalkül, das sie hinter der Aktion erkennt: »All das ist kein Zufall, kein Spiel, kein Geplänkel. In aller Klarheit: Die AfD will unsere Gesellschaft grundlegend verändern, und damit schadet sie uns. Wenn es in unserem Land mittlerweile ausreicht, eine Bundestagsdebatte gemäß Geschäftsordnung zu leiten, um etliche Morddrohungen zu erhalten, dann ist eine rote Linie nicht nur erreicht, sondern meilenweit überschritten.«

Der Vorgang ist beispiellos. Und er hat ein parlamentarisches Nachspiel. Eine Woche später spricht Bundestagspräsident Schäuble vor versammeltem Haus »einleitende Worte aus Anlass einer Inszenierung der AfD-Fraktion«, wie es später im Titel der Bundestagsaufzeichnung heißt. Schäuble macht deutlich, dass das gesamte Präsidium den Vorgang als Instrumentalisierung des Parlaments und als Inszenierung betrachtet. Schäuble erklärt: »Ein einzelner Abgeordneter darf den Bundestag nicht durch einen eigenmächtigen Aufruf zu einer Schweigeminute für seine Zwecke vereinnahmen wollen – auch nicht eine einzelne Fraktion.«

Damit lässt er es aber nicht bewenden. Schäuble dokumentiert in seiner Rede erstmals ganz offiziell die Methode der AfD, über Videos öffentlich Emotionen zu schüren, sowie die Folgen für die Betroffenen. Vor allem aber kritisiert er die Missachtung des Verfassungsorgans Deutscher Bundestag: »Mit dessen Würde ist es nicht vereinbar, wenn auch nur der Anschein der Instrumentalisierung der Opfer von Verbrechen entsteht«, sagt er.

Die AfD-Fraktion ist von der Ansprache nicht beeindruckt. Als Schäuble berichtet, wie Claudia Roth angefeindet, verleumdet und bedroht wird, ruft Alice Weidel zwei Mal laut dazwischen: »Willkommen in unserer Welt!«, »Willkommen in meiner Welt!« Während Schäuble seine mahnenden Worte spricht, wird er immer wieder von Zwischenrufen unterbrochen. Schließlich muss Schäuble einen Ordnungsruf in Richtung der AfD-Fraktion erteilen.

Sein Appell: »Was wir hier sagen und wie wir uns verhalten, hat Folgen für die öffentliche Debatte auch in unserer Gesellschaft. Wir müssen Maß halten, um unser politisches und gesellschaftliches Klima nicht zu vergiften.« Alice Weidel cremt sich währenddessen die Hände ein, Alexander Gauland blättert in einem Schriftstück. Anschließend wirft die AfD-Fraktion Schäuble mangelnde Neutralität vor.

Heute sieht Claudia Roth auch eine positive Folge jener Eskalation: »Es gab eine absolute Solidarität und Unterstützung von allen demokratischen Fraktionen«, sagt sie. Das sei ein wichtiges Zeichen gewesen.

Tatsächlich ist der Eklat mit der Schweigeminute für viele Parlamentarier rückblickend ein einschneidendes Erlebnis – oder gar ein Wendepunkt im Umgang mit der AfD. Die FDP-Politikerin Judith Skudelny sagt: »Was mich wirklich tief getroffen hat, war diese Sprachlosigkeit, die wir denen gegenüber hatten. Du sitzt da und kannst nichts dagegen tun.« Im Nachhinein sei man sich in ihrer Fraktion einig gewesen, dass so etwas nie wieder passieren dürfe. »Wir hätten ja intervenieren können. Reinreden. Hätten denen sagen können, dass sie nicht die Einzigen sind, die trauern, und dass es unter aller Sau ist, wie sie den Tod des Mädchens so instrumentalisieren.«

Eine komplett andere Sicht auf die Szene hat der AfD-Abgeordnete Baumann. Er sagt, ihn habe das Ganze an Aktionen einer anderen neuen Partei im Bundestag erinnert. Die Grünen hätten in den 80er Jahren nach ihrem Einzug ins Parlament pausenlos provoziert oder Aktionen gemacht, beispielsweise Transparente enthüllt. »Da war die Sache mit Seitz eine Kleinigkeit«, sagt er.

Fragt man Baumann, ob er die Sache angesichts der Hasswelle gegen Claudia Roth anders einschätzt, antwortet er:

»Polizeischutz hatte selbst ich auch schon – wegen schlimmer Bedrohung seitens politischer Gegner. Teilweise konnte ich ohne diesen Schutz nicht vor die Tür.« Darüber schreibe nur keiner, weil er AfD-Politiker sei, meint Baumann. Auf sein Haus seien drei Anschläge verübt worden. Ein Wort des Bedauerns über das, was Roth passiert ist, ist von ihm im Gespräch nicht zu hören.

Gerade zu Beginn der Legislatur nutzt die AfD die Geschäftsordnung aber auch für Störungen aus, um real existierende Schwächen des Parlaments offenzulegen. Im Januar 2018 läuft im Bundestag gerade eine Debatte zum Tierwohl. Es ist 22.38 Uhr, da entschließt sich die AfD, die anderen Abgeordneten zu ärgern. Als Bundestagsvizepräsidentin Petra Pau von den Linken über die Überweisung von zwei Anträgen abstimmen lassen will, meldet sich Jürgen Braun, damals der zweite Parlamentarische Geschäftsführer der AfD, zu Wort. Er sagt: »Die AfD-Fraktion bezweifelt die Beschlussfähigkeit des Bundestages und bittet um sofortige Überprüfung.« Braun grinst und reibt sich ein wenig die Hände, denn er weiß, was jetzt kommt.

Bundestagsvizepräsidentin Pau muss einen sogenannten Hammelsprung veranlassen. Das heißt, alle Abgeordneten verlassen den Plenarsaal und kommen durch Türen, über denen »Ja«, »Nein« oder »Enthaltung« steht, wieder herein. Dabei wird nicht nur abgestimmt, sondern gleichzeitig auch gezählt, wie viele Abgeordnete da sind. Damit der Bundestag beschlussfähig ist, muss mindestens die Hälfte der Abgeordneten anwesend sein – 355 an der Zahl. Doch als der Hammelsprung nach knapp 40 Minuten beendet ist, sind nur 312 Abgeordnete gezählt – und das, obwohl noch einige herbeigeeilt sind. Petra Pau beendet die Sitzung. Da ist es 23.19 Uhr.

Die AfD feiert das in den sozialen Netzwerken als gelungene Aktion. »Vielleicht verstehen Sie jetzt, was wir meinten, als wir sagten, wir werden Sie ›jagen‹«, heißt es in einem offiziellen AfD-Tweet. Eigentlich ist dieser Hammelsprung aber eine direkte Reaktion auf ein Ereignis früher an diesem Tag: Der Bundestag hat nämlich Roman Reusch, den Kandidaten der AfD für das Parlamentarische Kontrollgremium, durchfallen lassen. Das Gremium ist für die Kontrolle der Geheimdienste zuständig – und jeder Fraktion steht mindestens ein Sitz zu.

Die Niederlage macht den AfD-Fraktionsvorsitzenden Alexander Gauland wütend. Er kündigt gleich danach an, Reusch erneut ins Rennen zu schicken: »Wenn man Krieg haben will in diesem Bundestag, dann kann man auch Krieg kriegen.« Die AfD hält Reusch als Kandidaten für sehr geeignet. Er war leitender Oberstaatsanwalt in Berlin, bevor er in den Bundestag einzog. Reusch galt als Hardliner und vertrat umstrittene Thesen zum Thema Ausländerkriminalität. Doch die Qualifikation für das Gremium kann man ihm eigentlich nicht absprechen. Später wird er auch von den anderen Fraktionen gewählt werden – aber das weiß die AfD zu diesem Zeitpunkt noch nicht.

Der Hammelsprung, das sagt Gauland selbst, ist also die Revanche für die Nicht-Wahl Reuschs. So lasse sich die AfD nicht behandeln. »Das ist erst der Anfang.« Es klingt wie eine Drohung.

Doch tatsächlich will die AfD noch auf etwas anderes aufmerksam machen. Von Anfang an prangert sie im Bundestag an, dass von den anderen Fraktionen bei weniger wichtigen Debatten nur ein kleiner Teil der Abgeordneten anwesend ist. Um den Unterschied deutlich zu machen, bemüht sich die AfD-Fraktion um besonders zahlreiches Erscheinen. Die 92 AfD-Abgeordneten bilden einen Block, der bei Reden der eigenen Leute geschlossen aufspringt und applaudiert. Die Fraktion rühmt sich ihrer fast vollständigen Anwesenheit.

Dabei geht es den Rechten auch darum, die anderen Fraktionen bloßzustellen. Dafür greift die AfD manchmal auch zu unlauteren Mitteln: Einmal postet ein AfD-Abgeordneter Bilder von leeren Reihen der anderen Fraktionen, die aber in Wahrheit ein gutes Stück vor Sitzungsbeginn aufgenommen wurden. Die Botschaft ist offensichtlich: Die anderen Fraktionen scheren sich nicht um die Debatten, aber wir sind da. Bei den Anhängern kommt das gut an.

Was die AfD ihren Fans nicht erklärt: Der Bundestag ist ein Arbeitsparlament. Das heißt, die Hauptarbeit findet in den Fraktionen und Ausschüssen statt. Hier werden die Vorlagen für das Plenum erarbeitet. Wenn im Plenum später debattiert wird, sind oft nur die Fachpolitiker da. Sie haben mit ihren Fraktionen abgesprochen, wie sie abstimmen werden. Die Reden, die im Bundestag gehalten werden, sollen auch dazu dienen, die Öffentlichkeit zu informieren. Die Anwesenheit der Abgeordneten ist vor allem bei namentlichen Abstimmungen über besonders strittige Fragen notwendig. Diese finden statt, wenn das von einer Fraktion oder von mindestens fünf Prozent der Abgeordneten verlangt wird.

Trotzdem kann es passieren, dass umstrittene Gesetze nicht in namentlicher Abstimmung, sondern nur per Handzeichen oder Aufstehen verabschiedet werden. So geschehen beispielsweise beim Netzwerkdurchsetzungsgesetz, umgangssprachlich Hate-Speech-Gesetz. Es wird Ende Juni 2017 im Bundestag verabschiedet, also kurz vor Ende der letzten

Legislatur – bei nur etwa 55 anwesenden Abgeordneten. Damit ist der Bundestag eigentlich nicht beschlussfähig, allerdings verlangt auch keiner einen Hammelsprung. Und das Gesetz hat ja die Mehrheit der großen Koalition.

Dennoch: Gut ist es natürlich nicht, wenn umstrittene Gesetze von nur ein paar Dutzend Abgeordneten verabschiedet werden. Auch nicht in der Außenwirkung. Mit ihrem Pochen auf die Anwesenheit im Plenum trifft die AfD also einen wunden Punkt. Und der Hammelsprung an jenem Januartag wird nicht der letzte bleiben. Die AfD zieht sogar vor Gericht, weil eines Nachts für jeden sichtbar zu wenig Abgeordnete im Parlament waren, aber das Präsidium trotzdem die Beschlussfähigkeit feststellte. Die Klage bleibt erfolglos.

Bald merkt die AfD auch selbst, wie schwierig es ist, die fast vollständige Anwesenheit durchzuhalten. Wenn das Plenum unter der Reichstagskuppel tagt, finden zum Teil gleichzeitig Ausschusssitzungen statt, es gibt Anhörungen und Berichterstattergespräche, Abgeordnete müssen ihre Reden schreiben. Das bringt die AfD in eine Zwickmühle: Sie hat ihre Anhänger darauf konditioniert, dass Anwesenheit Fleiß bedeutet. Jetzt spüren einige AfD-Parlamentarier den Drang, sich zu rechtfertigen, wenn sie nicht im Plenum sein können: So erklärt etwa ein AfD-Abgeordneter seinen Anhängern bei Facebook, warum er erst um zwölf und nicht schon um neun Uhr im Plenum erschienen ist: »Ich habe nicht verschlafen, sondern habe meine heutige Rede nochmals überarbeitet«, schreibt er.

Die zunehmenden Lücken in den Reihen der AfD fallen auch den anderen Fraktionen auf – sie sehen es mit einer gewissen Genugtuung. Dennoch löst die AfD eine Veränderung aus. Die Fraktionen führen zum Teil Schichtpläne ein, um sicherzustellen, dass immer genügend Abgeordnete im Plenum sind. Und auch die Abschaffung der umstrittenen Nachtsitzungen hätte es ohne die AfD wahrscheinlich nicht gegeben. Diese dauerten an Donnerstagen in Sitzungswochen mitunter bis weit nach Mitternacht, die Anwesenheitsquote war schlecht und viele Reden wurden gar nicht mehr gehalten, sondern nur schriftlich zu Protokoll gegeben.

»Bei den Hammelsprüngen hat die AfD den Finger in die Wunde gelegt und aufgezeigt, wo sich teilweise Bequemlichkeit eingeschlichen hat«, sagt der CDU-Abgeordnete Amthor. Dabei habe die AfD aber nicht das Gemeinwohl im Sinn gehabt, sondern es sei »wie immer« nur ihr Ziel gewesen, das Parlament vorzuführen.

Bernd Baumann, der Parlamentarische Geschäftsführer der AfD, hat einmal gesagt: »Wir sind die Adrenalinspritze fürs Parlament.« Nur kann eben zu viel Adrenalin auch schädlich sein. Für Britta Haßelmann von den Grünen ist klar: »Die Härte, die Aggressivität und die Hetze bei den Plenardebatten hat es so vorher nicht gegeben.«

Verachtung als Methode: Wie die AfD den Bundestag diskreditieren will

»Schämen Sie sich nicht?«, ruft der AfD-Politiker Stefan Keuter bei einer Plenarsitzung Mitte Dezember 2017 in Richtung Union, Grüne, SPD und FDP. Ohne Debatte hätten sie die »jährliche automatische Diätenerhöhung« durchwinken wollen. Keuter gibt sich empört.

Wenig später tritt Britta Haßelmann, die Parlamentarische Geschäftsführerin der Grünen, ans Rednerpult. »Ich würde anstelle des Ersten Parlamentarischen Geschäftsführers der AfD im Erdboden versinken«, ruft sie. Im Voräeltestenrat habe man über die Änderung im Anpassungsmechanismus bei den Diäten geredet. Da habe es »keinen Widerspruch der AfD« gegeben. Ein Raunen geht durch den Bundestag.

Haßelmann stemmt beide Arme aufs Rednerpult. In der Runde der Parlamentarischen Geschäftsführer, sagt sie, sei vereinbart worden, eine Beschlussfassung im Bundestag vorzunehmen. »Und dann werden heute die Backen so aufgeblasen! Wie scheinheilig ist das denn?« Jetzt applaudieren alle, außer der AfD. Haßelmann setzt noch eins drauf: »Die haben noch nicht einmal einen Antrag auf Aussprache gestellt, der kam von der CDU/CSU. Wer meint, hier im Parlament uns vorführen zu können, der muss früher aufstehen!«

Was die AfD versucht, ist klar: Sie will die anderen Fraktionen als gierig hinstellen, die automatische Erhöhung der Diäten als unlauter. Dabei ging es schlicht darum, die Abgeordnetendiäten an die Lohnentwicklung zu koppeln. Man kann selbstverständlich darüber debattieren, ob so ein Mechanismus transparent genug ist oder ob es gut ist, dass die Abgeordneten selbst über die Höhe ihrer Diäten entscheiden. Doch hinter den Kulissen hat die AfD nach Aussage Haßelmanns nichts dagegen einzuwenden gehabt.

An dem Tag, als der Mechanismus beschlossen werden soll, erscheint eine Schlagzeile in der *Bild*: »Dreiste Politiker im Bundestag: Keine Regierung, aber sie erhöhen sich schon die Diäten«. Im Plenum springt die AfD dann auf diesen Zug auf. »Es war der Versuch, sich so darzustellen, als habe man die Sache heroisch bekämpft gegen die von ihnen sogenannten ›Altparteien‹, die angeblich das Geld scheffeln würden«, sagt Haßelmann. Und das, obwohl sich von der AfD in internen Runden niemand zu Wort gemeldet und Dissens angemeldet habe.

Der Parlamentarische Geschäftsführer der AfD-Fraktion, Bernd Baumann, streitet das ab: »Das ist Unsinn. Fakt ist: Ich habe der Diätenerhöhung nie zugestimmt – in keinem Gremium. Andere Fraktionen schon. Nur darauf kommt es an. Mehr ist nicht nötig. Das ist offiziell und nachprüfbar.« Eine Zustimmung zur Aufsetzung auf die Tagesordnung habe mit einer Zustimmung in der Sache nichts zu tun.

Was von dem Streit bleibt, sind wieder einmal die Videos im Netz. Haßelmanns Gegenrede ist an diesem Tag zwar sehr erfolgreich – im Plenum bekommt sie viel Applaus und bei YouTube geht die Aufnahme ihres Auftritts viral. Doch die AfD-Anhänger dürfte sie damit nicht erreicht haben. Denn in deren Kosmos wird vor allem Keuters Rede geteilt – ohne die Richtigstellung Haßelmanns. Insofern hat die AfD trotz der Bloßstellung im Parlament einen kleinen Sieg davongetragen: nämlich vor ihren Anhängern die anderen Abgeordneten als gierig hinzustellen. Marco Buschmann von der FDP wirft der AfD daraufhin »anti-parlamentarische Propaganda« vor.

Solche Situationen gibt es in den folgenden Jahren einige. »Es kommt dauernd vor, dass die Partei in internen Besprechungen zum Beispiel zur Tagesordnung schweigt und dann hinterher so tut, als sei sie nicht gefragt worden«, sagt der Parlamentarische Geschäftsführer der SPD, Carsten Schneider.

Etwa, als es um den Digitalpakt geht. Damit der Bund den Ländern zur Verbesserung der digitalen Ausstattung in den Schulen Gelder zur Verfügung stellen kann, ist eine Grundgesetzänderung nötig – denn eigentlich gilt ein Kooperationsverbot. Das heißt, der Bund darf die Schulpolitik der

Länder nicht beeinflussen, insbesondere nicht dadurch, dass er sie finanziert. Die Länder sträuben sich gegen die Änderung. Im Vermittlungsausschuss, wo Vertreter von Bundestag und Bundesrat zusammenkommen, wird nach mehrwöchigem Ringen ein Kompromiss gefunden. Über diesen soll tags darauf im Bundestag abgestimmt werden.

Für die AfD sitzt unter anderem Stephan Brandner im Vermittlungsausschuss. Doch als der Bundestag über den Kompromiss abstimmen will, beantragt die AfD, den Punkt von der Tagesordnung zu streichen. Wesentliche Inhalte des neuen Gesetzentwurfs seien nicht zuvor in einer Debatte im Bundestag verhandelt worden, sagt der Parlamentarische Geschäftsführer der AfD, Bernd Baumann. Die Abgeordneten würden in ihren Rechten verletzt. Sein Kollege Brandner wird später in einem Zwischenruf sogar das Wort »Kuhhandel« verwenden. Die anderen Fraktionen wollen das so nicht stehen lassen. Stefan Müller von der Union entgegnet, es sei alles korrekt gelaufen. »Es hat mehrere Sitzungen der zuständigen Arbeitsgruppe im Vermittlungsausschuss gegeben, in der auch die AfD vertreten gewesen ist. Ich kann mich übrigens nicht erinnern, dass es dort eine einzige Wortmeldung der Vertreter der AfD gegeben hätte.«

Tatsächlich behauptet die AfD, sie habe von vornherein erklärt, sich nicht beteiligen zu wollen, da sie die Grundgesetzänderung ablehnt. Der Unionsabgeordnete Müller erkennt trotzdem ein klares System hinter dem Vorgang, wie er in seiner Rede deutlich macht: »Es ist die übliche Methode der AfD, in nichtöffentlichen Sitzungen keine Vorschläge zu machen oder gar nichts zu sagen, dann aber zu glauben, hier vor dem Parlament Dinge vortragen zu können, die keine Rolle gespielt haben.«

Auch SPD-Mann Carsten Schneider, der aus Thüringen kommt und Brandner von dort schon kennt, sagt: »An solchen Beispielen kann man eine Verachtung gegenüber dem Parlamentarismus erkennen. Obwohl sie Teil der Institution sind und voll in den Prozess eingebunden waren, diskreditieren sie die Kompromissfindung.«

Die Grünen-Politikerin Haßelmann erkennt angesichts solcher Vorkommnisse bei der AfD einen »ständigen Versuch, demokratische Institutionen verächtlich zu machen, ins Lächerliche zu ziehen oder abzuwerten«. Sie sagt: »Mal ist es der Bundestag, mal ist es das Bundesverfassungsgericht, mal ist es der Bundespräsident. Es ist immer das gleiche Muster.« Worauf sie anspielt: Auch das Verhältnis der AfD zum Bundespräsidenten ist von Feindseligkeit geprägt. Frank-Walter Steinmeier hat sich früh deutlich positioniert und die AfD heftig kritisiert. Grundsätzlich wird vom deutschen Staatsoberhaupt überparteiliches Verhalten erwartet. In Bezug auf die AfD sieht Steinmeier aber offensichtlich die Notwendigkeit, Stellung zu beziehen. Als etwa der Thüringer Landesvorsitzende Björn Höcke das Holocaust-Mahnmal als »Denkmal der Schande« bezeichnete, sagte Steinmeier, er schäme sich für derartige Äußerungen. Die Verhöhnung der Opfer sei unerträglich.

Zwei Jahre darauf, im September 2019, nennt er die Partei in einem *Spiegel*-Interview antibürgerlich. Bürgertum, Rechtsstaat und individuelle Freiheitsrechte gehörten zusammen, sagt er. »Wer sich in dieser Tradition sieht, der kann nicht gleichzeitig einem ausgrenzenden, autoritären oder gar völkischen Denken huldigen. Das ist das Gegenteil von bürgerlich: Es ist antibürgerlich.«

Dazwischen liegen mehrere Szenen im Bundestag, die in

der Parlamentsgeschichte beispiellos sind. Die erste ist eine Rede des damaligen Rechtsausschussvorsitzenden Stephan Brandner in der Debatte zum 70. Jahrestag des Grundgesetzes. An diesem Tag sitzt der Bundespräsident mit seiner Frau auf der Gästetribüne. Ein Verfassungsorgan ist also zu Besuch beim anderen – und es gehört zum Respekt vor dem Amt, den Bundespräsidenten hier nicht anzugreifen.

Brandner interessieren solche Regeln nicht. Er tritt ans Pult – und beginnt seine Rede schon damit, auch die obligatorische Anrede des Bundestagspräsidenten zu unterlassen. Er wirft allen anderen Parteien vor, das Recht zu beugen und mit Füßen zu treten. Dann greift er Steinmeier direkt an. Er hebt den Blick in Richtung der Gästetribüne und sagt: »Fangen wir ganz oben an, beim Staatsoberhaupt, beim Bundespräsidenten, der auf der Tribüne ist. Guten Tag, Herr Steinmeier!« Brandner spricht schnell, es muss ihm klar sein, dass er eine Grenze überschreitet: »Sie machten offen Werbung für eine linksextremistische Veranstaltung«, sagt er.

Kurz darauf greift Bundestagspräsident Wolfgang Schäuble bereits scharf ein: »Herr Kollege Brandner, der Bundespräsident ist unser aller Staatsoberhaupt. Wenn er uns die Ehre erweist, an unserer Debatte teilzunehmen, ist das für Sie nicht die Gelegenheit, ihn zu kritisieren. Bitte unterlassen Sie das!«

Die anderen Fraktionen applaudieren. Aber Brandner hat seinen Punkt gemacht. Die Linksextremismuskritik bezieht sich auf Steinmeiers Unterstützung des Konzerts gegen Rechts, das verschiedene Gruppen nach den Ausschreitungen von Chemnitz organisiert haben. Dort trat unter anderem auch die Band Feine Sahne Fischfilet auf, die sich lautstark gegen Rechtsextremismus einsetzt. Die Band wurde wegen eines angeblich »staatsfeindlichen Antifaschismus« vorübergehend in den Berichten des Landesamtes für Verfassungsschutz in Mecklenburg-Vorpommern als »linksextremistische Bestrebung« aufgeführt. Der Name der Band ist bei der AfD inzwischen zur Chiffre für die Kritik am Bundespräsidenten geworden und wird bei jeder sich bietenden Gelegenheit wiederholt – in den sozialen Netzwerken, aber auch im Parlament.

Bundestagsvizepräsidentin Claudia Roth kommt in Anbetracht solcher Vorfälle zu dem Schluss: »Nie zuvor wurden der Bundestag als Institution sowie andere Institutionen der Demokratie so angegriffen und der Parlamentarismus als solches verächtlich gemacht.«

Doch Ende 2020 folgt noch einmal eine neue Eskalationsstufe. An einem Mittwoch im November soll eine Neufassung des Infektionsschutzgesetzes beschlossen werden. Die AfD hat – genauso wie die sich radikalisierende Szene der Corona-Maßnahmen-Gegner – zuvor massiv gegen das Vorhaben mobilgemacht. Sie hat die geschichtsrevisionistische Falscherzählung übernommen, wonach es sich um ein »Ermächtigungsgesetz« handele. Im Bundestag herrscht an diesem Tag angespannte Stimmung, weil Demonstranten die Zugänge blockieren wollen und die Bundestagsverwaltung befürchtet, sie könnten ins Parlament eindringen. Vor dem Reichstagsgebäude und am Brandenburger Tor finden sich schon am Vormittag Tausende der selbst ernannten »Querdenker« ein.

Während die Aufmerksamkeit vieler Beobachter auf das Demonstrationsgeschehen gerichtet ist, spielt sich im Reichstagsgebäude ein Tabubruch ab. Drei Abgeordnete der AfD-Fraktion – so hält die Bundestagspolizei später in einem Sicherheitsbericht fest – haben vier rechte Medienaktivisten als Gäste angemeldet. Sie bewegen sich mit Kamera und Smartphone durchs Reichstagsgebäude, filmen und bedrängen Abgeordnete. Unter anderem Wirtschaftsminister Peter Altmaier von der CDU und den FDP-Parlamentarier Konstantin Kuhle. Zu Altmaier sagt eine Aktivistin, während sie ihn filmt: »Sie sind abgehoben. Sie haben überhaupt kein Gewissen.« Und als sich die Aufzugtüren bereits hinter Altmaier geschlossen haben: »Aufgeblasener, kleiner Wanna-be-König.« Ein Video, das ein Zeuge von dem Vorfall macht, verbreitet sich noch während der laufenden Bundestagssitzung im Netz. Genauso wie Tweets von Abgeordneten, die davon berichten, wie die Aktivisten sogar versuchen, in Bundestagsbüros einzudringen.

Unter den Parlamentariern löst der Vorgang Entsetzen aus. Union und SPD beantragen dazu zwei Tage später eine Aktuelle Stunde im Plenum. Selbst der AfD-Fraktionsvorsitzende Gauland entschuldigt sich am Rednerpult für den Vorgang. Er behauptet aber auch, dass das Verhalten der Aktivisten nicht vorhersehbar gewesen sei. Eine erstaunliche Einschätzung, wenn man bedenkt, dass einer der Blogger – ein bekannter Verschwörungsideologe – schon vorher angekündigt hatte, sich im Bundestag für »Freiheit und Selbstbestimmung gegen diese Merkel-Speichellecker« einsetzen zu wollen.

Es hat zwar 2014 einen ähnlichen Vorgang gegeben. Der damalige Linken-Fraktionschef Gregor Gysi wurde von Gästen dreier Abgeordneter aus der eigenen Fraktion mit einer Kamera im Bundestag bis auf die Toilette verfolgt. Anlass war aber ein innerparteilicher Streit in Bezug auf den Nahostkonflikt. Das Ziel der Gäste der AfD-Abgeordneten war hingegen ganz offensichtlich, die anderen Parlamentarier bei der Abstimmung zum Infektionsschutzgesetz unter Druck zu setzen und sie vorzuführen. Der Parlamentarische Geschäftsführer der Unionsfraktion, Michael Grosse-Brömer, spricht von einem »Angriff auf das freie Mandat« und auf die parlamentarische Demokratie. »Eine Abstimmung sollte durch Nötigung beeinflusst werden.« Die Vorfälle seien der bisherige »Tiefpunkt einer dauerhaften Strategie der AfD in diesem Hause.«

Worin genau der Tabubruch der AfD, die »neue Qualität«, besteht, ist für den Parlamentarischen Geschäftsführer der FDP, Marco Buschmann, klar zu erkennen. Er zitiert den Staatsrechtler Hans Kelsen. Dieser habe vor den »Waffen der Demokratiefeinde« im Parlament gewarnt. Dazu zähle einerseits die »technische Obstruktion«: also geschäftsordnungsmäßige Mittel, mit denen Sand ins Getriebe gestreut werde. »Massenhafte Wahlgänge, Hammelsprünge, seltsame Geschäftsordnungsanträge« – all das habe die AfD schon versucht. Daneben gebe es aber auch noch die »physische Obstruktion«, das heißt: »durch Lärm, Gewalt und ein Klima der Bedrohung die Parlamentarier von ihrer Arbeit abhalten«. Buschmann glaubt: Das ist jetzt passiert. »Die AfD ist das erste Mal von einer technischen Obstruktion zu einer physischen Obstruktion übergegangen, und das ist unerhört.« Diese weitere Eskalation im Bundestag befeuert damals die Debatte um eine Gesamtbeobachtung der AfD zusätzlich.

Offener Sexismus: Wie die AfD für weibliche Abgeordnete das Klima verändert

Im Plenum, auf den Fluren, in den Aufzügen des Bundestages hat sich die Atmosphäre verändert. Abgeordnete berichten, dass sie sich im Aufzug nicht mehr frei unterhalten, wenn jemand mitfährt, den sie nicht kennen. Es könnte ja ein Mitarbeiter der AfD sein. Linke und SPD berichten von Vorfällen, in denen sich ihre Mitarbeiter von Mitarbeitern der AfD eingeschüchtert fühlten.

Eine atmosphärische Veränderung gibt es aber, die besonders Frauen aller Fraktionen wahrnehmen: Seit dem Einzug der AfD ins Parlament ist die Atmosphäre so offen sexistisch, so sehr von männlichem Dominanzverhalten geprägt wie noch nie zuvor in der jüngeren Zeit. So beschreiben es viele weibliche Abgeordnete und auch Mitarbeiterinnen, Sekretärinnen, Referentinnen.

Natürlich gab und gibt es auch in anderen Parteien sexistisches Verhalten. »Aber dass mitten im Plenum, in der Debatte so eine Atmosphäre erzeugt wird, das hat es vorher nicht gegeben«, sagt Claudia Roth.

Wie manche AfD-Männer mit Frauen umgehen, das stellen sie auch in den eigenen Reihen unter Beweis. Von einem direkten Angriff ihres Kollegen Petr Bystron berichtet die AfD-Parlamentarierin Corinna Miazga bei ihrer Bewerbungsrede für einen Vorstandsposten auf dem Parteitag in Hannover, kurz nach der Bundestagswahl 2017: Bystron habe sie im Wahlkampf darauf aufmerksam gemacht, »dass Frauen wie ich eigentlich besser an einer Stange tanzen sollten«.

Im Bundestag dauert es eine Weile, bis das Phänomen offen thematisiert wird. Bis heute wollen einige Abgeordnete und Mitarbeiterinnen aus Angst sich zu exponieren, nur anonym über ihre Erfahrungen sprechen. Beides ist typisch für das Auftauchen und Benennen sexistischer Dominanz: Es braucht eine gewisse Zeit, bis die Betroffenen sicher sind, nicht nur einen subjektiven Eindruck wahrzunehmen, und beginnen, sich darüber austauschen. Zugleich scheuen viele das Risiko, an die Öffentlichkeit zu gehen – mit gutem Grund in diesem Fall: Es gibt mehrere prominente Beispiele dafür, wie die AfD Politikerinnen, die sie zu Gegnerinnen erklärt, öffentlich sexistisch verunglimpft und verächtlich macht.

Es sind zuerst die Frauen aus der FDP-Fraktion, die jene halblauten Zurufe aus den Reihen der AfD-Fraktion hören und von den Zischlauten berichten, wenn eine Abgeordnete zum Rednerpult geht. Die Liberalen sitzen direkt neben der AfD, zwischen manchen Tischen ist nicht einmal ein Meter Platz. Immer wieder fallen Abgeordnete der AfD durch zotige und anzügliche Sprüche auf, sagt der Parlamentarische Geschäftsführer der FDP-Fraktion, Marco Buschmann. Ein Beispiel, an das sich viele Parlamentarier erinnern: Als während einer Debatte der niedrige Frauenanteil in den Landtagsfraktionen der AfD zum Thema wird, schallt es aus den Reihen der AfD: »Natürliche Auslese!«

Auch Marie-Agnes Strack-Zimmermann, verteidigungspolitische Sprecherin der FDP-Fraktion, erlebt solche Sprüche. »Wir hören seit Jahren eine Unzahl von Beleidigungen und schlüpfrigen Bemerkungen«, sagt sie. »Vor allem, wenn Frauen von den Grünen oder der Linkspartei ans Podium gehen, ist das sehr auffällig, es ist im Prinzip ein permanentes Gefeixe, es werden Kleidung und Aussehen kommentiert. Es geht um Röcke, Frisuren, Beine.« Die Bemerkungen fielen halblaut oder so leise, dass sie nicht beim Präsidium ankämen. »Schließlich drohen ja inzwischen entsprechende Ordnungsrufe beziehungsweise Geldstrafen.« Auch die Rednerin höre oft nicht, was gesagt werde. »Aber es ist ein Grundrauschen, das immer da ist – die Stimmung ist aggressiv und hämisch.« Dies sei etwa regelmäßig so, wenn die grüne Vizepräsidentin Claudia Roth die Sitzungsleitung übernehme. »Dann geht es sofort los«, sagt die Liberale.

Auch Strack-Zimmermann selbst hat zu Beginn der Legislaturperiode eine direkte Bemerkung gehört. »Ich trug an diesem Tag eine schwarze Lederjacke«, erinnert sie sich. »Der AfD-Abgeordnete Jürgen Braun, der häufig mit seinen Bemerkungen auffällt, rief: ›Ah, heute ganz in Leder? Haben Sie auch die Peitsche mitgebracht?‹« Die Düsseldorferin Strack-Zimmermann ist schlagfertig. Sie antwortete laut: »Haben Sie Notstand zu Hause?« Von diesem Moment an sei die AfD ihr gegenüber deutlich vorsichtiger geworden. Doch »eigentlich sollte es solche Dialoge im Parlament gar nicht geben dürfen«, meint sie heute dazu. »Auch im Alltag kennt das jede Frau, dass ihr auf solche respektlosen und dämlichen Bemerkungen keine schlagfertige Reaktion einfällt.«

Besonders ermuntert fühlen sich die AfD-Herren nach der Beobachtung Strack-Zimmermanns, wenn junge Frauen ans Pult treten. Die FDP-Abgeordnete Gyde Jensen, zum Zeitpunkt der Bundestagswahl 28 Jahre alt, sitzt zum ersten Mal für ihre Partei im Parlament. Sie erinnert sich noch genau, wie ihre erste Rede zum Spießrutenlauf für sie wurde. Es ist ein Abend im April 2018, das Plenum ist ziemlich leer. Trotzdem wird es sofort laut, als Jensen beginnt, auf einen Antrag der AfD zur Christenverfolgung zu antworten. Unter Parlamentariern ist es eigentlich üblich, Kollegen bei ihrer

Jungfernrede Respekt zu zollen. Jensen allerdings wird vom ersten Satz an permanent aus den Reihen der AfD unterbrochen, abschätzig rufen Männer »Ja, ja«, bevor sie auch nur ein einziges Argument formulieren kann. Jensen spricht weiter und wirft der AfD vor, das Thema für ihre Islamkritik zu instrumentalisieren.

Auch was der Fraktionsvorsitzende Alexander Gauland von Respekt hält, vermerkt das Protokoll der Plenardebatte zu einem frühen Zeitpunkt: »Was aus denen geworden ist«, ruft er ein. Gemeint ist die FDP. Und dann: »Das fehlt gerade noch, dass Sie mir Geschichtsunterricht geben! Das ist eine Unverschämtheit!« Es scheint, als sei spätestens damit für die AfD-Abgeordneten ein Startschuss gefallen. Jensen betont, sie erwarte von jedem Abgeordneten, sich von Superlativen wie »meistverfolgte Religionsgemeinschaft« zu distanzieren. Braun ruft: »Sie haben gar nichts zu erwarten! Frechheit!«

Am Ende versucht Jensen, auf eine Kurzintervention des AfD-Abgeordneten Anton Friesen zu antworten, aber die Unruhe ist zu groß. »Möchten Sie meine Erwiderung hören?«, fragt Jensen. »Nein, eigentlich nicht«, ruft Gauland. Es ist ein parlamentarischer Tabubruch. Jensen kann nur antworten, weil der Bundestagsvizepräsident Hans-Peter Friedrich (CSU) eingreift.

»Jede Frau kennt das, wenn sie das Gefühl hat, alle Blicke sind auf sie gerichtet, auf ihren Hintern, es sind Blicke, die dich ausziehen und abmessen«, sagt Bundestagsvizepräsidentin Roth. »Wenn bestimmte Kolleginnen ans Redepult treten, ist die nonverbale Botschaft klar: Dich mache ich fertig, dich treffe ich in der Seele.«

Was sich im Bundestag zeigt, ist kein Zufall. Die AfD ist eine männerdominierte Partei. Unter den zum Stand Ende

2020 insgesamt 88 Bundestagsabgeordneten sind nur neun Frauen. Geringer ist der Frauenanteil bei keiner Fraktion.

Das Verhalten der AfD ist auch eine Folge des politischen Weltbildes, welches die AfD in ihrem Grundsatzprogramm vertritt. Die Partei steht für ein konservatives Familienbild und gegen die Ehe für alle. Eine Familie, das ist für die Partei: Vater, Mutter, Kinder. Familien- und Geschlechterpolitik ist für die AfD gleichbedeutend mit einer geburtenfördernden Bevölkerungspolitik, um das deutsche Volk zu erhalten. Die Partei geht von zwei biologischen Geschlechtern aus. Männer und Frauen haben demnach gesellschaftlich auch unterschiedliche Rollen. Die Partei wendet sich offen gegen Gleichstellungspolitik, die aus ihrer Sicht die »klassische Geschlechteridentität« infrage stellt. Die AfD hält Bestrebungen und Instrumente zur Gleichstellung von Männern und Frauen laut ihrem Wahlprogramm für »Genderideologie« und nennt sie »verfassungsfeindlich«. Sie argumentiert mit der Biologie, die im Widerspruch dazu stehe.

Eine der Vorkämpferinnen für diese Politik ist die Berliner AfD-Abgeordnete Beatrix von Storch. »Heute ist es doch ein Tabubruch, wenn man sagt, man kann das Geschlecht mit dem bloßen Auge erkennen«, sagt sie. »Es ist bereits eine Meinung, die man nicht mehr haben darf, dass eine Familie aus Vater, Mutter, Kind besteht und man gegen die Homoehe ist.«

Wie die Partei die Lage von Frauen einschätzt, macht die AfD-Abgeordnete Nicole Höchst in ihrer Rede zum Weltfrauentag deutlich: »Die strukturelle Benachteiligung von Frauen gleicht einem Yeti: Jeder spricht darüber, aber noch niemand hat ihn ernsthaft gesehen.« Zu den zentralen Forderungen der Partei gehört die Abschaffung der Gender-Forschung. In mehreren Landtagen hat sie die Abschaffung aller Gleichstellungsbeauftragten beantragt. Nur wenn es um Kritik an der Migrationspolitik und das Schüren der Angst vor Überfremdung und Kriminalität geht, dann nutzt die Partei die angeblich durch Islamisierung gefährdete Gleichberechtigung der Frauen und die Angst vor Übergriffen als Mobilisierungsmotor.

Wie sehr die vor Häme triefende Atmosphäre Frauen an die Nerven geht, beschreibt Claudia Roth an einem Beispiel. Der späte Abend eines Sitzungstages im November 2018, auf der Tagesordnung steht eine Debatte um die Betäubung von Ferkeln bei der Kastration, wird wohl einer der wenigen Fälle in der Geschichte des Bundestags sein, bei dem ein Redner über seine eigenen Geschlechtsorgane Auskunft gibt.

Ans Rednerpult tritt der Abgeordnete Stephan Protschka von der AfD-Fraktion. Protschka, ein Bayer, der sein Idiom offensiv pflegt, beginnt feixend: »Ich habe mir gerade die Rednerliste angeschaut«, sagt Protschka. »Ich musste feststellen: Ich bin der einzige Mann, der zur Kastration spricht. Alle anderen sind ausschließlich Frauen. Aber bei mir geht noch alles«, sagt der Abgeordnete und deutet mit seinen Händen in Richtung Unterleib. »Ich weiß also, worüber ich rede.«

Claudia Roth ist immer noch empört, wenn sie sich daran erinnert. »Der Bundestag, das Parlament, will ein Thema debattieren, das wirklich wichtig ist. Und stattdessen steht da ein Abgeordneter, der über seine Potenz redet«, sagt sie. »Viele Kolleginnen waren außer sich in Anbetracht dieser Schamlosigkeit, einer Unionskollegin sind die Tränen heruntergelaufen.« Isoliert betrachtet mag Weinen eine starke Reaktion auf eine schlüpfrige Entgleisung sein. Aber man müsse das im Kontext sehen, sagt Strack-Zimmermann. »Es ist eine andauernde Belastung.«

Zwischen Fahrservice und Frustration: Wie es hinter den Kulissen der AfD-Fraktion aussieht

Im Sommer 2020 sorgt der Brandbrief eines AfD-Abgeordneten für Aufsehen. Es ist eine schonungslose Abrechnung mit der Fraktionsspitze. Der Parlamentarier beschwert sich einerseits über die ausufernden Fraktionssitzungen, in denen die Redezeit nicht eingehalten werde, darüber, dass man »nie« zu den wesentlichen Punkten komme. Stunden würden mit Details zu Anträgen, Administration oder Nichtigkeiten vertrödelt.

Er wird aber auch grundsätzlich: Der Fraktionsvorstand scheine wie »gelähmt« oder mit karrieretechnischen Details befasst. Er erkenne »keine Führung«, »keinen roten Faden für unsere Arbeit«. »Das einstige Aushängeschild der AfD, nämlich unsere Bundestagsfraktion, verblasst in ungekannter Schnelligkeit. Wir haben keine Antworten auf die politischen Fragen unserer Zeit.« Alle Probleme der Partei würden in die Fraktion hineingetragen.

Der Brief wird zum bestimmenden Gesprächsthema in der Fraktion. Die Fraktionsspitze reagiert zumindest insoweit, als dass nun strenger auf die Einhaltung der Redezeiten in den Sitzungen geachtet wird. Auch wird in Gesprächen immer wieder beteuert, die Kritik sei überzeichnet gewesen und habe sich nach einer besonders chaotischen Fraktionssitzung entladen. Andere wiederum sagen hinter vorgehaltener Hand: Der Mann hat völlig recht.

Zumindest dokumentiert der Brief eines: Die Fraktion gilt zwar inmitten der zerstrittenen AfD als Hort der Stabilität, doch ist sie keineswegs so geschlossen, wie sie nach außen hin auftritt. Die Euphorie über den Einzug in den Bundestag ist schnell der Ernüchterung darüber gewichen, wie anstrengend der parlamentarische Alltag zuweilen ist.

Der AfD-Abgeordnete Jürgen Pohl kann sich noch gut daran erinnern, wie er nach der Wahl in Berlin ankam. Der Thüringer ist ein treuer Anhänger von Björn Höcke, in den Bundestag gewählt auf Platz zwei der Landesliste. Er wolle Stachel sein im Fleische der Etablierten, hatte Pohl den Mitgliedern seiner Partei versprochen, als er sich um den Listenplatz bewarb. Am Schluss seiner Rede rief er: »Noch sitzt ihr da oben, ihr feigen Gestalten. Vom Feinde bezahlt und dem Volke zum Spott. Doch einst wird wieder Gerechtigkeit walten, dann richtet das Volk. Dann gnade euch Gott!«

Als Pohl sein Büro bezieht, muss es sich für ihn wirklich nach ausgleichender Gerechtigkeit anfühlen. Aufgrund des Platzmangels in den Bundestagsgebäuden bekommen die AfD-Abgeordneten zunächst die Dorotheenstraße 93 zugeteilt, einen neoklassizistischen Bau unweit des Reichstages, ehemals ein Erweiterungsbau des Reichsinnenministeriums, gebaut 1937. »Ausgerechnet«, grummeln sie bei der AfD.

Pohl ist es an diesem Tag egal, dass sie in einen Bau der Nationalsozialisten einziehen. Denn das Gebäude war später das Justizministerium der DDR. Nach der Wende, so erzählt es Pohl, hat man hier seine Zulassung als Rechtsanwalt abgelehnt – wegen mangelnder Erfahrung. Danach sei er sogar einige Monate Sozialhilfeempfänger gewesen. »Und dann komme ich 30 Jahre später zurück in dieses Gebäude und ziehe als MdB da ein. Das hat schon was.«

Doch Pohl und viele andere kommen schnell auf dem Boden der Tatsachen an. Schon als sich die Fraktion nach der Wahl zum ersten Mal trifft, merken viele: Die Arbeit ist zäh.

Scheinbar endlos wird über die Satzung, die Räumlichkeiten und den Posten des Fraktionsgeschäftsführers diskutiert. Auch an Tag zwei geht es um Formalien. »Sachkostenzuschüsse!«, stöhnt ein Abgeordneter nur noch, bevor er sich mit dem Rollkoffer auf den Weg zum Bahnhof macht.

Und die Fraktion hat große Schwierigkeiten, Mitarbeiter zu finden. »Sofort standen wir im vollen Wettbewerb mit den geölten Maschinen der anderen«, erzählt der Parlamentarische Geschäftsführer Bernd Baumann. »Uns fehlte am Anfang ja der ganze Apparat mit Hunderten erfahrenen Mitarbeitern, Referenten und so weiter. Wir hatten anfangs nichts.« An vielen Tagen habe er kaum drei Stunden geschlafen und unzählige Personalgespräche geführt.

Die AfD stellt zwar ein, nicht nur aus der rechten Szene – ab und an bewirbt sich auch ein Ex-Mitarbeiter von CDU und FDP, entweder aus Überzeugung oder weil er einen Job braucht. Aber die Fraktion bekommt nicht genug gute Leute.

Exemplarisch für diese Schwierigkeiten ist die Suche nach dem Fraktionsgeschäftsführer, der die Verwaltung leiten soll. Die AfD stellt zunächst den Juristen Hans-Joachim Berg ein, doch der tritt nach nicht einmal drei Monaten wegen »Meinungsverschiedenheiten« zurück. Die Suche nach seinem Nachfolger wird zur Hängepartie. Die AfD schaltet sogar eine Stellenanzeige in der *Frankfurter Allgemeinen Sonntagszeitung*. Die Überschrift der Annonce lautet: »Gesucht. Fels in der Brandung«. Gefragt sind »Ausdauer und Langmut bei gleichzeitiger Durchsetzungs- und Konfliktfähigkeit sowie ein feines Gespür für das menschliche Miteinander«, aber auch »vorzügliche Kenntnisse in Budgetierung, Controlling, Reporting«. Denn der Fraktionsgeschäftsführer soll Ordnung in die chaotischen Fraktionsfinanzen bringen, die der

AfD große Bauchschmerzen bereiten. Doch keiner der möglichen Kandidaten findet die Zustimmung der Fraktion. Schließlich wird die Suche eingestellt, die Aufgaben auf die stellvertretenden Fraktionsvorsitzenden verteilt.

Manchmal sorgt auch das vorhandene Personal für Unruhe, etwa wegen rechtsextremer Umtriebe. So sind die Verwerfungen groß, als der Bericht erscheint, dass der langjährige Fraktionssprecher in einem vertraulichen Gespräch darüber sprach, man könne Migranten »vergasen« oder »erschießen«. Ein Teil der Abgeordneten macht für den Skandal auch die Fraktionsspitze verantwortlich, die früh von den Vorwürfen gegen den Mann gewusst haben soll, aber dennoch an ihm festhielt.

Den AfD-Abgeordneten Pohl nerven andere Dinge. Drei Jahre nach seinem Einzug in den Bundestag wirkt er frustriert. Wie nicht wenige seiner Fraktionskollegen befindet er sich in einem Zwiespalt: Einerseits überziehen sie die »Altparteien« mit Verachtung. Andererseits schmerzt es viele, ausgegrenzt zu werden. »Frustrierend ist, dass mich von den 620 anderen Abgeordneten ein CDUler mit Handschlag grüßt und zwei SPDler mit stummem Nicken«, sagt Pohl. »Der Rest sieht mich nicht. Dabei vertrete ich 25 Prozent der Thüringer Wähler.«

Als Pohl seine erste Rede im Parlament hält, spricht er über die AfD als neue Volkspartei, »die sich um die kleinen Leute und um den normalen Arbeitnehmer kümmert.« Doch aus den Reihen der anderen Parteien hört er nun Gelächter. »Ich habe eine erfolgreiche Kanzlei aufgebaut, die auf Arbeitsrecht spezialisiert ist. Aber wenn ich jetzt hier einen Rat gebe, dann lacht man mich aus«, sagt Pohl. »Natürlich verletzt mich das.«

Auch bei Fraktionschefin Weidel scheint der Wunsch danach, anerkannt zu werden, immer wieder deutlich durch. So erzählt sie, wie sie in der Corona-Krise bei einer Telefonschalte dabei war, zu der das Kanzleramt alle Fraktionsvorsitzenden eingeladen hatte. Sie habe zu Merkel gesagt, dass sie Erwartungsmanagement betreiben, den Bürgern eine Perspektive geben müsse. »Sie hat tatsächlich auch noch mal eine Rückfrage gestellt«, erzählt Weidel. In ihren Worten schwingt so etwas wie Stolz mit. »Es war das erste Mal, dass ich mit ihr sprach.«

Unter den AfD-Abgeordneten macht sich zudem das Gefühl breit, wenig bewegen zu können. Viele von ihnen sind ja tatsächlich mit dem Gedanken in die Politik gegangen, schnell etwas zu verändern und dann wieder aufzuhören. Doch im Bundestag merken sie, dass Politik ein zähes Geschäft sein kann. Anträge der Opposition finden in den allermeisten Fällen keine Mehrheit. Das ist normal, ebenso dass viele Initiativen kaum Aufmerksamkeit bekommen. Die Migration ist zwar der Dreh- und Angelpunkt der AfD, doch die Abgeordneten stellen auch Anträge zu anderen Themen, »Taschengeld für in Heimen lebende Bürger«, heißen diese dann, »Mehr Redlichkeit in der Fleischindustrie und faire Löhne für Leiharbeiter« oder »Einsatz in Mali sofort beenden – und alle Soldaten nach Hause holen«. »Ich dachte, wir könnten unsere Anliegen wenigstens in die öffentliche Diskussion einspeisen. Aber es interessiert niemanden, was unsere Anträge im Bereich Soziales sind«, beschwert sich Pohl. Es sei frustrierend zu wissen, dass alles für den Papierkorb sei.

Umso stolzer berichten AfD-Abgeordnete, wenn sie doch einmal das Gefühl haben, etwas verändert zu haben. Wenn man Tino Chrupalla in seinem Büro besucht, fällt der Blick als Erstes auf den Meisterbrief, der hinter seinem Schreibtischstuhl an der Wand hängt. Der Malermeister Chrupalla hatte lange Zeit seinen eigenen Betrieb. »Früher konnte ich jeden Tag das Ergebnis meiner Arbeit sehen. Das ist hier anders. Meine Frau sagt immer: Was wir hier machen, das hat ja mit Arbeit nichts zu tun, weil wir nichts Wertschöpfendes schaffen außer Gequatsche«, sagt er. Das sei ein Stück weit frustrierend. »Deswegen nimmt man solche Dinge wie die Meisterpflicht als Erfolg wahr.«

Chrupalla meint damit die Meisterpflicht, die Ende 2019 für zwölf Handwerksberufe wieder eingeführt wurde. »Das habe ich ja persönlich, aber auch wir als AfD vorangetrieben«, sagt er. »Ich hätte nicht gedacht, dass das in der ersten Legislatur schon klappt – auch wenn ich natürlich gehofft hätte, dass es für alle Gewerke gilt.« Bei der Union wollen sie dagegen von einem angeblichen AfD-Erfolg nichts wissen. Darauf angesprochen sagt Unionsfraktionsvize Thorsten Frei: »Die Wiedereinführung der Meisterpflicht in bestimmten Gewerken hat mit allem Möglichen zu tun, aber nichts mit dem Herrn Chrupalla und der AfD. Diese Debatte haben wir auch in der Union geführt. Die AfD hatte auf ihren Ausgang keinen Einfluss.« Das Anliegen sei aus der Handwerkerschaft in den Wahlkreisen in die Union getragen worden.

Die AfD-Politiker haben das Gefühl, ihrer Basis Rechenschaft darüber schuldig zu sein, was sie im Bundestag machen. Sie können nicht riskieren, dass sich am Ende die Elitenverachtung, die sie geschürt haben, auf sie selbst überträgt. Höcke prophezeite 2017 in seiner Dresdner Rede, nicht wenige aus der AfD würden sich vom parlamentarischen Glanz der Hauptstadt faszinieren lassen. »Nicht wenige werden sich ganz schnell sehr wohl fühlen bei den Frei-Fressen- und Frei-Saufen-Veranstaltungen der Lobbyisten.« Doch denen müsse man einen Strich durch die Rechnung machen. »Denn wir wissen: Es gibt keine Alternative im Etablierten.«

Niemand in der AfD-Fraktion will den Eindruck erwecken, jetzt zum Establishment zu gehören. Intern wird der Vorwurf aber durchaus formuliert. »Einige Kollegen denken: Wenn man in diesen Bundestag einzieht, kommt man hier nie wieder raus«, sagt Chrupalla. »Bis zum Lebensende ist man dann etwas ganz Besonderes. Aber wir sind alle nur auf Zeit hier, das muss einem auch bewusst sein.« Am Anfang erzählte man sich in der Fraktion auch von jenen Kollegen, die ein wenig zu stolz gewesen seien auf ihre Bahncard 100, die jeder zu Beginn der Legislaturperiode ausgehändigt bekam. Chrupalla sagt: »Wir werden ja in vielen Punkten – vom Fahrdienst bis zur Personalpauschale – ein Stück weit korrumpiert vom System. Das darf einem nicht zu Kopf steigen.«

Trotz interner Zweifel, Frustration und Streitigkeiten – so manchem AfD-Abgeordneten scheint es zumindest Genugtuung zu verschaffen, welche Unruhe mit der AfD-Fraktion in den Bundestag eingezogen ist. Die Berliner Abgeordnete Beatrix von Storch etwa wirkt nicht so, als ob sie es schlimm findet, dass sie für viele Parlamentarier der anderen Fraktionen ein rotes Tuch ist. »Ich glaube, wir leisten einen Beitrag zur öffentlichen Debatte, wenn wir den Finger in die Wunde legen«, sagt sie. Zwei Stimmungen finde sie im Bundestag eindrucksvoll. »Einmal wenn es richtig laut wird. Das ist bei mir manchmal schon, bevor ich anfange zu reden.« Von Storch lacht. »Bei manchen Reden merkt man einfach: Man trifft einen Nerv und dann geht der ganze Laden hoch.«

Noch besser sei aber, wenn während einer der Reden der AfD Totenstille herrsche. »Da sage ich immer: Wir haben sie argumentativ gestellt«, meint von Storch. Dass es auch Entsetzen sein könnte, kommt ihr offenbar nicht in den Sinn.

Der Überraschungseffekt: Warum die anderen Fraktionen auf die Methoden der AfD kaum vorbereitet waren – und wie sie sich jetzt auf die Rechten einstellen

Bei der SPD haben sie am ersten Tag im Bundestag einen Plan: Der AfD bei der konstituierenden Sitzung des Parlaments nicht die Bühne zu überlassen. Die SPD ist zu diesem Zeitpunkt, einen Monat nach der Bundestagswahl, noch auf Oppositionskurs. Sie will gleich zu Beginn strengere Regeln für die Befragung der Regierung durchsetzen. Es ist die Drucksache Nummer 1 in der neuen Legislatur. Die SPD fordert unter anderem, dass die Kanzlerin dem Bundestag vier Mal im Jahr Rede und Antwort stehen muss.

»Dahinter stand die Frage: Wie stärken wir den Bundestag als Ort der Debatte?«, erzählt der Parlamentarische Geschäftsführer der SPD, Carsten Schneider. In der Legislatur zuvor sei der Bundestag zu wenig kontrovers gewesen. »Die Wahl der AfD hatte ja gezeigt, dass es da eine Repräsentationslücke gab.« Mit dem Antrag habe man an diesem Tag selbstbewusst auftreten und einen Punkt setzen wollen, sagt Schneider. Es sei klar gewesen, dass die AfD eine Provokation versuchen würde.

Der SPD gelingt es, mit ihrem Antrag in die Berichterstattung zu kommen. Aber es gibt auch ein Überraschungsmoment. Union, Grüne und FDP beantragen gemeinsam, nicht gleich über den Antrag abzustimmen, sondern ihn erst einmal in den Ältestenrat zu überweisen. Dagegen stimmen gemeinsam: SPD, Linke und AfD. »Als das Abstimmungsergebnis vorgetragen wurde – SPD, AfD –, da ging ein Raunen durch das Plenum«, erzählt Schneider. »Ich hatte das erwartet, in unserer Fraktion gab es aber auch viel Verunsicherung.« Auch Medienvertreter hätten ihn danach vorwurfsvoll gefragt: Wie können Sie mit der AfD stimmen? »Das war eine neue Wahrnehmung«, sagt Schneider.

Und es war nur die erste von vielen Überraschungen für die Abgeordneten. Das Problem ist nämlich: Obwohl die Taktiken der AfD in den Landesparlamenten schon über Jahre zu beobachten waren, haben sich die Bundestags-Fraktionen kaum darauf vorbereitet. Die SPD hat zwar den Auftakt der konstituierenden Sitzung geplant, darüber hinaus reicht ihre Strategie im Umgang mit der AfD zu diesem Zeitpunkt aber nicht. Viel besser sieht es auch bei den anderen Fraktionen nicht aus. Außer den Grünen berichtet keine von einer strategischen Vorbereitung. Es scheint, als konnten viele Abgeordnete den Einzug der AfD erst so richtig begreifen, nachdem sie bereits unter der Reichstagskuppel Platz genommen hatte.

»Viele haben sicher unterschätzt, dass die AfD eine klare Strategie verfolgt«, sagt Claudia Roth. Natürlich habe es auch in früheren Legislaturperioden harte Auseinandersetzungen inhaltlicher und ritueller Art gegeben. »Aber ihnen allen lag eine politische Kultur, lagen Regeln des parlamentarischen Miteinanders und des Respekts zugrunde. Allen Parlamentarierinnen und Parlamentariern, von ganz links bis ganz rechts, war klar: Wir sind die Herzkammer der Demokratie.«

Doch mit der AfD sei es dann wirklich aggressiv geworden: »Die AfD-Abgeordneten nehmen Worte in den Mund, die man in diesem Haus vorher nicht gehört hat, das reicht von offenem Rassismus über Sexismus bis hin zu NS-Sprache und -Rhetorik. Insofern war das Erschrecken am Anfang sehr groß.«

Noch schwieriger ist aber, dass die anderen Parteien sich angesichts der Methoden der AfD mit drei großen Dilemmata konfrontiert sehen:

- Erstens: **Das Empörungsdilemma**. Die AfD will mit Grenzüberschreitungen Empörung auslösen. Das bringt Aufmerksamkeit. Die anderen Parteien können Tabubrüche aber nicht ignorieren, wenn rechtsradikale Positionen nicht salonfähig werden sollen.
- Zweitens: **Das Opferdilemma**. Wird die AfD ausgegrenzt, kann sie sich als Opfer gerieren. Bindet man sie ein, normalisiert man sie gleichzeitig.
- Drittens: **Das Altparteiendilemma**. Die AfD tut so, als seien die Parteien quasi ununterscheidbar und sie die einzige Alternative. Mit ihren Grenzüberschreitungen zwingt die AfD die anderen Parteien dazu, sich klar dagegen zu positionieren – wodurch sie genau das geschlossene Bild abgeben, das die AfD von ihnen zeichnet.

Dazu kommt, dass viele Fraktionen sich schwertun, eine gemeinsame Strategie zu entwickeln. Abgeordnete, die aus einer Gegend mit geringen AfD-Wahlergebnissen kommen, sind oft dafür, die Partei komplett auszugrenzen. Politiker aus dem Osten oder anderen Regionen Deutschlands, wo die AfD auf Wahlergebnisse von über 20 oder 30 Prozent kommt, finden, dass das nicht geht. Denn dort repräsentiert sie ja einen signifikanten Anteil der Wähler. Und die sagen ihren Volksvertretern deutlich, was sie von der Ausgrenzung halten.

Das beste Beispiel für diesen Konflikt ist die Dauerdebatte um die Wahl eines Bundestagsvizepräsidenten der AfD. Es ist, wie beschrieben, ein wichtiges und würdevolles Amt – und es bedeutet Macht: Wenn unter der Reichstagskuppel ein Politiker ans Rednerpult tritt, dann sitzt hinter ihm, erhöht, der Bundestagspräsident oder einer seiner Stellvertreter. Der Bundestagspräsident leitet die Sitzung, greift ein, wenn die Abgeordneten zu lange reden, vom Thema abschweifen, sich im Ton vergreifen. Er kann zur Ordnung rufen, das Wort entziehen, sogar jemanden des Saals verweisen. Und nach außen hin repräsentieren der Bundestagspräsident und seine Stellvertreter den Bundestag.

Die Geschäftsordnung räumt jeder Fraktion ein Vorschlagsrecht für diesen Posten ein. Doch entscheiden darf jeder Bundestagsabgeordnete selbst, ob er einem Kandidaten seine Stimme gibt. Und viele Parlamentarier hadern: Trauen sie dem Kandidaten der AfD zu, dieses Amt auszufüllen? Soll überhaupt jemand aus dieser Partei den Bundestag repräsentieren? Beim ersten Kandidaten Albrecht Glaser ist für viele die Sache klar. Dreimal wird er abgelehnt, dabei wird vor allem auf seine islamfeindlichen Äußerungen verwiesen. Glaser hatte dem Islam das im Grundgesetz verbriefte Recht auf Religionsfreiheit abgesprochen. Doch Anfang 2019 wird die Sache komplizierter. Da steht die Kandidatin Mariana Harder-Kühnel zur Wahl.

An ihr persönlich haben viele Abgeordnete wenig auszusetzen. Harder-Kühnel bekennt sich, wenn man sie damals trifft, als Erstes »aus tiefster Überzeugung« zum Grundgesetz. Verfassungsfeindliche Äußerungen sind von ihr nicht bekannt. Die Juristin ist Schriftführerin im Bundestag. Das heißt, sie sitzt bei manchen Sitzungen bereits oben neben dem Bundestagspräsidenten oder dessen Stellvertretern und kontrolliert beispielsweise die Einhaltung der Redezeit.

Die dreifache Mutter und Juristin macht Familienpolitik. In ihren Reden fordert sie, am Werbeverbot für Abtreibungen nach Paragraf 219 a festzuhalten. Sie glaubt, dass die Freiheit der Frau durch die »Masseneinwanderung« bedroht sei. Und sie moniert, dass Eltern zur Berufstätigkeit gezwungen seien. Harder-Kühnel nennt das »Druck zur Fremdbetreuung«.

Zweimal ist Harder-Kühnel bereits abgelehnt worden, als sie im April 2019 erneut antritt. Für den dritten Wahlgang hat sie Hoffnung, weil die einfache Mehrheit genügt – das heißt, sie braucht lediglich mehr Ja- als Nein-Stimmen. Wenn sich genug Abgeordnete enthalten, kann es klappen. Zu diesem Zeitpunkt sind die Fronten im Bundestag bereits verhärtet. Am Ende reicht es nicht für sie. Harder-Kühnel erhält sogar weniger Stimmen als in den Wahlgängen davor. Als das Wahlergebnis bekannt wird, verlassen die AfD-Abgeordneten geschlossen den Saal.

Von diesem Zeitpunkt an ist eigentlich klar: Wenn eine Kandidatin wie Harder-Kühnel nicht gewählt wird, dann wird es in dieser Legislaturperiode wohl auch für keinen anderen Kandidaten der AfD reichen. In den folgenden Monaten werden immer wieder Kandidaten zur Wahl stehen, sie alle werden in allen drei Wahlgängen durchfallen. In Gesprächen im Parlament ist dieser Umstand immer wieder Thema: Ist es fair, der AfD den Posten zu verweigern?

Doch selbst einige Abgeordnete, die anfangs die AfD-Kandidaten gewählt haben, sind im Laufe der Zeit davon abgerückt. Viele können es sich angesichts der Grenzüberschreitungen der AfD einfach nicht mehr vorstellen. Sie fragen sich, wie ein AfD-Bundestagsvizepräsident reagieren würde, wenn die AfD mal wieder die Geschäftsordnung für eine Inszenierung missbraucht. Dazu kommen einschneidende Erlebnisse wie die Demonstrationen in Chemnitz 2018, wo die AfD sich an der Seite von Extremisten zeigte, die das negative Bild weiter zementieren.

Die FDP-Fraktion setzt 2020 schließlich eine Arbeitsgruppe ein, die sich mit dem Umgang mit der AfD beschäftigen soll. Dabei geht es im ersten Schritt um Geschäftsordnungsfragen – dazu zählt auch die Wahl eines Vizepräsidenten der AfD. Auslöser für die Gründung der Arbeitsgruppe ist das Desaster bei der Ministerpräsidentenwahl in Thüringen. Dort war der FDP-Mann Thomas Kemmerich mit den Stimmen von AfD und CDU zum thüringischen Ministerpräsidenten gewählt worden – und hatte die Wahl angenommen. Der Schaden für die FDP war riesig. Die Arbeitsgruppe soll nun verhindern, dass sich so etwas wiederholt. Man will die Strategien der AfD noch besser analysieren.

In einem Papier halten die Mitglieder der Arbeitsgruppe ihre ersten Ergebnisse fest. In Sachen Vizepräsident betonen die Autoren: Eine Pflicht zur Wahl des vorgeschlagenen Kandidaten besteht nicht. Sie empfehlen der FDP-Fraktion, den AfD-Kandidaten künftig möglichst geschlossen abzulehnen. Benjamin Strasser, der Kopf der Arbeitsgruppe, sieht die Gefahr, dass ein AfD-Bundestagsvizepräsident als Sitzungsleiter regelwidriges Verhalten seiner Kollegen einfach »laufen lassen« würde.

Doch obwohl solche grundsätzlichen Erwägungen helfen können, ist der Umgang mit der AfD im Bundestag eine Herausforderung, die sich von Sitzungstag zu Sitzungstag neu stellt. Vor allem das Empörungsdilemma macht den Parteien dabei immer wieder zu schaffen. Wenn die AfD eine grenzüberschreitende Rede hält, haben die Abgeordneten der anderen Parteien meist das Gefühl, sie könnten das nicht so stehen lassen. Doch wenn sie reagieren, dann dreht sich während der Debatte alles um die AfD.

SPD-Politiker Schneider glaubt deshalb, dass es sinnvoll ist, entweder überhaupt nicht auf die AfD einzugehen. Oder – wenn es nötig ist – nur kurz, um dann gleich die eigenen Inhalte zu präsentieren. »Wenn wir jedes Mal die Hälfte unserer kurzen Redezeit damit verbringen, die Rede der AfD auseinanderzunehmen, dann haben die die Debatte bestimmt«, sagt Schneider. Doch er weiß auch: Die Versuchung, sich an den Rechten abzuarbeiten, ist da. Denn bei den eigenen Anhängern bringt das durchaus Punkte. »Der Applaus der eigenen Truppe ist Ihnen sicher, wenn es gegen die AfD geht. Aber es ist ein billiges Mittel. Und strategisch klug ist es nicht, das dauernd zu machen.«

Strategisch unklug, da sind sich im Nachhinein viele sicher, waren auch zwei Ausbrüche von Abgeordneten der SPD, von Martin Schulz und Johannes Kahrs. Letzterer rief der AfD 2018 in einer Bundestagsrede zu: »Hass macht hässlich – schauen Sie mal in den Spiegel«. Daraufhin verließ die AfD-Fraktion geschlossen den Plenarsaal.

Ex-Kanzlerkandidat Martin Schulz meldete sich im September 2018 zu einer Zwischenbemerkung nach einer Rede von AfD-Fraktionschef Gauland. In Anspielung auf Gaulands »Vogelschiss«-Aussage sagte Schulz: »Herr Gauland, eine Menge von Vogelschiss ist ein Misthaufen, und auf den gehören Sie in der deutschen Geschichte.« Die Abgeordneten von SPD, Grünen und Linken erhoben sich zum Applaus. Auch in den sozialen Medien wurde Schulz für seine »emotionale Antwort« gefeiert. Doch gleichzeitig hat er sich damit eben auch auf ein Niveau begeben, das einem Bundestagsabgeordneten nicht gut zu Gesicht steht.

Tatsächlich lassen sich Abgeordnete immer wieder von der AfD provozieren. Sie werden laut, lassen sich zu Beschimpfungen hinreißen. Regelmäßig beschwert sich die AfD im Ältestenrat darüber, dass sie als »Nazis« oder als »Faschisten« bezeichnet werden. Nicht nur die AfD erhält im Bundestag Ordnungsrufe, auch die anderen werden vom Bundestagspräsidenten zur Ordnung gerufen. So etwa kurz vor Weihnachten 2018, als die Grünen-Abgeordnete Steffi Lemke den AfD-Abgeordneten Martin Sichert als »lächerliche Schießbudenfigur« beschimpft.

Jan Korte, der Parlamentarische Geschäftsführer der Linken, glaubt, dass moralische Empörung über die AfD richtig und notwendig sei, aber alleine nicht reiche. »Es führt ins Leere, wenn ich im Plenum jeden Tag sage, dass das Rassisten sind. Es stimmt natürlich – aber das war ja auch schon bekannt, als sie dort reingewählt worden sind.« Korte hat für sich eine andere Linie entwickelt. Erstens dürfe man nicht »über jedes Stöckchen springen«, nicht auf jede Provokation eingehen. Das heiße – zweitens –, dass man nur auf die Grenzüberschreitungen eingehen sollte, bei denen das zwingend notwendig sei. »Wenn zum Beispiel das Wort ›entartet‹ im Plenum fällt, dann muss das natürlich maximal hochgezogen werden.« Und drittens müsse man die AfD dort zu packen kriegen, »wo man sie in ihrer Glaubwürdigkeit erschüttern kann und ihre Erzählung widerlegen kann, sie seien die Neuen gegen die Altparteien.«

Einer dieser Momente, bei denen Korte das Gefühl hat, ihm sei das gelungen, ist der Tag, als das Plenum über die Diätenerhöhung debattiert. Die AfD hatte den Mechanismus der automatischen Erhöhung zuvor als »Frechheit« bezeichnet und die anderen Abgeordneten gefragt: »Schämen Sie sich nicht?« Als Korte ans Rednerpult tritt, hat er einen ausgedruckten Artikel in der Hand, der ein paar Tage vorher erschienen ist. Die *Bild* berichtet darin über die horrenden Kosten, die bei AfD-Fraktionssitzungen für das Catering angefallen seien. Mehrere zehntausend Euro habe die Fraktion für Schnittchen ausgegeben. Bebildert ist der Text mit einer Mett-Torte, auf der aus Fleisch die Buchstaben »AfD« geformt sind.

Die Vorlage lässt Korte sich nicht entgehen: »Mal ausnahmsweise ein Satz zur AfD. Dass ausgerechnet die Truppe, die auf Fraktionssitzungen zehntausende Euro für Schnittchen und Mett-Igel rausballert, sich hier als moralisch richtig hinstellt, das ist echt nicht schlecht.« Außer der AfD applaudieren jetzt alle, auch die CDU. Viele Abgeordnete empfinden solche Momente als befreiend.

Doch neben der Frage, über welches Stöckchen man springen soll, ergibt sich für die anderen Parteien vor allem dann ein Problem, wenn die AfD Anträge einbringt und Positionen bezieht, die sie inhaltlich teilen. Einem AfD-Antrag zuzustimmen, ist bislang undenkbar. Den Antrag nur mit der Begründung ablehnen, dass er von der AfD kommt, wollen allerdings auch die wenigsten. Also braucht es eine überzeugende Erklärung. Und die gelingt nicht immer.

Indem sie Anträge stellt, denen die Union theoretisch inhaltlich zustimmen müsste, versucht die AfD besonders CDU und CSU vorzuführen. CDU-Politiker Amthor glaubt aber, dass man das entspannt sehen muss. Es sei grundsätzlich die Aufgabe der Opposition, Streitpunkte innerhalb der Koalition aufzuzeigen. »Wenn die AfD das CDU-Wahlprogramm zur Abstimmung stellen würde, könnten wir nicht sagen: ›Das ist der größte Schwachsinn‹«, meint er. Die AfD werfe gelegentlich inhaltliche Punkte auf, die sich auf den ersten Blick mit den Positionen der CDU deckten, die »sich in den Motiven hinter den Anträgen aber grundsätzlich von unseren unterscheiden«. Diese inhaltliche Kurve müsse die CDU dann in der Debatte schlagen und aufzeigen, wie sich die Vorschläge der AfD in das große Bild einfügten, das sie ansonsten von sich abgebe.

In der SPD-Fraktion haben sie Anfang 2019 eine »Stabsstelle Parlamentsmonitoring« geschaffen, die Anlaufstelle für die SPD-Abgeordneten sein soll bei Fragen zur AfD. Die Mitarbeiterin ist seither gut ausgelastet. Einmal monatlich erstellt sie ein Monitoring der AfD-Aktivitäten. Aber sie unterstützt die SPD-Abgeordneten auch mit Faktenchecks und hilft ihnen, sich auf Debatten vorzubereiten. »Wir munitionieren unsere Leute mit Argumenten. Sie müssen wissen, was das Narrativ der AfD ist und was man dem entgegnen kann«, sagt SPD-Mann Schneider.

Damit die AfD aber nicht ständig im Fokus steht, haben sich die Fraktionen informell auch darauf geeinigt, dass bei Debatten um die Geschäftsordnung nur noch einer der Parlamentarischen Geschäftsführer der anderen Fraktionen auf die AfD antwortet. »Die AfD tut in diesen Debatten gerne so, als sei sie zu kurz gekommen und werde schlecht behandelt. Sie tut das, um sich als Opfer der von ihr so bezeichneten Altparteien zu inszenieren«, sagt Britta Haßelmann von den Grünen. Indem nur noch ein Parlamentarischer Geschäftsführer antwortet, werde die Inszenierung abgekürzt. »Dazu müssen die anderen, die demokratischen Fraktionen einander vertrauen. Da haben wir alle dazugelernt.«

Am 13. November 2019 müssen die Abgeordneten allerdings völliges Neuland betreten. An diesem Tag wählt zum ersten Mal in der 70-jährigen Geschichte des Bundestags ein Ausschuss seinen Vorsitzenden ab. Geht das? Lange haben sich die Juristen der unterschiedlichen Fraktionen über diese Frage den Kopf zerbrochen. Denn Wahl und Abwahl von Ausschussvorsitzenden sind in der Geschäftsordnung nicht vorgesehen und somit nicht geregelt.

Das hat gute Gründe – zumindest gehabt: Diese Posten werden bisher gleichmäßig unter allen Fraktionen aufgeteilt. Traditionell hat zum Beispiel die stärkste Oppositionsfraktion – in dieser Legislatur die AfD – den Vorsitz im Haushaltsausschuss. So sollen die Regierungsfraktionen kontrolliert werden.

Ausschüsse gehören zum Kern des Arbeitsparlaments, als das sich der Bundestag versteht. Ihre Vorsitzenden sollen nicht in erster Linie parteipolitisch handeln, sondern das Gremium fair und gemäßigt führen. Da die Opposition keine Mehrheit hat, wären Wahl und Abwahl etwas, das ihre Kontrollfunktion grundsätzlich schwächen würde. Üblicherweise läuft die Besetzung daher so, dass die Fraktion, die den Anspruch auf den Vorsitz hat, ihren Vorsitzenden einfach benennt. Es gab zwar schon früher Fälle, in denen eine Wahl beantragt wurde, zum Beispiel, als die Linken-Abgeordnete Gesine Lötzsch den Vorsitz des Haushaltsausschusses übernahm. Eine Abwahl aber kann sich kein Parlamentarier wünschen: Denn so könnte die regierende Koalition eine widerspenstige Opposition unter Druck setzen.

An diesem 13. November aber ändert das Parlament seine Haltung. Als ersten Tagesordnungspunkt setzt der Rechtsausschuss den Antrag auf Abberufung des Vorsitzenden Stephan Brandner von der AfD an. Gestellt haben ihn alle anderen Fraktionen. Es geht schnell. In geheimer Wahl wird Brandner abgesetzt. Es ist schon zu diesem Zeitpunkt sicher, dass das ein juristisches Nachspiel haben wird.

Der harte Schritt hat eine lange Vorgeschichte. Der Thüringer Abgeordnete Brandner ist einer der größten Provokateure der AfD. Schon im Erfurter Landtag hatte er sich die Rekordzahl von 32 Ordnungsrufen erarbeitet. Zu seinem Jargon gehört es, die Grünen als »Koksnasen« zu bezeichnen, auch Beschimpfungen mit sexueller Konnotation sind von ihm zu hören.

Schon als die AfD ihn benennt, wird eine Wahl beantragt. Etliche juristische Vereinigungen – wie zum Beispiel der Anwaltsverein – hatten im Vorhinein gegen ihn als Ausschussvorsitzenden Bedenken angemeldet. Doch Brandner wird gewählt. Was dann folgt, ist eine lange Reihe von Provokationen im Plenum und auch außerhalb. Dazu gehört die regelmäßige unflätige Kritik am Bundespräsidenten. Als Frank-Walter Steinmeier zum 70-jährigen Jubiläum des Grundgesetzes auf der Gästetribüne des Bundestags Platz nimmt, attackiert Brandner das Staatsoberhaupt in seiner Rede, sodass der Bundestagspräsident einschreitet.

Im Oktober, einen Tag nach dem Terroranschlag auf die Synagoge in Halle, eskaliert die Situation. Brandner teilt einen Twitter-Beitrag eines anderen Nutzers, in dem dieser fragt, warum Politiker mit Kerzen in Moscheen und Synagogen »rumlungerten«, wenn doch eine »Deutsche« Opfer gewesen sei, »die gerne Volksmusik hörte«, und ein »Bio-

Deutscher«. Kurz darauf twittert Brandner zu einem Auftritt des ehemaligen Vizepräsidenten des Zentralrats der Juden, Michel Friedman, der im Fernsehen zu dem Anschlag spricht: »#Staatsfunk: Jede Sendeminute dieses deutschen Michel treibt uns neue Anhänger in Scharen zu – weiter so! #PaoloPinkel #Koksnase #Zwangsfunk.«

Daraufhin fordern sowohl der Deutsche Anwaltsverein als auch der Deutsche Juristinnenbund Brandners Rücktritt. Es ist klar: Der Vorsitzende des Rechtsausschusses kann keinen Gesprächsfaden mehr zu den juristischen Vereinigungen aufnehmen, mit denen er im Austausch stehen muss. Einige Tage später bezeichnet Brandner das Bundesverdienstkreuz für den Sänger Udo Lindenberg als »Judaslohn«. Hintergrund ist eine Aussage, in der Lindenberg die AfD als »rückwärtsgewandte Rassisten, Hetzer und menschenfeindliche Brandstifter« bezeichnet hatte. Wäre es nur dieser eine Tweet Brandners gewesen – es hätte wohl kaum Konsequenzen gehabt. Aber im Zusammenspiel mit den Entgleisungen zuvor macht diese Äußerung das Maß voll.

In einer höchst ungewöhnlichen gemeinsamen Erklärung fordern daraufhin alle anderen Fraktionen des Bundestages Stephan Brandner zum Rücktritt auf und kündigen andernfalls seine Abwahl an. Ihm fehlten »Anstand, Respekt und Würde« für das Amt.

Nach Brandners Abwahl machen die Obleute der anderen Fraktionen deutlich, dass sie mehrfach mäßigend auf den AfD-Mann eingewirkt hätten. Niemand habe Freude an der Entscheidung, sagt Marco Buschmann von der FDP. Der SPD-Rechtspolitiker Johannes Fechner sagt, es gebe auch noch ein anderes Problem als die unsäglichen Tweets. Brandner habe Desinteresse an rechtspolitischer Sacharbeit gezeigt. Dass die AfD Brandner bis zuletzt gestützt habe, zeige, dass sie keine bürgerliche Partei sei.

Auch Brandner stellt sich nach seiner Abwahl gemeinsam mit den beiden Fraktionschefs Gauland und Weidel vor die Mikrofone und Kameras der Journalisten. Er hat sich seine Erzählung gut zurechtgelegt: Er habe nur ein Mal seine Meinung gesagt, schon sei er seinen Job los. Dies sei der »Merkelstaat 2019«.

»Ich gehörte zu denjenigen, die die Hoffnung hatten, dass der Respekt vor den Institutionen vielleicht einen disziplinierenden Effekt ausüben würde«, sagt Marco Buschmann von der FDP. »Bei Brandner war das nicht der Fall.« Er habe aggressiv die Auseinandersetzungen mit Ansprechpartnern des Rechtsausschusses wie dem Anwaltsverein gesucht. Buschmann sagt, aus seiner Sicht gehe es Brandner ganz gezielt darum, den Respekt vor Verfassungsinstitutionen zu unterminieren. »Es hat sich immer klarer gezeigt, dass nicht das Amt den Mann diszipliniert. Vielmehr war der Mann dabei, das Amt zu beschädigen.«

Für Britta Haßelmann von den Grünen ist die Abwahl ein Beispiel dafür, wie die anderen Fraktionen und das Parlament im Verlauf dieser ersten Jahre mit der AfD dazulernen. »Das zeigt, dass das Parlament eine Klarheit und Souveränität für sich gefunden hat – und gezeigt hat, dass die Parlamentarier sich mehrheitlich einig sind, nicht alles mit der Institution machen zu lassen«, sagt sie im Rückblick.

Diese Ereignisse werfen bereits ihre Schatten auf die nächste Legislaturperiode, in der die AfD aller Voraussicht nach erneut im Bundestag sitzt. So hat die Arbeitsgruppe der FDP-Fraktion in ihrem Papier auch eine Empfehlung zur Wahl der Ausschussvorsitzenden festgehalten. Die FDP hatte

2017 in einigen Ausschüssen den Vorschlägen der AfD für die Ausschussvorsitzenden und deren Vizes zugestimmt. Die Arbeitsgruppe um Strasser empfiehlt nun, sich künftig zu enthalten. Eine explizite Zustimmung solle nur nach Rücksprache mit dem Fraktionsvorstand erfolgen. Es könnte also nach der nächsten Bundestagswahl schwerer für die AfD werden, ihre Ausschussvorsitzenden durchzubekommen.

Für die anderen Fraktionen dürfte es dagegen in der kommenden Legislatur leichter werden. Sie haben sich auf die AfD eingestellt. Das verdeutlichen auch die Worte von FDP-Mann Marco Buschmann. Am Anfang, sagt er, sei es der AfD gelungen, den Prozess der Meinungsbildung, dem ja Parlamentsdebatten dienten, medial zu überlagern. »Es wurde kaum noch über die Debatten berichtet, sondern fast ausschließlich über die Provokationen der AfD und die Reaktion darauf.« Das sei ein Problem für die Wähler, sagt er. »Eine Zeit lang haben die demokratischen Parteien das Spiel mitgespielt, und fast hatte man den Eindruck, es könnte jetzt Volkssport werden, die leidenschaftlichste Rede gegen die AfD zu halten.« Mittlerweile sei das Parlament aber in einer anderen Phase angelangt: »Wir haben ein Stück handwerkliche Souveränität im Umgang damit gefunden und versuchen, die sachlichen Unterschiede zwischen den Demokraten herauszuarbeiten, statt nur den Krawall der AfD zu kommentieren.«

Exkurs
Migrantin, Muslima, Grüne: Wie die AfD Muhterem Aras zum idealen Feindbild macht

12. Dezember 2018: Kurz nach neun Uhr morgens erreicht der Stuttgarter Landtag einen Tiefpunkt. Eigentlich steht dem Parlament eine lange Haushaltsdebatte bevor. Aber die 78. Sitzung beginnt mit einem Antrag der AfD-Fraktion: Es geht um den Schutz von Kindern und Familien vor »linksideologischen Einflüssen«. Mit Baden-Württemberg hat das Thema nichts zu tun – die AfD reagiert mit dem Antrag auf einen Beschluss der Jusos zur Abschaffung des Abtreibungsverbotes.

Die Eskalation ereignet sich sofort, als die AfD-Abgeordnete Carola Wolle den Antrag begründet. »So sind sie, die roten Terroristen!«, ruft ihr Kollege Stefan Räpple laut. Das ist Anlass für Landtagspräsidentin Muhterem Aras, zu reagieren. Sie ermahnt Räpple scharf, erteilt ihm einen Ordnungsruf und droht: Im Wiederholungsfall schließe sie den Abgeordneten aus. Es gebe »parlamentswürdige Anstandsformen, die auch für Sie gelten«.

Jetzt wird die Debatte hitzig, aus allen Fraktionen kommen Zwischenrufe. Aras mahnt mehrfach zur Ruhe. Der FDP-Fraktionschef Hans-Ulrich Rülke wendet sich direkt an die AfD und sagt über die gescholtenen »Roten«, also die SPD: »Schauen Sie mal 80 Jahre in unserer Geschichte zurück. Damals saßen die Vorgänger dieser Abgeordneten im KZ, weil sie gegen Hitlers Ermächtigungsgesetz gestimmt haben, und die geistigen Vorläufer von Leuten wie Herrn Räpple sind im Stechschritt durch das Brandenburger Tor marschiert.«

Räpple ist empört und verlangt einen Ordnungsruf für FDP-Mann Rühlke. Landtagspräsidentin Aras weist Räpple auf die Möglichkeit einer persönlichen Erklärung hin. Für den Fall eines weiteren Zwischenrufs droht sie ihm den Ausschluss aus der Sitzung an. Schon kurz darauf muss sie ernst machen. Doch der Abgeordnete weigert sich, die Sitzung zu verlassen. Aras kann nicht anders handeln: Sie ruft die Polizei.

Aber das ist noch nicht das Ende. Nach mehreren Pöbeleien muss sie auch den fraktionslosen AfD-Abgeordneten Wolfgang Gedeon von Polizeibeamten hinausbegleiten lassen. Einer seiner Sätze: »So können Sie ein Parlament in Anatolien führen.«

Die Szenen haben eine Vorgeschichte. Seit dem ersten Sitzungstag provoziert die AfD die Landtagspräsidentin und liefert sich Scharmützel mit ihr. Und wie so oft ist auch an diesem Tag für Muhterem Aras mit der Sitzung der Ärger nicht vorbei. Im Netz ergießen sich Hass und Gewaltdrohungen gegen sie. Der Tenor in den Echokammern der AfD-Anhängerschaft: So weit ist es in Deutschland gekommen, dass eine Türkin gegen deutsche Abgeordnete die Polizei einsetzt.

Aras, mit ihrer Familie im Alter von zwölf Jahren aus Ostanatolien nach Deutschland gekommen, ist die erste Präsidentin eines Landesparlaments, die aus einer Einwandererfamilie stammt. In ihr – einer Migrantin, Muslima und Grünen an der Spitze des Parlaments – personifiziert sich alles, was der AfD ein Dorn im Auge ist. Die Partei hat sie zu einer Zielscheibe gemacht, mit der man wieder und wieder Aufmerksamkeit generieren kann – antiparlamentarisch wie identitätspolitisch. Das ideale Feindbild.

Bei einem Treffen im Sommer 2020 sitzt Aras in ihrem

Büro mit Blick auf den Schlossgarten. Vor ihr auf dem Tisch liegt ein unscheinbares DIN-A5-Heft mit hellgelbem Einband. Das Papier ist abgegriffen, die Ecken rollen sich vom starken Gebrauch nach oben, Dutzende Post-its ragen als Lesezeichen daraus hervor und die Seiten sind voller handschriftlicher Anmerkungen. Es ist ihr persönliches Exemplar der Geschäftsordnung des Parlaments – jene Spielregeln, auf die sich die Abgeordneten zu Beginn jeder Legislatur einigen. Die Präsidentin ist die Schiedsrichterin. Und die Geschäftsordnung ihr wichtigstes Instrument.

Die Sommersonne fällt mittagshell ins Präsidentinnenbüro, hellgelbe Orchideen werfen elegante Schatten. Aras, eine zierliche Person, sitzt gelassen und zurückgelehnt auf dem Sofa. Sie nimmt das Heft zur Hand und blättert nachdenklich hin und her. Wer die Präsidentin im Landtag beobachtet, sieht dieses Blättern häufig. Allerdings ist die Atmosphäre dann das Gegenteil von gelassen. Aras sitzt dann, so wie im November 2019, aufmerksam nach vorn gebeugt da, blättert vor und zurück, richtet die kleinen Mikrofone rechts und links ihres Mundes immer wieder neu aus. Abgeordnete der AfD-Fraktion und solche, die nicht mehr Fraktionsmitglieder sind, wollen die Sitzung mit Geschäftsordnungsanträgen stören. Aras versucht mit muhsam beherrschter Stimme, sich Gehör zu verschaffen, unterbricht die Redner, läutet ein ums andere Mal die goldene Glocke vor ihr. Und immer wieder greift sie zu ihrem Geschäftsordnungsheft.

Dass sie es so oft brauchen wird, ahnt Aras im März 2016 noch nicht. Da zieht die AfD in Baden-Württemberg zum ersten Mal in das Parlament eines westdeutschen Flächenlandes ein. Vorangegangen ist die Zuspitzung der Debatte im Flüchtlingssommer 2015. Das enorme Ergebnis von

15,1 Prozent ausgerechnet im wohlhabenden Südwesten setzt ein dickes Fragezeichen hinter die These des AfD-Erfolgs vor allem bei Wählern aus abgehängten Milieus. Es gibt aber auch noch eine andere Illusion, von der sich der politische Betrieb sehr schnell verabschieden muss – die Vorstellung von der zwar eurokritischen, aber sich ansonsten als gemäßigt verstehenden Professorenpartei: an radikalen Positionen, an rassistischen und antisemitischen Äußerungen stehen viele Stuttgarter AfD-Abgeordnete ihren ostdeutschen Kolleginnen und Kollegen in nichts nach. Im Gegenteil.

Das zeigt sich schon bei der konstituierenden Sitzung am 11. Mai 2016. Entgegen den Gepflogenheiten im Hohen Haus rührt sich bei der AfD-Fraktion keine Hand, als nach gut einer Stunde die Grünen-Abgeordnete Muhterem Aras im ersten Wahlgang zur neuen Präsidentin gewählt wird. Zwar gratuliert ihr der bis dahin sitzungsleitende Alterspräsident Heinrich Kuhn von der AfD im Namen des Hauses und überreicht ihr einen Blumenstrauß. Allerdings spricht er ganz offensichtlich nicht für seine Fraktion.

Noch am selben Tag verursacht die AfD-Abgeordnete Christina Baum den ersten Eklat – nach dem bekannten Muster ihrer Partei. Dem Südwestrundfunk sagt sie: »Dass jetzt eine muslimische Frau Landtagspräsidentin für Baden-Württemberg werden soll, ist für mich ein klares Zeichen, dass die Islamisierung Deutschlands doch in vollem Gange ist.« Die gebürtige Thüringerin Baum, die im Wahlkampf gegen den Wunsch von Landeschef Jörg Meuthen die »Flügel«-Galionsfigur Björn Höcke eingeladen hat, wirft den Grünen schon länger einen »schleichenden Genozid an der deutschen Bevölkerung« vor.

Eine Migrantin als grüne Landtagspräsidentin: Es ist aus

heutiger Sicht schwer vorstellbar, aber bei den Grünen hatte vorher offenkundig niemand auf dem Schirm, dass die AfD dies selbstverständlich nutzen würde. Obwohl zwischen der Landtagswahl und der konstituierenden Sitzung fast zwei Monate lagen, gab es keine Strategiebesprechung. »Ich hatte mich, ehrlich gesagt, gar nicht damit beschäftigt«, sagt Muhterem Aras heute. »Ich hatte die AfD ziemlich ausgeblendet, wir waren im Wahlkampf und mit dem Wahlkreis beschäftigt.«

Der Wahlkampf fällt in die politisch aufgeheizte Zeit des Herbstes 2015, trotzdem erlebt Aras bis zur ihrer Wahl als Präsidentin keinerlei Anfeindungen, rassistische oder misogyne Beleidigungen oder Drohungen. Das hat sich seitdem gründlich geändert.

Zum ersten Mal öffentlich Zielscheibe wird Aras in der Zeit, als sich die baden-württembergische AfD-Fraktion im Zuge der Antisemitismus-Kontroverse spaltet. Die AfD kann sich nicht darauf einigen, den Abgeordneten Wolfgang Gedeon auszuschließen. Gedeon hatte die Erinnerung an den Holocaust als »Zivilreligion des Westens« bezeichnet und Holocaust-Leugner mit Dissidenten verglichen. Aras erklärt, wenn auch für die AfD-Fraktion Antisemitismus und Rassismus in Deutschland keinen Platz hätten, müsse sie jetzt handeln. Daraufhin kommen die ersten Mails mit der Aufforderung, sie solle zurück in »ihr Land« gehen, erzählt Aras.

Eine beispiellose Eskalation provoziert die AfD im Sommer 2018. Kurz vor den Ferien bricht Aras am 23. Juli zu ihrer inzwischen traditionellen Gedenkstättenreise an Orte auf, die an die Verfolgung von Juden im Nationalsozialismus erinnern. Dieses Mal fährt sie ins ehemalige Konzentrationslager Natzweiler-Struthof im Elsass. Sie sei der Meinung, Gedenkstättenarbeit und Erinnerungskultur seien der eigentliche Hebel gegen Rassismus und Antisemitismus, sagt Aras. »Ich will klarmachen, dass auch die NS-Zeit mit Ausgrenzung und Diskriminierung angefangen hat, lange bevor die KZs gebaut worden sind«. In Baden-Württemberg gebe es inzwischen Schulklassen, in denen die meisten Schülerinnen und Schüler keine Vorfahren mit deutscher Geschichte hätten. »Diese Jugendlichen muss man mitnehmen und ihnen klarmachen, dass dies unser aller Geschichte ist und sich keiner zurücklehnen kann.« Sie glaube, das Grundgesetz sei in vielerlei Hinsicht eine Reaktion auf die Schrecken des Faschismus, sagt Aras. Und Gedenken sei wichtig, um die Grundwerte der Verfassung zu verstehen und zu verinnerlichen.

In ihrer Rede während der Reise kritisiert sie ohne Namensnennung auch die Äußerung des damaligen AfD-Vorsitzenden Alexander Gauland, der die Zeit des Dritten Reichs mit Blick auf die Geschichte als »Vogelschiss«, also eine Art unbedeutendes Ärgernis, bezeichnet hatte.

Daraufhin attackiert der damalige Vizefraktionschef Emil Sänze Aras. Er wirft ihr vor, es gehe ihr darum, den »NS-Schuldkomplex« für ihre »politische Migrantengesellschaft-Agenda« zu nutzen. Vor allem aber spricht er der Präsidentin seines Parlaments die Berechtigung ab, sich überhaupt zum Holocaust und zur deutschen Geschichte zu äußern – und zwar wegen ihrer Herkunft. Der *Frankfurter Allgemeinen Zeitung* sagt Sänze: »Sie benutzt das ›Wir‹, als wäre sie hier voll integriert, sie wird aber nie voll integriert sein qua ihrer Herkunft.« Nicht Aras, sondern »wir Deutsche« seien für Gefühle in der Gedenkkultur zuständig. Aras wehrt sich: »Die Aussage, ich sei aufgrund meines Geburtsorts nicht berechtigt, mich öffentlich um Geschichte und Erinnerungsarbeit zu kümmern, widerspricht Wortlaut und Geist des Grundgesetzes.« Aber Sänze steht nicht allein da. Seine Fraktion stellt sich hinter ihn und fordert in der Sommerpause eine Sondersitzung des Landtages zur angeblich parteiischen Amtsführung der Präsidentin.

Aras bekommt viel Rückendeckung – aus der Gesellschaft, aber auch von den anderen Fraktionen. Das stützt sie. »Ich hätte mir allerdings vorher einfach nicht vorstellen können, dass dieser Ton, dieser Rassismus, dieser Antisemitismus wirklich im Parlament ankommt und dort ausgesprochen wird«, sagt Aras. »An diesem Beispiel kann man hundertprozentig den Zusammenhang belegen: Wenn die AfD oder einzelne Abgeordnete entsprechende Aussagen wie die von Herrn Sänze in den sozialen Medien posten, dann nehmen Hassmails, Beleidigungen und Drohungen massiv zu.« So funktioniert die Hassspirale, die von der AfD in Gang gesetzt wird und sich im außerparlamentarischen Raum weiterdreht. Sie wird in sozialen Netzwerken inzwischen so häufig beleidigt und mit dem Tode bedroht, dass der Landtag eigens eine Mitarbeiterin für die Prüfung von Strafanzeigen beschäftigt.

Mit ihren Angriffen – aber auch mit der darauf folgenden Verteidigung Aras' durch die anderen Fraktionen – gelingt es der AfD außerdem, den Fokus auf die Herkunft von Muhterem Aras zu lenken. Aras ist das, was man so gern ein »Musterbeispiel gelungener Integration« nennt. Als sie, Kurdin, Alevitin, Fünftklässlerin, 1978 aus Elmaağaç in den bäuerlichen Filderstädter Ortsteil Sielmingen bei Stuttgart kam, sprach sie kein Wort Deutsch. Ihr Vater arbeitete bei Thyssen, die Mutter konnte als Analphabetin den Kindern nicht viel in der Schule helfen. Aber die Eltern steckten, was sie sparten, in die Bildung ihrer Kinder. Aras machte Abitur, studierte

Wirtschaftswissenschaften, wurde Steuerberaterin und führt bis heute eine Kanzlei mit einem Dutzend Mitarbeiterinnen und Mitarbeitern. Sie ist seit 33 Jahren verheiratet, Mutter zweier erwachsener Kinder und überzeugte Stuttgarterin.

Vor allem aber ist sie bundesweit die erste grüne Politikerin, die einem Parlament vorsteht. Sie könnte also eine der ersten prominenten Migrantinnen sein, über deren »gelungene Integration« endlich nicht mehr gesprochen wird. Stattdessen werde sie jetzt vor allem als Migrantin wahrgenommen, schreibt der Journalist Reiner Ruf in der *Stuttgarter Zeitung*: »Auf diese Rolle will sie sich zwar nicht schrumpfen lassen, aber die sich radikalisierende AfD-Fraktion arbeitet emsig daran – und ungewollt auch jeder, der guten Willens die Parlamentspräsidentin verteidigt.«

Ausgerechnet im bürgerlichen Südwesten, in dem die AfD zu diesem Zeitpunkt immer noch von vielen als eine vor allem rechtskonservative Partei wahrgenommen wird, die eben ein paar »spinnerte« Ausreißer in ihren Reihen habe, aber ansonsten von den ostdeutschen Landesverbänden klar zu unterscheiden sei, gelingt der AfD dieser Coup: In einem deutschen Parlament wird darüber gestritten, ob ein Mensch, der die deutsche Staatsbürgerschaft hat, qua Herkunft jemals »voll integriert« sein kann.

Parallel zur Normalisierung des Unsäglichen vollzieht sich noch eine andere, eher schleichende Entwicklung: Zwar beteuern Vertreter wie Jörg Meuthen und Fraktionschef Bernd Gögel stets, rassistische Äußerungen seien krasse Einzelfälle, im Kern sei die Partei nicht so. Aber die völkische Argumentation des Vizefraktionschefs Sänze wird nicht kritisiert, auch nicht von denjenigen, die in nicht öffentlichen Gesprächen Bedauern bekunden. Niemand distanziert sich.

»Herr Gögel hat nach den Attacken von Herrn Sänze im Sommerinterview des SWR unwidersprochen sagen können, Fremdenfeindlichkeit und Rassismus hätten in den Reihen der AfD keinen Platz«, erinnert sich Muhterem Aras. »Das ist angesichts des Widerspruchs zur Wirklichkeit für die Demokratie noch gefährlicher als jemand, der mir offen ins Gesicht sagt, ich gehörte nicht hierher.«

Derweil dreht sich die Spirale weiter. Nachdem Aras im Winter 2018 Räpple und Gedeon ausschließt, findet sie in ihrem Postfach Zuschriften vor, die sie als »höchste Eskalationsstufe« bezeichnet. »Es war alles dabei, von Hausanzünden und Verbrennen über Todesstrafe und Erhängen bis zur Entsorgung.«

Hitzige Debatten, Zuspitzungen, Zwischenrufe – all das gehöre in ein Parlament, sagt Aras. Aber die AfD suche eine ganz andere Art der Auseinandersetzung. »Es geht oftmals um die Verächtlichmachung der parlamentarischen Demokratie und des gesamten Systems.«

Was kann ein Parlament tun, um sich zu wehren? »Wir haben gelernt, dass wir uns anders aufstellen müssen.« Sie hat den Juristischen Dienst personell aufgestockt, die Juristen im Haus beschäftigen sich intensiv mit der Geschäftsordnung. Es wird nach Regelungslücken gesucht, die von der AfD-Fraktion genutzt werden könnten, um dem System zu schaden. »Für viele Fragen hat vorher, im Konsens der Demokraten, die Fantasie gefehlt«, sagt Aras.

Zudem tauschen sich die Verwaltungen der Landtage aus – »wir wissen, wenn irgendwo in der Republik eine Provokation mit einem bestimmten Antrag funktioniert, ist es wahrscheinlich, dass er auch bei uns eingebracht wird«, sagt Aras. All das schlucke Ressourcen und lähme das Parlament teilweise. »Und die Fraktionen haben auch im Jahr fünf noch kein gültiges Patentrezept, wie mit der AfD umzugehen ist«, so Aras.

Für sich ganz persönlich hat sie die Gewissheit, auf keinen Fall weichen zu wollen. »Ich lasse mich ganz sicher nicht einschränken«, sagt sie. »Ich komme aus einem Land, in dem meine Muttersprache verboten und meine Religion einer Diskriminierung ausgesetzt war. Und ich lebe jetzt als Bürgerin eines Landes, dessen Freiheiten eine solche Lebensqualität sind, für die gibt es keine Worte. Das werde ich niemals aufgeben.«

3.

Vorwärts in die Vergangenheit: Wie die AfD versucht, das Land zu verändern

Die AfD wünscht sich erklärtermaßen ein anderes Deutschland. Schon seit Jahrzehnten wird die Idee einer »Kulturrevolution von rechts« am rechten Rand vorgedacht. Es ist der Wunsch nach einer umfassenden geistigen Wende, die sich durch alle Bereiche der Gesellschaft ziehen möge. Die Schlagworte hierzu benannte die AfD-Parteiführung früh und unmissverständlich: Die AfD wolle »weg vom links-rot-grün-verseuchten 68er-Deutschland und hin zu einem friedlichen, wehrhaften Nationalstaat«, formulierte der Parteichef Jörg Meuthen bereits 2016 auf dem Parteitag in Stuttgart.

Das mag bewusst als Provokation formuliert gewesen sein, entspricht aber dem inhaltlichen Kern des AfD-Grundsatzprogramms. Es sind die Folgen des gesellschaftlichen Umbruchs von 1968 und des Wandels der Definition von Familie, Gesellschaft und Zusammenleben, welche die Partei am liebsten ausradieren würde. Es geht darum, die politische Entwicklung der letzten Jahrzehnte zurückzudrehen und zu einem Deutschland zurückzukehren, das es so womöglich nie gegeben hat.

Gleichgeschlechtliche Ehen, Klimaschutz, die deutsche Erinnerungskultur, eine multikulturelle Gesellschaft, konsequente Geschlechtergerechtigkeit und eine tiefgehende europäische Integration – all diese Dinge sind der AfD ein Dorn im Auge.

In ihrem Grundsatzprogramm, das 2016 in Stuttgart beschlossen wird, formuliert die AfD, wie sie den Zustand des Landes und seines politischen Systems wahrnimmt. Demzufolge gibt es zwei Feinde, die das »Volk« zu bekämpfen habe: das Establishment und die Fremden. Der Wille des Volkes und somit die Demokratie werden demnach von allmächtigen Parteien untergraben: »Heimlicher Souverän ist eine kleine, machtvolle politische Führungsgruppe innerhalb der Parteien«. Und dieses »politische Kartell« habe nicht nur die »Schalthebel der Macht« in Händen, sondern auch »die gesamte politische Bildung und große Teile der Versorgung der Bevölkerung mit politischen Informationen«. Die Allmacht der Parteien sei »Ursache der verbreiteten Politikverdrossenheit und nicht zuletzt auch Wurzel der gesellschaftsschädigenden politischen Korrektheit und des Meinungsdiktats in allen öffentlichen Diskursen.« Die Grundüberzeugung der Partei: Nur sie selbst ist in der Lage, den wahren Willen des Volkes zu verstehen und zu vertreten.

Was für ein Deutschland sich die AfD vorstellt, lässt sich sowohl im Grundsatz- als auch im Bundestagswahlprogramm von 2017 nachlesen. Deutschland solle als »souveräner Nationalstaat des deutschen Volkes« mit klarem Grenzregime erhalten werden. Demokratie und Rechtsstaatlichkeit müssten überhaupt erst einmal wiederhergestellt werden – durch Volksabstimmungen und den Abschied von der EU in ihrer heutigen Form. Als Fundamente der Demokratie sieht die Partei »gemeinsame kulturelle Werte und historische Erinnerungen«.

Ins Grundgesetz sei der »Erhalt des Staatsvolkes« als Ziel aufzunehmen, um dem »ethnisch-kulturellen Wandel der Bevölkerungsstruktur« entgegenzuwirken. Ohne »ausgeglichene Geburtenbilanz« sieht die Partei den sozialen Frieden teilweise gefährdet. Deshalb solle eine »nationale Bevölkerungspolitik« die »Schrumpfung unserer angestammten Bevölkerung« stoppen. Wie nationalistisch die Partei tickt, zeigt sich an dem Vorschlag, dass in Deutschland geborene Kinder nur dann einen deutschen Pass erhalten können sollen, wenn mindestens ein Elternteil Deutscher ist. Die Partei propagiert eine Familienpolitik, in der die »traditionelle Familie« aus Vater, Mutter, Kind das »Leitbild« sein soll – und die Idee der Hausfrauenehe gefördert wird. Denn ein Staat, der die Erziehungsaufgabe in Krippen übernimmt, die Individualität betont und ein »Gendermainstreaming-Projekt« verfolgt, untergräbt demnach die traditionelle Familie. Ein »falsch verstandener Feminismus« schätze einseitig Frauen im Erwerbsleben. Aus der Schulbildung soll sowohl die »Gender-Ideologie« als auch eine »Frühsexualisierung« verbannt werden. Zudem wendet die AfD sich gegen die angeblich »bedingungslose Förderung« von Alleinerziehenden.

Im Grundsatzkapitel zur restriktiven Einwanderungspolitik dokumentiert die Partei zugleich, wie sie die Debatte im Land verändern will: In Deutschland herrscht demnach ein »ideologisch vergiftetes Klima der politischen Korrektheit« voller Sprechverbote und Sprachregelungen. Wie in totalitären Staaten führten Verstöße zu gesellschaftlicher Stigmatisierung. Anderen Parteien wird unterstellt, eine Diskussion über ihr Versagen in der Einwanderungspolitik zu verhindern. Das Recht der freien Rede müsse wiederhergestellt werden. In der Konsequenz heißt das: Die AfD will in ihrer Sprache keine Rücksicht auf Minderheiten nehmen.

Die Partei sieht die Nation als »kulturelle Einheit«, der man zugehörig ist. Damit wird Kulturpolitik als Teil der Identitätspolitik verstanden: Die »eigene« Kultur zu erhalten sei das Ziel von Kulturpolitik. Die AfD betrachtet die »Ideologie des Multikulturalismus, die importierte kulturelle Strömungen auf geschichtsblinde Weise der einheimischen Kultur gleichstellt«, als »ernste Bedrohung«. Aufgabe von Staat – und Zivilgesellschaft – ist aus ihrer Sicht die Verteidigung der deutschen kulturellen Identität.

Auch die Erinnerungskultur soll künftig anders aussehen: Die »Verengung« auf die Zeit des Nationalsozialismus soll aufgebrochen werden »zugunsten einer erweiterten Geschichtsbetrachtung«, die »auch die positiven, identitätsstiftenden Aspekte deutscher Geschichte umfasst«.

Wenn er sich das Agieren der AfD in Kommunen, Ländern und auf Bundesebene anschaut, ist für den Rechtsextremismusexperten Matthias Quent offenkundig: »Die AfD agiert im Sinne der Neuen Rechten. Es geht um die kulturelle Veränderung der Gesellschaft, einen rechten Kulturkampf.« Quent leitet das Institut für Demokratie und Zivilgesellschaft in Jena – eine Forschungseinrichtung in Trägerschaft der Amadeu-Antonio-Stiftung.

Wie bereits erläutert, reicht die Geschichte der sogenannten Neuen Rechten weit zurück. Als ihr Gründervater in der Bundesrepublik gilt Armin Mohler, dessen 1949 erschienene Dissertation *Die Konservative Revolution in Deutschland 1918–1932* bis heute ein Standardwerk unter den Anhängern ist. Die Neue Rechte will akademisch und intellektuell sein und sich so habituell abgrenzen von Neonazis und den harten Rechtsextremisten von gestern. Sie eint der Wunsch nach der Homogenität des Volkes, die Ablehnung der multikulturellen Gesellschaft und die Vision eines starken, autoritären Staates. Bei einem Treffen 2018 lässt der neurechte Ideologe Götz Kubitschek durchblicken, wie er sich das vorstellen könnte: »Ungarn kann ein Vorbild für Deutschland sein«, sagt er. Das sei ein »liberaler Staat mit illiberalen Korsettstangen«. Der ungarische Staat sorge dafür, dass »Ungarn das Land der Ungarn« bleibe.

Damals hat Ungarn das Recht auf Asyl quasi abgeschafft und einen elektrifizierten Zaun an der Grenze zu Serbien gebaut. Kubitschek zitiert den US-amerikanischen Publizisten Christopher Caldwell, der einmal »von einer notwendigen ›harten Indifferenz‹« gesprochen habe und »einem Regierungshandeln, das für gutmenschliche Gemüter ›abstoßend‹, aber nichtsdestotrotz notwendig sei«. Das sei ein Minimum dessen, was ein Staat leisten müsse.

Ein anderer Kernbegriff der Neuen Rechten ist der der »Metapolitik«. In ihrem Buch *Das Netzwerk der Neuen Rechten* beschreiben Christian Fuchs und Paul Middelhoff, was damit gemeint ist: »Nicht allein die Parlamente sollen erobert werden, sondern die Zivilgesellschaft. Wer parteipolitisch noch ohne Einfluss ist, muss zuerst versuchen, das vorpolitische Feld der Kultur zu beackern.« Die Neuen Rechten wollen in möglichst viele gesellschaftliche Bereiche vordringen, um Plätze zu besetzen, die bisher nicht rechts waren: Parlamente, Gewerkschaften, Kirchen, Bestsellerlisten und TV-Talkshows.

Sie streben nach »kultureller Hegemonie« – ein Begriff, der auf den italienischen Marxisten Antonio Gramsci zurückgeht. Die Veränderung der öffentlichen Meinung, so

Fuchs und Middelhoff, sei demnach die Grundbedingung, um später die Gesellschaftsordnung verändern zu können. Kurz gesagt: Das Zwischenziel der Neuen Rechten ist, dass ihre Ansichten in weiten Teilen der Gesellschaft Konsens werden.

Dieses Ansinnen teilt die AfD. Fast vier Jahre nach dem Stuttgarter Parteitag gibt Jörg Meuthen in einem Interview mit der *Süddeutschen Zeitung* zu, dass seine inzwischen leicht abgewandelte Formulierung vom »links-rot-grün-versifften 68er-Deutschland« einer Strategie folgte: »Das ist zu einem geflügelten Wort avanciert, seit ich das in Stuttgart auf dem Parteitag 2016 gesagt habe. Es geht um diesen kompletten Werteverlust aus der Post-68er-Entwicklung. Eine gewollte politische Provokation, und dazu stehe ich.«

Auf diese Weise knüpft Meuthen methodisch eine Verbindung zu den Protagonisten der außerparlamentarischen Neuen Rechten und deren Ziel, Stück für Stück die »kulturelle Hegemonie« in der Zivilgesellschaft zu erlangen. Schon lange bevor die AfD auf den Plan trat, hatte Götz Kubitschek erkannt, dass es der Neuen Rechten nutzen kann, sich die Mittel der 68er anzueignen: gezielte Provokationen, Inszenierungen, Guerilla-Aktionen, die Straße als Resonanzraum. 2007 veröffentlichte er ein Bändchen namens *Provokation* und schrieb darin: Provokation sei »oft das einzige Mittel des Schwachen: Wer über Machtmittel verfügt, der drückt, was er möchte, einfach durch, erzählt, was er möchte, einfach auf allen Kanälen. Wer keine Macht hat, (…) studiert die Reflexe des Medienzeitalters und erzwingt durch einen Coup öffentliche Wahrnehmung.« So dienen Provokationen und Tabubrüche auch der AfD seit Jahren dazu, den Rahmen des Sag- und Machbaren zu erweitern.

Die AfD hat den Vorteil, dass sie die Landtage und den Bundestag für das Ziel der Diskursverschiebung nutzen kann, indem sie Ideen und Begriffe reichweitenstark in die Debatte einspeist. »Es geht darum, im Parlament eine radikale Sprache zu benutzen und Dinge zu sagen, die dort vorher nicht gesagt wurden. Die Wiederholung führt dann zur Etablierung von bestimmten Denkfiguren und Begriffen«, erklärt der Kommunikationsberater Johannes Hillje. Die Eingemeindung in den breiteren Diskurs erfolge dann, wenn Akteure, die nicht der AfD zuzuordnen seien, solche Begriffe übernähmen. Eines der bekanntesten Beispiele ist der Begriff »Asyl-Tourismus«, der erst von der AfD, später aber auch von CSU-Politikern verwendet wurde. Und das, obwohl der Begriff impliziert, dass die Flucht aus einem Land etwas mit einer Urlaubsreise gemein habe und quasi aus Vergnügen erfolge.

Weitgehend unbemerkt von der breiten Öffentlichkeit versucht die AfD aber auch, Einfluss auf Vereine und Theater, Schulen und Universitäten zu nehmen. Sie will auf allen Ebenen die Zivilgesellschaft durchdringen. Dafür nutzt sie längst nicht mehr nur Kampagnen, sondern auch alle parlamentarischen und rechtlichen Möglichkeiten.

Immer professioneller verschärft die Partei etwa den Druck auf Institutionen, die sich in den Themenfeldern Migration, Geschlechtergerechtigkeit, Bildung oder gegen Rechtsextremismus engagieren. Zu ihren taktischen Mitteln gehört dabei, die Arbeit von Initiativen und Vereinen als linksextrem motiviert zu markieren und deren staatliche Förderung infrage zu stellen.

Die Partei versucht, das Neutralitätsgebot des Staates in ihrem Sinne umzudeuten und so den politischen Gegner unter Druck zu setzen: So etwa in Berlin, als die AfD vor dem Verfassungsgerichtshof gegen einen Tweet des Regierenden Bürgermeisters klagte, in dem er eine Demo gegen Rechts lobte. Sie unterlag. Aber die Botschaft, die sich an ehrenamtliche Kommunalpolitiker richtet, kam an – es kann gefährlich und teuer sein, sich im Amt gegen die Partei zu engagieren.

Ein besonders deutliches Beispiel dafür, wie die AfD Kulturinstitutionen gern beeinflussen würde, ist das AfD-Landtagswahlprogramm in Sachsen-Anhalt aus dem Jahr 2016. Darin wird für Theater und Museen eine »Pflicht« formuliert, »einen positiven Bezug zur eigenen Heimat zu fördern« – und zwar, indem die Bühnen des Landes Sachsen-Anhalt »neben den großen klassischen internationalen Werken stets auch klassische deutsche Stücke spielen und sie so inszenieren, dass sie zur Identifikation mit unserem Land anregen.«

Die Folgen der AfD-Politik sind bereits sichtbar. In Deutschland wird heute wieder über Dinge diskutiert, die noch vor wenigen Jahren als unantastbar galten. Niemand hatte es für möglich gehalten, dass 70 Jahre nach Inkrafttreten des Grundgesetzes Menschenrechte oder die Freiheit der Presse wieder so infrage gestellt werden. Die Rückkehr völkischer Ideologie und Angriffe auf die Erinnerungskultur als Gründungspfeiler der Republik waren für viele nicht vorstellbar.

Diese Entwicklung stärkt offenbar auch das Selbstbewusstsein der Rechtsextremen, die in Deutschland lange ein Schattendasein fristeten. Das bekommen beispielsweise die Gedenkstätten in Deutschland zu spüren. Dort treten Rechtsextreme immer offener auf. So schmuggeln sie sich etwa in

Besuchergruppen und leugnen dann während der Führung den Holocaust.

Menschen mit Migrationshintergrund erleben die verschärfte Stimmung im Land besonders unmittelbar. Auch die Fälle, in denen Kommunalpolitiker von Rechtsextremen bedroht werden, häufen sich. Aus Angst vor Neonazis wollte sich 2020 ein NRW-Bürgermeister bewaffnen, ein anderer trat zurück. 2019 beantragte Martina Angermann, Bürgermeisterin im sächsischen Arnsdorf, die vorzeitige Versetzung in den Ruhestand – zuvor war sie monatelang bedroht und attackiert worden. Seit 2015 hat sich die Bedrohung für Kommunalpolitiker enorm verschärft – besonders für die, die sich in der Flüchtlingshilfe engagieren.

Dass rechtsextreme Gewalttaten immer häufiger vorkommen, dass das Land seinen ersten rechtsextremen Mord an einem Politiker erlebt und sich mit antisemitischen und antimuslimischen Terroranschlägen wie in Halle oder Hanau konfrontiert sieht, daran geben viele Politiker der AfD eine Mitschuld. Extremismusforscher sagen zumindest: Rassistische Stimmungen, wie sie die AfD erzeugt, verstärken die Gefahr von rassistischer Gewalt. Wenn die AfD bestimmte Personengruppen als Bedrohung darstelle, könnten das gewaltaffine Einzelpersonen oder Gruppen aufnehmen, um Sündenböcke und Ziele für ihre Aggressionen zu finden.

Rassistische Ressentiments, nationalistische Ideale und Vorbehalte gegenüber dem politischen System haben ihren Anfang nicht mit der AfD genommen. Sie reichen weit über die Partei hinaus. Aber die AfD ist Resonanzboden und Verstärker und ermöglicht so, dass sich Menschen mit diesen Einstellungen ermutigt fühlen.

Die AfD im Feuerwehrverein: Droht eine Unterwanderung der Zivilgesellschaft?

Die Sätze, die aus dem AfD-Strategiepapier von 2019 an die Öffentlichkeit drangen, lösten Nervosität aus. »Ähnlich wie es der 68er-Bewegung um einen ›Marsch durch die Institutionen‹ ging, muss es auch der AfD um den ›Marsch durch die Organisationen‹ gehen«, heißt es in dem Papier mit dem Titel »Strategie 2019 bis 2025: Die AfD auf dem Weg zur Volkspartei«. Infrage kämen Organisationen mit einer bundesweiten Reichweite und hoher Mitgliederzahl, sofern sie politisch nicht zu weit links stünden, sowie kleinere Organisationen mit einem Thema, das besonders AfD-affin sei.

Man müsse gezielt Mitglieder werben, die sich erfolgreich in der Bürgergesellschaft engagierten. Um in Städten stärker zu werden, müsse die AfD in jenen Organisationen präsent sein, die »eine Großstadt zusammenhalten, von den Kleingärten über die Handwerkskammern bis zu Bürgergruppen gegen die Verwahrlosung von Stadtteilen und Sportvereinen«.

Verfasst hat das 72-seitige Dokument zu einem Großteil der damalige AfD-Parteivize und Berliner Fraktionschef Georg Pazderski. Im AfD-Bundesvorstand stößt er damit zunächst nicht auf großes Interesse. Der damalige AfD-Chef Alexander Gauland, so heißt es, habe bezweifelt, dass es sinnvoll sei, eine Strategie festzulegen, die so weit in die Zukunft reiche. Andere Vorstandsmitglieder hätten die Empfehlungen gar nicht erst gelesen. Und doch verabschiedet der Vorstand das Strategiepapier, das die Sätze zum »Marsch durch die Organisationen« enthält, schließlich mit deutlicher Mehrheit.

Aus Sicht von Politstrategen würde es für die AfD durchaus Sinn ergeben, Funktionäre und Mitglieder dort in »Schlüsselpositionen« zu bringen, wo Menschen sich engagieren, ihre Freizeit verbringen und ganz nebenbei Meinungsbildung stattfindet. »Solche ›kollateralen Organisationen‹, wie Politologen sie nennen, hatte die CDU traditionell mit kirchlichen Vereinigungen oder Wirtschaftsverbänden, die SPD mit den Gewerkschaften«, schreibt damals der Politikberater Johannes Hillje in einem Gastbeitrag für den *Tagesspiegel*. Die radikalen Umtriebe, die viele Menschen über die Medien wahrnehmen, wolle die AfD mit persönlichen Erfahrungen im sozialen Umfeld überdecken. Eine ähnliche Strategie habe auch die NPD über viele Jahre gefahren. »Der Gedanke dahinter: Wenn der kumpelhafte Jugendtrainer, der integre Kassenwart oder die emphatische Elternvertreterin ganz nebenbei auch AfD-Mitglied ist, dann sticht womöglich der persönliche Kontakt zu diesen Parteivertretern die öffentliche Kritik an der Gesamtpartei aus.« Durch das Engagement solle ein »bürgerliches« Image durchgesetzt werden.

In der Tat fürchten viele Vereine und Verbände schon länger rechtspopulistische Einflussnahme, gar Unterwanderung. Aber wie real ist die Gefahr wirklich? Ist der »Marsch durch die Organisationen« mehr als eine am grünen Tisch geplante Wunschvorstellung von AfD-Funktionären?

Einer, der Antworten auf diese Frage geben kann, ist der Kasseler Professor Wolfgang Schroeder. Seine Schwerpunkte sind Gewerkschafts-, Verbände- und Sozialstaatsforschung. 2020 hat er für die gewerkschaftsnahe Otto-Brenner-Stiftung an einer Studie mit dem Titel »Bedrängte Zivilgesellschaft von rechts« mitgearbeitet. Er sagt: »Die Gefahr eines rechten ›Marsches durch die Organisationen‹ muss man durchaus ernst nehmen.« Schaue man sich zivilgesellschaftliche Organisationen an, dann könne man zwar erkennen, dass bei den Funktionären in der Regel keine Affinität zur AfD bestehe. Hier gebe es einen antifaschistischen Konsens. »Das sieht aber bei einem Teil der Ehrenamtlichen, bei den Klienten, bei den Mitgliedern schon anders aus«, sagt Schroeder. Hier habe die AfD eine gewisse »Einflugschneise«.

Konkret greifen lässt sich das bei den Gewerkschaften. 2018 herrscht hier angespannte Aufmerksamkeit. Bundesweit finden Betriebsratswahlen statt – 180 000 Betriebsräte sollen neu gewählt werden. Der Deutsche Gewerkschaftsbund bemerkt eine zunehmende Mobilisierung durch die AfD und andere rechte Gruppierungen in den Betrieben. Eine »alternative Arbeitnehmervertretung« namens »Zentrum Automobil« macht von sich reden, die in Betrieben der Automobilindustrie eigene Betriebsratslisten aufstellen will. Der neurechte Verein »Ein Prozent« unterstützt das Unterfangen mit der Kampagne »Werde Betriebsrat«, etwa durch ein professionell produziertes Video, das ein düsteres Bild von der Arbeitswelt zeichnet. Fleißigen Arbeitern werde wegen ihrer Sympathie für Pegida oder die AfD gekündigt. »Die etablierten Gewerkschaften haben unsere Interessen schon lange verraten«, sagt ein Mann in die Kamera.

Damals verkündet der AfD-Politiker Guido Reil – Ex-Bergmann, Ex-SPDler –, er wolle in Betrieben, in denen sich »alternative Listen« bilden, vorbeikommen und Wahlkampf machen. Die Vision in der neurechten Szene: So wie die AfD der Arm in den Parlamenten ist, sollen die »alternativen Gewerkschaften« der »blaue Arm« in den Betrieben sein.

Passiert ist am Ende wenig. Einen nennenswerten Erfolg konnte »Zentrum Automobil« lediglich im Daimler-Werk in

Stuttgart-Untertürkheim erzielen – statt bis dato vier zogen sechs Vertreter der radikalen Liste in den Betriebsrat ein. Aus Sicht von Schroeder geht die Gefahr aber auch nicht von diesen »Splittergruppen« aus. Diese hätten zwar eine hohe öffentliche Präsenz. Die meisten Beschäftigten wüssten aber, was sie an den großen und einflussreichen Gewerkschaften hätten. »Eine größere Herausforderung sind eher die Mitglieder in den Gewerkschaften, die nationalistische und rassistische Positionen vertreten.« Etwa 20 Prozent der Beschäftigten im verarbeitenden Sektor seien ansprechbar für autoritär-hierarchische Vorstellungen von Politik und Gesellschaft. Es gebe also ein Potenzial für bestimmte Ressentiments und Haltungen.

Der Wissenschaftler beschäftigt sich seit Jahrzehnten mit Gewerkschaften, regelmäßig besucht er Betriebe und führt Gespräche mit Gewerkschaftlern und Betriebsräten. Und diese schildern ihm, dass sich durchaus etwas verschiebt. »Wir konnten feststellen, dass bei Betriebsversammlungen die Gewerkschaftsvertreter, die vor und in der ersten Phase der Flüchtlingskrise eine Lanze für Flüchtlinge gebrochen haben und für eine starke Willkommenskultur geworben haben, dass sie diese Themen angesichts des gesellschaftlichen Klimawandels nicht mehr angesprochen haben«, sagt Schroeder. »Das hat natürlich auch etwas mit der AfD und ihren Anhängern zu tun.«

Eigentlich gebe es in Deutschland die Gepflogenheit, dass Gewerkschaften über betriebliche Belange hinaus auch gesamtpolitische Anliegen vertreten. »In den vergangenen Jahren haben sich die Gewerkschaften jedoch zunehmend entpolitisiert und konzentrieren sich fast nur noch auf die betrieblichen Belange – nicht zuletzt weil sie Ärger unter den

Funktionären und mit ihren Mitgliedern vermeiden wollen.« Das ist nach Schroeders Beobachtung nicht nur im Osten, sondern auch im Westen so. »Gewerkschaftsfunktionäre, die früher etwa für eine humanere Behandlung von Migranten im Mittelmeer eingetreten sind, meiden jetzt das Thema häufiger, weil sie wissen, dass der Widerstand dagegen zu stark ist.«

Das gelte weniger für führende Vertreter von Gewerkschaften, die sich auf politischer Ebene durchaus artikulierten. Die »starke politische Abstinenz« betreffe insbesondere die lokalen Akteure, die vor Ort agierten – dort, wo der tatsächliche, tägliche Austausch stattfinde. »Wenn man so will, kann man sagen, dass aber gerade der betriebliche Raum ein Gradmesser für die Verankerung solcher rechten Positionen ist«, sagt Schroeder. Hier kommt abermals jene Kategorie zum Tragen, die für die Neuen Rechten so enorm wichtig ist: Wer hat die Hegemonie, was also ist der vorherrschende Konsens? »Wenn es in einem Betrieb nicht mehr möglich ist, sich für die offene Gesellschaft zu engagieren, dann ist da eindeutig etwas passiert, da hat sich etwas verschoben«, so Schroeder.

Eine Auseinandersetzung mit rechtem Gedankengut findet auch in Kirchen statt, in Sportvereinen und in Wohlfahrtsverbänden. In Schroeders Studie berichtet beispielsweise eine Mitarbeiterin der Diakonie, dass sich rassistische oder fremdenfeindliche Äußerungen unter Kollegen und Klienten häuften, seitdem sich die »Grenzen des Sagbaren« verschoben hätten. Eine interviewte Person vom Arbeiter-Samariter-Bund erzählt davon, dass eine Mitarbeiterin von einer Kollegin als »faule Polackin« verunglimpft worden sei. In einem Fall habe auch eine Altenpflegerin der AWO im Hinblick auf die Zuwanderung konstatiert, irgendwann werde es eh so kommen, »dass man Hinz und Kunz aufnehmen muss«. Und sie droht: Dank ihrer medizinischen Ausbildung werde aber keiner davon überleben. Mittlerweile gibt es etwa bei der Diakonie Seminare für Mitarbeiter, wie mit solchen Vorfällen umzugehen ist.

Ein attraktives Feld für die AfD ist zudem das Andocken an Bürgerinitiativen – beispielsweise im Umweltbereich. Schon seit einiger Zeit hat die Partei den Plan, sich auch als Umweltschutzpartei zu präsentieren. »Umweltschutz ist Heimatschutz«, lautet das Credo, das mehrere AfD-Politiker vertreten und schon bei der NPD zu hören war. Die AfD bezweifelt entgegen des breiten wissenschaftlichen Konsenses, dass der Klimawandel menschengemacht ist. Sie versucht, Umweltschutz gegen Klimaschutz auszuspielen: Die Energiewende bedrohe nicht nur den deutschen Wohlstand, sondern sei mit ihren Windkrafträdern, Solarfeldern und Biogasanlagen auch schlecht für die Umwelt. Dabei geht es ihr einerseits darum, die Grünen als Umweltschutzpartei unglaubwürdig zu machen. Konservative Umweltschützer, Biobauern oder Vogelschützer, die sich wegen Windkraftanlagen Sorgen machen, will die AfD für sich gewinnen. Andererseits hofft sie, durch ihr Andocken an Umweltinitiativen auch gesellschaftlich Anschluss zu finden.

Ein gutes Beispiel hierfür ist der Protest, der sich 2020 gegen die Fabrik des Elektroautobauers Tesla im brandenburgischen Grünheide formiert. Eine Bürgerinitiative organisiert Waldspaziergänge und Demonstrationen. Zu den Protesten tauchen aber auch AfD-Politiker auf, die den Fabrikbau vordergründig aus Umweltbedenken ablehnen. Der AfD-Landtagsabgeordnete Christoph Berndt, zugleich Chef der rechten Cottbusser Initiative »Zukunft Heimat«, twittert Bilder von Demo-Plakaten: »Tesla gräbt uns das Wasser ab« oder »Waldvernichtung für eine Autofabrik – Auch das ist Politik der Grünen«. Aus Sorge vor einer Unterwanderung stellen die Organisatoren die Demos und Waldspaziergänge zunächst vorsorglich ein. Man wolle der AfD keine Plattform geben, sagt einer der Initiatoren der *Zeit*.

Ein anderes Beispiel ist das Engagement der hessischen AfD für den Erhalt des Reinhardswalds. Dieses größte zusammenhängende Waldgebiet Hessens ist für seine alten Eichen- und Buchenbestände bekannt. Ein kleiner Teil soll den Plänen zufolge für den Bau von Windkraftanlagen dauerhaft gerodet werden. Bürgerinitiativen engagieren sich seit Jahren dagegen. Nun steigt auch die AfD mit ein. Im August 2020 errichten AfD-Abgeordnete aus dem hessischen Landtag und dem Bundestag ein Zeltlager im Wald, um dort zu übernachten. Erfreut über die Unterstützung sind viele Bürgerinitiativen allerdings nicht. Sie befürchten, von der AfD vereinnahmt zu werden, und beschweren sich über falsche Aussagen der Partei. Denn diese behauptet, die Windkrafträder sollten im »letzten deutschen Urwald« errichtet werden. Doch wie die Rechercheplattform »Correctiv« in einem Faktencheck klarstellt, bleibt der Großteil des Waldes für Windräder tabu, unter anderem auch das als »Märchenwald« bekannte Gebiet »Urwald Sababurg«.

Trotz solcher Versuche, an Bürgerinitiativen anzudocken, betonen Experten, es sei bisher nicht zu beobachten, dass die AfD systematisch die Zivilgesellschaft unterwandere. »Natürlich haben Sie in einzelnen Gemeinden, einzelnen Verbänden, immer wieder andere Erlebnisse, ja. Aber es lässt sich nicht erkennen, dass wir sagen: ›Überall versucht die

AfD …‹ – beispielsweise im Kirchenkreis Einfluss zu gewinnen, beispielsweise in der Feuerwehr Einfluss zu gewinnen. Oder die wichtigsten Vereinsvorsitzenden an sich zu ziehen«, sagte der Politikwissenschaftler und Rechtsextremismusexperte Gideon Botsch vor einiger Zeit dem Deutschlandfunk.

Der Zivilgesellschaftsexperte Schroeder sieht das ähnlich. »Die Strategen in der AfD scheinen zwar an einigen Punkten durchaus eine genauere Vorstellung davon zu haben, wohin sie wollen, aber relativ wenig konkrete Vorstellungen davon, wie sie dahin kommen können, also was man tun müsste.« Bei dem, was in der Praxis passiere, sei auch »viel Dilettantismus, viele Zufälligkeiten, viel Gelegenheitsaktivität« erkennbar. Die AfD habe zwar mit ihrer Strategie der Verunsicherung, der Mobilisierung von Konflikten und Stimmungslagen viel erreichen können. Mit gezielter Kritik habe sie auch versucht, Keile in die Organisationen zu treiben, beispielsweise als sie der Kirche vorwarf, mit ihrem Kirchenasyl den Rechtsstaat zu untergraben.

»Aber sie hat keine Dammbrüche in dem Sinne erzeugen können, dass solche Haltungen auf den Funktionärskörper überspringen. Den Vertretern der AfD ist es bei Wahlen in den Organisationen bislang nicht gelungen, das Vertrauen anderer zu bekommen«, sagt Schroeder. Insofern habe die AfD-Strategie der Tabubrüche und Provokationen auch dazu geführt, dass sie ihrer eigenen Verankerung und Ausdehnung in der organisierten Zivilgesellschaft selbst im Weg stehe.

Dennoch ist die Aufmerksamkeit gegenüber der »rechtspopulistischen Herausforderung«, wie Schroeder es nennt, gestiegen. »Alle zivilgesellschaftlichen Organisationen haben für diese Herausforderung Beobachterstellen geschaffen, Ansprechpartner eingesetzt, Handreichungen entwickelt.« Zudem hätten öffentliche Attacken durch die AfD dazu geführt, dass die Organisationen sich mit ihren eigenen Defiziten auseinandergesetzt hätten. »Denn es steckt immer auch ein Körnchen Wahrheit darin. Wenn eine Gewerkschaft sich als Arbeiterbewegung versteht, aber man hat den Eindruck, es ist nur ein Versicherungsverein, der dann auch noch schlecht geführt ist, dann ist das ein Angriffspunkt.« Dann sei es Zeit, sich um mehr Authentizität zu bemühen und die eigene Praxis kritisch auf den Prüfstand zu stellen.

Die Unterwanderung der Zivilgesellschaft funktioniert für die AfD also bislang nicht im Sinne ihrer Strategie. Doch die Partei fährt zweigleisig: Parallel bemüht sie sich darum, eigene Vorfeldorganisationen zu schaffen. So entwickelt sie unter dem Vorsitz der ehemaligen CDU-Bundestagsabgeordneten Erika Steinbach ihre eigene politische Stiftung, die Desiderius-Erasmus-Stiftung. Langfristig sollen dadurch junge Menschen gefördert werden, die sich »alternativen Werten« verbunden fühlen. Einstweilen konzentriert sie sich aber auf Vorträge, Weiterbildungen für Kommunalpolitiker und Seminare, etwa zum Islam.

Darüber hinaus vernetzt sich die AfD mit ihr ideologisch nahestehenden Organisationen wie dem Verein »EIKE«, der den wissenschaftlichen Konsens zum menschengemachten Klimawandel ablehnt. Auch profitiert sie von neurechten Initiativen wie dem bereits erwähnten Verein »Ein Prozent für unser Land«. Dieser sammelt Spenden und wirbt für Projekte wie beispielsweise die Beobachtung von Wahlen oder die Errichtung von Landkommunen, um die »kulturelle Hegemonie« zu erlangen. Und die AfD weiß es zu schätzen, dass ihr solche Organisationen den Boden bereiten. Nach dem Wahlerfolg in Brandenburg 2019 bedankt sich der Spitzenkandidat der AfD, Andreas Kalbitz, explizit bei »Ein Prozent«. Mittlerweile wird der Verein vom Verfassungsschutz überwacht.

Bewegungspartei: Was die AfD mit dem Engagement auf der Straße bezweckt

Der 27. Mai 2018 ist einer dieser verfrühten Sommertage in Berlin. In der Vormittagshitze strömen die Menschen in Cafés und Parks und saugen die großstädtische Draußenatmosphäre auf. Im Tiergarten herrscht für diese Uhrzeit ungewöhnlich viel Betrieb. Tausende machen sich auf den Weg in Richtung der Straße des 17. Juni. Die sieht an diesem Sonntag ein bisschen so aus, als wäre die Love Parade zurückgekommen. 30 Trucks stehen auf dem Asphalt, von dort schicken DJs ihre musikalische Botschaft zu ihrem Publikum. Es wird getanzt. Aber diese Party ist kein Selbstzweck, sondern eine politische Demonstration. Unter dem Motto »AfD wegbassen« haben rund 170 Hauptstadt-Clubs zu einem Protest gegen die rechte Partei aufgerufen. Und 25 000 Menschen sind gekommen.

Einen guten Kilometer weiter herrscht rund um den Hauptbahnhof eine deutlich angespanntere Stimmung. Etwa 1000 Polizisten sichern die Ein- und Ausgänge und den Washingtonplatz. Hier hat die AfD zu einer Demonstration aufgerufen. Es kommt nicht oft vor, dass die Partei selbst als Organisatorin großer Versammlungen auftritt – und schon gar nicht in der Hauptstadt, wo sie stets damit rechnen muss, dass der Gegenprotest kräftig ausfällt. Zuletzt hat die Partei hier 2015 größer mobilisiert.

An diesem Sonntag aber soll der »Tag der Abrechnung« – so nennt die AfD ihre Demonstration – mit dem »System Merkel« stattfinden. Schon drei Monate zuvor hat der Parteivorstand beschlossen, für diesen Tag auf die Straße zu setzen. Seit Wochen werden Busse organisiert, in aufwendig produzierten Videobotschaften rufen vor allem Bundestagsabgeordnete zum Marsch auf Berlin auf. Von ihrer Erwartung, 10 000 Anhänger anzuziehen, ist die Partei kurz vor dem großen Tag abgerückt, der Zuspruch fällt nicht wie erwünscht aus. In Rheinland-Pfalz werden Teilnehmern sogar 50 Euro Fahrtkostenunterstützung angeboten. Als Medien darüber berichten, ist das für die AfD peinlich – sie hat in der Vergangenheit dem politischen Gegner vorgeworfen, Demonstranten zu bezahlen.

Der Partei geht es an diesem Tag darum, ein gesellschaftliches Zeichen zu setzen: Es soll für jeden sichtbar werden, dass das Projekt im Herzen der Republik angekommen und die AfD die einzig legitime Sachwalterin des »Volkswillens« ist. Ein weiteres Signal richtet sich eher nach innen: Nachdem die Partei den Bundestag und damit auch das politische Raumschiff Berlin geentert hat, will sie deutlich machen, dass sie die Fühlung zur Basis – zum »Volk« – auch jetzt nicht verloren hat, da sie Abgeordnete stellt, die so aussehen und teils so agieren wie das von ihnen kritisierte Establishment.

Angeführt von den Parteichefs Gauland und Meuthen setzt sich die Demonstration in Richtung Brandenburger Tor in Bewegung. Die Polizei schätzt die Teilnehmerzahl auf 5000. Höhepunkt ist die Kundgebung auf der Bühne am

Brandenburger Tor. Erster Redner ist Jörg Meuthen: Er geißelt all das, was er als »links-rot-grün-versifft« kritisiert. Und behauptet: »Wir erleben eine Vergewaltigung unserer Identität und unserer Kultur.« Helfen, so die Botschaft, kann nur die AfD: »Bürger, hört gut zu«, ruft er, »wir von der Alternative für Deutschland werden unser Land nicht preisgeben, wir werden uns dieser Preisgabe des Landes auf jedem demokratischen und rechtstreuen Wege erwehren, bis wir obsiegt haben. Und wir müssen und wir werden gewinnen.«

Die Botschaft von der Erfüllung des Volkswillens zieht sich durch viele der Reden. Zum großen Finale tritt Alexander Gauland ans Mikrofon, verschwitzt, mit leicht rotem Gesicht, ohne Krawatte. »Unsere Kinder, unser Land, unsere Zukunft, deswegen stehen wir hier«, ruft er in die Sprechchöre hinein. »Wir sind die einzige Partei, die dieses Programm hat.« Und weiter: »Es ist das Land unserer Väter und unserer Mütter, und wir wollen es behalten, wie wir es übernommen haben.«

Die anderen, so sagt Gauland, wollten dieses Deutschland verändern. »Sie lieben nicht dieses Land, sie lieben nicht das deutsche Volk, und sie lieben nicht seine Kultur und Geschichte. Sie lieben eine Zuwanderungsgesellschaft. Sie lieben die Fremden, nicht uns, nicht Euch, nicht die Deutschen, denen dieses Land gehört.« Aber: »Deutschland schafft sich nicht ab, solange wir den Deutschlandabschaffern im Nacken sitzen.« Gauland macht immer wieder Pausen, um die Sprechchöre nicht zu unterbrechen – mal rufen die Zuhörer »Volksverräter!«, mal »Abschieben!«. Am Ende skandiert die Menge: »Widerstand! Widerstand!«

»Wir stehen für eine Politik für dieses Volk«, sagt Gauland schließlich. »Noch sind wir nur ein Teil des Volkes, doch wir werden immer mehr. Und wir werden den anderen Mores lehren, darauf könnt ihr euch verlassen.« Hinter der Bühne erklärt wenig später der AfD-Abgeordnete Albrecht Glaser: »Ich glaube, die Seele der Partei hat dieses Bad gebraucht, das Dokument, wir sind in Berlin auf der Straße.«

Die Straße ist für die AfD unverzichtbares Kraftfeld und Gefahr zugleich. Nur hier lässt sich das Bild der Anti-Parteien-Partei von unten auf Dauer glaubwürdig reproduzieren. Besonders auf der Straße kann man die populistische Erzählung des Volkswillens gegen »die da oben« spinnen. Bilder von großen Demonstrationen stützen den Eindruck, den die Partei erwecken will: dass sie die Stimme der Vielen sei. Videos von Gauland im Meer Tausender fahnenschwenkender Demonstranten sind ein metapolitisches Mittel, um die Debatte zu verschieben. Auch als Mobilisierungsinstrument für Nichtwähler taugen die Proteste – sie machen die Partei anschlussfähig in traditionell parteienkritischen Milieus.

Schon 2015 unter Parteichefin Frauke Petry setzt die Partei auf eine »Massenkundgebung« in Berlin, unter dem Motto »Asyl braucht Grenzen – rote Karte für Merkel«. Petrys Vorgänger, der Parteigründer Bernd Lucke, beschreibt die Wechselwirkung nach seinem Abgang in einem Interview mit dem *Mühlacker Tagblatt*. Die AfD reflektiere gesellschaftliche Strömungen und nehme diese auf. Eine sich radikalisierende Basis treibe die Partei an – die AfD-Vertreter müssten nun als Volkstribunen die Stimmen der Straße kanalisieren.

Die Straße ist für die Partei ein ambivalenter Ort. Von Beginn an hat die AfD Unterstützung vom rechtsextremen Rand angenommen. Stets behaupteten die Verantwortlichen, nicht kontrollieren zu können, wer sich einer Demonstration anschließe. Distanzierungen sind allerdings selten – mit gutem Grund. Man würde dadurch Potenzial im, wie die Neuen Rechten es nennen, »mosaikartigen Widerstandsmilieu« einbüßen und der erwünschten Normalisierung der Ränder entgegenwirken. Aber je mehr die Partei ins Visier des Verfassungsschutzes gerät und je sichtbarer harte Neonazis mit von der Partie sind, desto höher wird auch das Risiko eines unkalkulierbaren Kollateralschadens.

Für wie vielversprechend, aber gleichzeitig riskant die Partei die Straße hält, lässt sich an ihrer Beziehung zu den Pegida-Demonstrationen in Dresden ablesen. Früh, während die Partei gerade in ihrer Umfragedelle steckt, dockt die AfD an die montäglichen Spaziergänge von Pegida an. Die Bewegung knüpft allein schon mit der Wahl des Montags und der Idee des Spaziergangs an DDR-Traditionen an – damit lässt sich die Behauptung auffrischen, man lebe nun auch in der Bundesrepublik in einer Art Scheindemokratie. Und der Ruf »Wir sind das Volk« hilft bei der Erzählung, man verkörpere den Volkswillen. Folgerichtig nennt Gauland die Pegida-Protagonisten »unsere natürlichen Verbündeten«. Im Frühjahr 2016 bezeichnet Björn Höcke auf einem Parteitag in Arnstadt Pegida laut *dpa* sogar als »parlamentarische Vorfeldorganisation«. »Ohne sie wäre die AfD nicht, wo sie ist. Ich sage danke.«

Im Mai desselben Jahres jedoch beschließt der Vorstand, dass AfD-Mitglieder nicht als Redner und auch nicht mit Parteisymbolen bei Pegida auftreten »sollen«. Kurz zuvor hat am Amtsgericht Dresden der Prozess gegen Pegida-Gründer Lutz Bachmann wegen des Vorwurfs der Volksverhetzung begonnen. Bachmann soll auf Facebook Flüchtlinge als »Viehzeug« und »Dreckspack« beschimpft haben. Das Kooperationsverbot wird allerdings nicht durchgängig eingehalten. Bachmann selbst ist bei AfD-Veranstaltungen zu Gast. Im Frühjahr 2018 hebt der Vorstand der Partei dann das Kooperationsverbot wieder auf.

Björn Höcke macht 2018 in seinem Gesprächsbuch *Nie zweimal in denselben Fluß* unter der Überschrift »Volksopposition gegen das Establishment« sehr klar, dass der Straßenprotest aus seiner Sicht zwingender Teil der AfD-Strategie ist. Die »Festung der Etablierten« müsse von »mindestens zwei Seiten in die Zange genommen werden: von der protestierenden Bürgerbasis her und von uns als parlamentarischer Speerspitze der Bürgeropposition.«

Er plädiert dafür, nicht so viele Berührungsängste zu haben: »Es ist in jedem Fall unnütz, hier noch eine peinliche Abgrenzeritis zu betreiben, nur weil man Angst hat, sich durch das bisweilen rustikalere Auftreten der Protagonisten und Demonstranten ›schmutzig‹ zu machen.«

Der Fall Chemnitz allerdings wird dann für die Partei zum vorläufigen Wendepunkt. Die Spitzen des »Flügels«, Björn Höcke und Andreas Kalbitz, marschieren 2018 beim Schweigemarsch der AfD vorneweg. Dabei ist auch die extrem rechte Gruppe »Pro Chemnitz«. 2500 Rechtsextremisten gehen nach Erkenntnissen des Verfassungsschutzes im Pulk dahinter. Wie schon an den Vortagen eskaliert auch hier die Situation. Während die bekannten Gesichter der AfD schweigen, grölen Hooligans: »Frei, sozial und national.« Die Polizei fordert den Veranstalter auf, die Versammlung aufzulösen. Es kommt zu Rangeleien.

Das Echo auf die Beteiligung der AfD an dieser Demonstration fällt verheerend aus. In der darauffolgenden Bundestagsdebatte veranlassen die Ereignisse von Chemnitz den

Bundestagspräsidenten Wolfgang Schäuble zu einer grundsätzlichen Eingangsbemerkung: »Das Demonstrationsrecht ist kein Freibrief für Gewaltexzesse. Wir haben zu oft erlebt, dass friedliche Demonstrationen von Gewalttätern als Schutzraum missbraucht werden.« Es dürfe nicht zugelassen werden, dass »mehr oder weniger feinsinnig Grenzen ausgelotet und verschoben werden. Wir brauchen keine Revolution, sondern einen starken und toleranten Rechtsstaat«, so Schäuble. Der Parlamentarische Geschäftsführer der Unionsfraktion, Michael Grosse-Brömer, sagt in Richtung AfD: »Sie haben Ihre eigenen Funktionäre nicht mehr unter Kontrolle, wenn sie auf die Straße gehen, und schon gar nicht mehr die notwendige Distanz zu den Neonazis, die da mitlaufen. Ich sage Ihnen: Man marschiert nicht an der Seite des Rechtsextremismus, man bekämpft ihn, meine Damen und Herren!«

Auch Götz Kubitschek, der selbst in Chemnitz zugegen war, zieht eine ernüchterte Bilanz: »Die AfD sollte nicht mehr als Veranstalter von Großdemonstrationen auftreten.« Die Partei sehe sich einerseits als Verteidigerin des Rechtsstaats. Die AfD sei zugleich aber diejenige Kraft, die angetreten sei, um dem Protest der Bürger eine wirkungsvolle Stimme zu geben. Sein Fazit: Wer die »kleine Ordnung stören« wolle, um »die große Ordnung« zu retten, der könne das nur tun, wo er Herr der Lage sei. Daher rät er: »Keine Großdemonstrationen mehr unter der Fahne der AfD. Laßt das andere machen! Die Teilnahme empfehlen, sich unters Volk mischen, Gesicht zeigen, an der Gegenöffentlichkeit mitwirken und die Sympathie der Wähler gewinnen – das kann man auch, wenn man nicht den Hut aufhat und in der Zwickmühle steckt.«

Genau nach diesem Plan agiert die AfD zwei Jahre später bei den Corona-Protesten in Berlin. Ende August 2020 rufen Höcke, Chrupalla und andere dazu auf, sich an einer Großdemonstration der Corona-Maßnahmen-Gegner zu beteiligen – aber Fahnen der AfD zu Hause zu lassen. Mehr als zwei Dutzend Bundestagsabgeordnete folgen der Aufforderung. Doch etwas ist anders als damals in Chemnitz: Diesmal wissen sie schon vorher, dass rechtsextremistische Parteien und Organisationen mitlaufen. Dennoch erweist sich der Rat Kubitscheks als richtig: Weil die AfD nur dabei ist und nicht vorne dran, bleibt die breite Empörung über den Schulterschluss aus.

Und auch einige Monate vorher sucht Höcke als Gast bei Pegida den Kontakt zur Straße und hält eine halbstündige Rede. Kurz zuvor hat die AfD ihren Coup bei der Ministerpräsidentenwahl in Thüringen gelandet. Es ist die 200. Pegida-Demonstration in Dresden, und Höcke spricht unter dem johlenden Beifall seiner Anhänger über den Kampf gegen die »Herrschaft der Schlechten«, gegen das, was er das »polit-mediale Establishment der Republik« nennt. Dann holt er zu einem Generalangriff auf das aus, was andere als Zivilgesellschaft verstehen.

Die Rede ist ein schlagendes Beispiel dafür, wie Vertreter der AfD versuchen, ihre politischen Gegner zu delegitimieren, und mit ihnen den gesellschaftlichen Protest gegen die Partei. Höcke verweist auf die hinter einer Absperrung stehenden Gegendemonstranten, die »von Millionen Euro Steuergeld« genährt würden. »Und auch das werden wir abstellen, wenn wir in Regierungsverantwortung sind«, sagt er. Die AfD werde »diese sogenannte Zivilgesellschaft, die aus Steuergeldmillionen finanziert wird und sich daraus nährt, dann leider trockenlegen müssen.« Gesellschaftliches Engagement sei nur dann aufrichtig, wenn man es auch ohne Steuergeld praktiziere, sagt der Fraktionschef, dessen Tätigkeit komplett aus Steuergeldern finanziert wird. Die Pegida-Menge ist begeistert: »Höcke! Höcke!«, skandiert sie.

Initiativen gegen Rechtsextremismus: Wie die AfD ihre Gegner loswerden will

Der AfD-Vizechef Stephan Brandner hat eine präzise Vorstellung davon, was seine Partei mit der Amadeu-Antonio-Stiftung tun würde, wenn sie es könnte: »Schlagartig, sobald wir Einfluss haben, ist der Geldzufluss beendet. Dann sollen sie sich noch abwickeln und dann ist die Sache hoffentlich bald zu Ende.« So sagt es Brandner im April 2019 in einem selbst produzierten Video.

Der Stiftung, die sich seit Jahrzehnten gegen Rechtsextremismus einsetzt, sollten auch ohne AfD an der Regierung die Mittel gestrichen werden, fordert Brandner in einer Pressemitteilung. »Die Amadeu-Antonio-Stiftung zeichnet sich besonders durch ihre Hetze gegen die AfD und gegen jede konservative, liberale und regierungskritische Meinung aus. Diese Gruppierung wird mit Steuergeldern gemästet und steht trotzdem nicht hinter dem demokratischen Grundverständnis der Bundesrepublik Deutschland«, schreibt er.

Brandner ist nicht der einzige AfD-Politiker, der so spricht. Seine Fraktionschefin Alice Weidel redet von einer »Stiftung der Schande«. Die Abgeordnete Nicole Höchst findet im Oktober 2018 in einer Bundestagsrede die Formulierung der »klimahysterischen, vielfaltsfixierten links-grünen Knockout-Mäuse á la Kahane«. Anetta Kahane ist die Vorstandsvorsitzende der Stiftung.

Eigentlich redet Höchst zum Gute-Kita-Gesetz der Familienministerin Franziska Giffey (SPD), das an diesem Tag in erster Lesung debattiert wird. Aber für Höchst ist das nur ein Anlass, ein Thema ins Plenum zu bringen, das schon seit einiger Zeit im Internet und inzwischen auch in einigen klassischen Medien wild diskutiert wird – und sich als Redeschnipsel auf den AfD-YouTube-Kanälen bestens einbinden lassen wird.

Es geht um eine Broschüre der Amadeu-Antonio-Stiftung mit dem Titel »Ene, mene, muh – und raus bist du! Ungleichwertigkeit und frühkindliche Pädagogik«. Diese richtet sich an Erzieherinnen und Erzieher, die in der Kita mit dem Thema Rechtsextremismus konfrontiert sind, entweder weil Kinder aus Elternhäusern kommen, die sich rechtsextremistisch, rassistisch oder auch homophob positionieren, oder weil Kollegen das tun. Die Stiftung habe festgestellt, dass dies im ländlichen Raum immer häufiger vorkomme, sagt ihr Geschäftsführer Timo Reinfrank. In der Broschüre würden reale Fallbeispiele beschrieben und Strategien vorgeschlagen.

In rechten Blogs, und damit in den Echokammern der AfD, ist das Thema längst anders angekommen: Als Bespitzelungs- und Kontrollangriff auf Eltern, als staatlicher Versuch, die Gesellschaft über die Kindererziehung auf links zu drehen. Auf dem Blog »Philosophia Perennis« zitiert der Autor David Berger die AfD-Abgeordnete Höchst: Die beschimpft die Broschüre als »kleines Einmaleins der Gesinnungsdiktatur«, in dem Betreuer in Schminkecken kleinen Jungs die Nägel lackierten und die Lego-Rennfahrer homosexuell seien. Die AfD werde zum Hauptfeind gemacht, so Höchst. Das Fazit des Blogautors: »Deutschland wandelt sich zu einem gesinnungsterroristischen Irrenhaus.«

Seit es die AfD gibt, ist die Amadeu-Antonio-Stiftung so bekannt wie nie zuvor. Es gibt wohl kaum eine andere gemeinnützige Institution, auf welche die Parteibasis im Netz bei jeder Erwähnung mit ähnlichem Hass anspringt. Das ist kein Zufall.

Die Stiftung und vor allem ihre Vorsitzende Anetta Kahane werden von der AfD seit Jahren angegriffen und zum perfekten Feindbild aufgebaut. Modellhaft zeigt sich an der Auseinandersetzung, dass es der Partei darum geht, ihre Kritiker zum Schweigen zu bringen.

Die Stiftung steht dabei stellvertretend für den Kampf der Partei gegen alle zivilgesellschaftlichen Gruppen, die sich gegen Rechtsextremismus engagieren und darüber hinaus als Repräsentanten jenes zu bekämpfenden »links-rot-grün-versifften 68er-Deutschland« wahrgenommen werden. Als Methode wählt die Partei dafür die klassischen Mittel des *negative campaigning*: Der Gegenspieler wird – oft als linksextrem oder Mitglied der »Antifa« – markiert und diskreditiert.

In Sachsen-Anhalt etwa hat die AfD-Fraktion besonders den Verein »Miteinander e.V.« ins Visier genommen. Die Fraktion will Ende 2017 von der Landesregierung in einer 28 Seiten langen Anfrage mit mehr als 200 Fragen unter anderem wissen, ob der Verein mit dem Verfassungsschutz zusammenarbeitet, ob die Mittelvergabe an ein Bekenntnis zum Grundgesetz geknüpft ist und unter welchen Umständen dem Verein die Gemeinnützigkeit entzogen werden könnte. Schon zuvor hat die Fraktion die Landesregierung in einem Antrag aufgefordert, »Miteinander e.V.« künftig keine

Fördermittel mehr zukommen zu lassen. »Dieser linksradikale Kampfverein hat sich ganz klar die Verunglimpfung der AfD auf die Fahnen geschrieben und stellt diesen Anspruch auch ganz offen zur Schau«, sagt Landeschef André Poggenburg dazu im Landtag. Bei einer Pressekonferenz 2018 sagt der Fraktionschef Oliver Kirchner, seine Fraktion sehe bei »Miteinander e. V.« eine Verletzung des Neutralitätsgebots, verdeckte Parteienfinanzierung sowie eine klare Nichtabgrenzung gegen den Linksextremismus. Der Verein wehrt sich: Die AfD nutze mit ihren Fraktionen ihre parlamentarischen Mittel, um »gezielt gegen diejenigen vorzugehen, die sie kritisieren und gegen jene, die liberale und menschenrechtsorientierte Ansätze vertreten«, heißt es in einer Erklärung von »Miteinander e. V.« Die Partei versuche, die Demokratie von innen auszuhöhlen.

Auch andere AfD-Fraktionen stellen solche Anfragen – im Berliner Abgeordnetenhaus legt die Fraktion eine entsprechende Anfrage vor, unter dem Titel »Linksextremistische Netzwerke« mit Fragen zu 40 Organisationen. Selbst wenn die Anfragen rechtlich ins Leere laufen, sind in kleinen Vereinen oft viele Ressourcen mit der Abwehr solcher Angriffe gebunden.

Mit parlamentarischen Anträgen und Reden, Postings und Videos setzt die AfD besonders die Amadeu-Antonio-Stiftung unter Dauerfeuer. Das hat Folgen auf drei Ebenen. Erstens lenkt die AfD in Debatten die Aufmerksamkeit weg vom eigentlichen Sachthema – zum Beispiel dem Gute-Kita-Gesetz –, sie konzentriert sich lieber auf die Verunglimpfung der Stiftung. Zweitens findet so die diskreditierende Kritik ihren Weg in die klassischen Tageszeitungen und Sender. Und drittens hat das in den sozialen Medien eine Welle der

Hassrede gegen die Stiftung zur Folge – und wird im konkreten Fall zur realen Bedrohung.

Um zu verstehen, weshalb die Stiftung und ihre Vorsitzende Anetta Kahane zu einem der Hauptgegner der AfD geworden sind, muss man ein ganzes Stück zurückblicken: Wenige Menschen im wiedervereinten Deutschland haben den tödlichen Hass auf Ausländer und das Hervorbrechen des Rechtsextremismus so früh erkannt wie Kahane. Seit mehr als 30 Jahren kämpft sie dagegen. Schon kurz nach der Wende thematisiert sie – damals als Ausländerbeauftragte des Ost-Berliner Magistrats – die rechte Jugendszene und Angriffe auf Ausländer in der DDR. Später, in der Zeit der Hetzjagden gegen Ausländer und der Ausschreitungen von Rostock-Lichtenhagen und Hoyerswerda, baut sie mithilfe eines Trägervereins Beratungsstellen in allen ostdeutschen Ländern auf. Über die Jahre entsteht so ein Netzwerk mit 19 Regionalstellen und 200 Mitarbeitern.

Als 1998 die heutige Stiftung gegründet wird, erhält sie den Namen von Amadeu Antonio. Der aus Angola eingewanderte, ehemalige Vertragsarbeiter der DDR wird im Dezember 1990 in Eberswalde zu einem der ersten Todesopfer rechter Gewalt in der vereinten Republik. Antonio wird am 24. November von einem bewaffneten Mob aus Neonazis und Gästen eines Lokals auf der Straße derart zusammengeschlagen und -getreten, dass er ins Koma fällt und elf Tage später stirbt.

Mehr als 20 Jahre nach ihrer Gründung ist die nach ihm benannte Stiftung zu einem der wichtigsten bundesweiten Akteure im Kampf gegen Rechtsextremismus, Rassismus und Antisemitismus gewachsen. Sie fördert lokale und regionale Projekte, erarbeitet Bildungsmaterial und ist ein anerkannter Ansprech- und Kooperationspartner für Bundes-

und Landesregierungen, für Sicherheitsbehörden oder den Kabinettsausschuss Rechtsextremismus.

Es ist also nicht überraschend, dass die Organisation Feinde hat. Dies gilt auch für die Person Anetta Kahane. Die ehemalige Journalistin und Übersetzerin wird über ihre Arbeit hinaus aus zwei weiteren Gründen zur Zielscheibe: Zum einen richten sich antisemitische Angriffe gegen sie, weil sie einer jüdischen Familie entstammt. Zum anderen wird im Jahr 2002 bekannt, dass Kahane von 1974 bis 1982 Inoffizielle Mitarbeiterin der Staatssicherheit der DDR war. 2003 wird sie Vorsitzende der Stiftung. Kahane versucht im Laufe der folgenden Jahre, mit persönlicher Offenheit in einer Biografie, mit dem Sprechen über die eigene Scham und mit einem wissenschaftlichen Gutachten Rechenschaft über die Folgen ihres Tuns abzulegen. Man mag zu diesem Teil ihrer Biografie und zur späten Aufarbeitung stehen, wie man möchte – eins aber ist sicher: Für die Methode der Diskreditierung ist das unerheblich. Hätte die Amadeu-Antonio-Stiftung eine andere Person an ihrer Spitze, würde sich ein anderer Angriffspunkt finden.

Im Zuge der Klimaverschärfung nach dem Flüchtlingssommer 2015, der sich polarisierenden politischen Debatte und der Eskalation von Hassrede im Netz wird die Stiftung zum Ziel einer Kampagne. Die AfD sitzt zu diesem Zeitpunkt schon in mehreren Landesparlamenten. Im Dezember 2015 richtet der damalige Justizminister Heiko Maas eine Taskforce zum Umgang mit Hassbotschaften im Internet ein. Mit am Tisch sitzen Facebook, Google, Twitter – aber auch zivilgesellschaftliche Gruppen, darunter die Amadeu-Antonio-Stiftung.

Minutiös hat der Politikwissenschaftler Samuel Salzborn

in einem Gutachten im Auftrag der Stiftung die Stufen der Eskalation nachvollzogen, die dann beginnt. Am Tag nach dem Treffen kommentiert demnach die ehemalige Bürgerrechtlerin und langjährige CDU-Abgeordnete Vera Lengsfeld auf Facebook, Kahane sei wohl »wieder mit Ausarbeitung von Spitzel-Richtlinien beschäftigt«. Salzborn beschreibt, wie das Posting zigfach geteilt und von einem Hamburger AfD-Funktionär wörtlich übernommen worden sei. Die Aussagen verselbstständigen sich. Auf der Seite der AfD Bayern heißt es demnach einige Zeit später, »Stasi-Personal« arbeite bei der »Gesinnungspolizei« von Heiko Maas. Thematisiert wird immer wieder die Behauptung, die Stiftung agiere als langer Arm des Staates und lösche Inhalte von Nutzern – die Taskforce schränke die Meinungsfreiheit ein.

Lengsfeld schreibt im März 2016 auf ihrem Blog: »Als die DDR abtreten musste, dachten wir, es sei auch mit dem Schild und Schwert der SED vorbei. Nun müssen wir erleben, dass die Stasi 2.0 wieder unseren Alltag überwacht. (…) Der Klon widmet sich dem ›Kampf gegen Rechts‹, denn dort steht der Feind alles Helldeutschen.« Auch der damalige *FAZ*-Blogger Don Alphonso greift das Thema auf. In der Folge entwickelt sich die Kritik nach der Beobachtung Salzborns zu einer Welle. Die Stiftung sieht sich Angriffen vom äußersten rechten Rand ausgesetzt: Kahane wird mit antisemitischen Karikaturen ins Visier genommen, die »Identitäre Bewegung« klebt Plakate am Stiftungssitz, Hacker greifen die Website an, auf Facebook wird eine Mitarbeiterliste mit einer Drohung verlinkt. »Irgendjemand erkennt doch bestimmt einen von denen und weiß womöglich, wo er wohnt und dann veröffentlichen und alles weitere ergibt sich von selbst«, heißt es da. Wenig später landet ein Brief mit weißem Pulver im Büro der Stiftung, dazu ein Zettel mit der Aufschrift: »Milzbrand – Du bist tot«. Im Sommer marschieren Vertreter der »Identitären Bewegung« in DDR-Uniformen in die Büroräume und übergeben eine Urkunde für »Dienste bei der Zensur einwanderungskritischer Kommentare« – eine Aktion, die wiederum dazu führt, dass nun auch klassische Tageszeitungen über das Thema berichten.

Daraufhin äußert die CSU-Abgeordnete Iris Eberl im Parteiorgan *Bayernkurier*, der Bund überlasse die »Definitionshoheit darüber, was erlaubt ist«, einer »linken Aktivistengruppe«. Weiter heißt es: »Die Vorsitzende der Amadeu-Antonio-Stiftung ist Anetta Kahane, die acht Jahre lang als ›Inoffizielle Mitarbeiterin Victoria‹ für die Stasi tätig war und Freunde, Bekannte und Künstler bespitzelte.«

Dann springt auch Björn Höcke auf den Zug auf. Er postet ein Plakat, das Salzborn an Fahndungsaufrufe erinnert und sowohl Höcke selbst als auch Gauland, die damalige Parteichefin Frauke Petry und André Poggenburg als »unerwünschte Personen« zeigt, die nun bespitzelt würden. Der Titel des Plakats: »IM Victorias neue Liste der Staatsfeinde«. Hinweise möge man an die Stiftung weiterleiten.

Die Gleichung, die Höcke hier aufmacht, wird von seiner Partei bis zu den Landtagswahlkämpfen in Brandenburg, Sachsen und Thüringen 2019 und auch in der Auseinandersetzung mit dem Verfassungsschutz genutzt: Die Gleichsetzung einer Taskforce der Bundesregierung mit einer Maßnahme des Inlandsgeheimdienstes der DDR-Diktatur soll auf die Erzählung einer »Stasi 2.0« einzahlen und auf diese Weise die demokratische Verfasstheit der Bundesrepublik delegitimieren. Im Wahlkampf 2019 mündet diese Erzählung in den Slogan »Vollende die Wende.«

Seitdem verläuft der Hass gegen die Stiftung in Wellen. Schon als sie in den Anfangstagen der AfD davor gewarnt habe, dass die Lucke-Partei nationalistische Tendenzen benenne, habe es Abmahnungen gegeben, sagt Timo Reinfrank, der Geschäftsführer der Stiftung. Aber mit der Radikalisierung der Partei habe sich auch der Kurs gegen die Kritiker verschärft.

Reinfrank sieht Stationen einer systematischen Eskalation: »Die AfD-Funktionäre fangen an, ihnen missliebige Organisationen oder Personen in den sozialen Medien öffentlich zu brandmarken.« Dann folgten parlamentarische Anfragen, die die Organisationen diskreditierten. »Die nächste Stufe ist der Versuch, einen Skandal zu erzeugen, auf den dann auch klassische Medien oder sogar andere Parteien aufspringen.«

Ein typisches Beispiel dafür, »wie die AfD mit einem Thema durch alle Ebenen sickert«, ist für ihn die bereits erwähnte Kita-Broschüre. In diesem Fall griffen *Bild*-Zeitung und SAT.1-Frühstücksfernsehen das Thema auf – Letzteres mit der Wortwahl »Spionagebroschüre« und »Schnüffel-Fibel«.

»Danach sind wir ersoffen im Hass«, sagt Judith Rahner, die die Broschüre mitverfasst hat, in einem Interview mit »Übermedien«. Rahners Beobachtung: »Da zeigt sich auch sehr deutlich, dass es nicht um eine fachliche Auseinandersetzungen geht, sondern um die extrem rechte Erzählung, die die Amadeu-Antonio-Stiftung zu einem Feindbild stilisiert. Alles, was wir veröffentlichen, wird in ein rechtes Framing eingefügt, das schon vor Jahren über die Stiftung gestrickt wurde.«

Auch die politischen Folgen sind bemerkenswert: Im Berliner Bezirk Neukölln rät der CDU-Jugendstadtrat Falko Liecke, ein alter politischer Widersacher der Familienministerin Franziska Giffey, die Broschüre nicht zu nutzen. In mehreren Landtagen zettelt die AfD Debatten dazu an.

Für Reinfrank ist eine der wichtigsten Erfahrungen damals eine Anhörung im Familienausschuss des Bundestags. Die AfD-Abgeordnete Höchst habe sich dort wie in einer Art Tribunal aufgeführt. Die Sitzung Anfang 2019 bezeichnet er aber aus einem anderen Grund als »einen Schlüsselmoment«: »Ich habe gesehen, dass die anderen Parteien sich noch in einem Modus der zivilen, sachlichen Auseinandersetzung befinden. Viele haben nicht gemerkt, dass die AfD weiter ist, dass sie diskreditieren, verunglimpfen, fertigmachen will«, sagt Reinfrank. »Die anderen Parteien waren auf die Aggressivität nicht vorbereitet.«

Welche Folgen hat es für die Stiftung, unter Dauerbeschuss durch die AfD zu stehen? Reinfrank beschreibt einerseits eine subtile Veränderung: »Wir merken, dass Journalisten zum Beispiel sagen: ›Euch interviewen wir jetzt vielleicht nicht, weil dann gibt es hinterher immer so viel Ärger in den Kommentarspalten, und dann sagt der Chefredakteur, ob wir nicht jemand anderen nehmen könnten.‹ Aber das normalisiert sich dann auch immer wieder, weil Expertise dann doch interessanter ist.«

Andererseits entsteht aber auch eine existenzielle Bedrohung, mit der die Menschen, die in der Stiftung arbeiten, mittlerweile leben müssen. »Wir merken«, so Reinfrank, »dass die Feindbilder wirken, die durch die AfD und die Neue Rechte aufgebaut werden, wenn der Attentäter von Halle uns benennt.« Denn für Stephan B., der 2019 in der Synagoge von Halle so viele Menschen wie möglich töten wollte, wäre auch die Stiftung ein mögliches Ziel gewesen.

Anetta Kahane und ihre Kollegen stehen auf mehreren Feindeslisten von Rechtsextremisten, die in den vergangenen Jahren bekannt geworden sind.

Für den unter rechtsextremem Terrorverdacht stehenden ehemaligen Elitesoldat im Kommando Spezialkräfte, Franco A., war die Stiftung nach Auffassung des Generalbundesanwaltes ein mögliches Anschlagsziel. Der Soldat ist der Vorbereitung einer schweren staatsgefährdenden Straftat angeklagt. Die Bundesanwaltschaft wirft A. vor, in der Tiefgarage der Stiftung Fotos gemacht, Lageskizzen gezeichnet und sich Informationen zu Anetta Kahane notiert zu haben. So geht es aus einem Beschluss des Bundesgerichtshofs hervor.

Und dennoch, sagt Timo Reinfrank, sei es »immer noch nicht so, dass die Sicherheitsbehörden bundesweit verstehen, dass die Sicherheitssituation sich geändert hat und dass es nicht mehr um punktuelle Bedrohungen geht«.

Wer ist hier zu Hause? Der Druck auf Menschen mit Migrationsgeschichte

Selten wird Tino Chrupalla so konkret mit einer Betroffenen konfrontiert wie am 11. März 2020. Vor dem AfD-Parteichef sitzt Masuma Jafari. Als Muslima ist sie an ihrem Kopftuch erkennbar. Vier Jahre zuvor ist sie mit Mann und Kindern aus Afghanistan geflüchtet und in Erfurt gelandet. Nun sitzt sie im Publikum der Sendung »Maischberger. vor Ort«, die an diesem Abend in Thüringen gastiert, und hat die Chance, eine Frage zu stellen: »Seit der letzten Wahl in Thüringen fühle ich mich nicht sicher in Erfurt«, sagt Jafari. In Afghanistan habe sie den Krieg erlebt. Endlich sei sie in Deutschland, in Sicherheit angekommen. Doch nun fühle sie sich wieder wie im Krieg – einem psychologischen Krieg. »Warum hetzen Sie die Bürger so auf uns? Warum fördern Sie mit Ihrer Politik diese Hetze?«, fragt sie. Chrupalla widerspricht kühl: »Ich fördere nicht die Hetze oder die Mobilmachung gegen Andersdenkende und auch gegen andere Religionen.« Die AfD mache das auch nicht. Die Partei habe migrationskritische Positionen, aber sie wolle, dass jeder im Land sicher leben könne.

Doch wie sprechen die Spitzenfunktionäre der AfD, wenn sie nicht in Gesichter wie das von Masuma Jafari blicken? Sie reden von »Kopftuchmädchen, alimentierten Messermännern und sonstigen Taugenichtsen«, einem »Millionenheer archaisch geprägter junger Männer«, dem Islam als »Baumpilz«, der die deutsche Eiche befällt, und einem Volk mit der »Bürgerpflicht, die todbringende Messermigration zu stoppen«. Sie tun es Tag für Tag, landauf, landab und mittlerweile über Jahre. Sie fordern »Remigration« und »De-Islamisierung« und schauen anschließend zustimmend auf ihre Zuhörer, wenn diese »Abschieben! Abschieben!« skandieren.

Für manche dieser Aussagen haben Juristen in der Kühle ihrer Sprache eine präzise Formulierung gefunden: »Menschenunwürdige Rechtlosstellung von Muslimen, Flüchtlingen und anderen Minderheiten«. So steht es als Überschrift in dem Gutachten des Verfassungsschutzes, das die AfD zum Prüffall erklärt.

Seit Jahren gehört das verbale Trommelfeuer der AfD aus pauschalen Verunglimpfungen von Migranten und besonders von Muslimen zum Alltag. Die AfD verfolgt damit das Ziel, Druck aufzubauen und migrations- und islamfeindliche

Positionen in die Diskussion zu schieben. Wenn Minderheiten eingeschüchtert werden und es für sie dadurch schwieriger wird, sich und ihre Ansprüche zu artikulieren, dann ist das ein Schritt auf dem Weg zu einer möglichst homogenen Volksgemeinschaft, wie die Partei sie sich wünscht.

Und dieser Druck kommt an. Menschen mit Migrationsgeschichte, Flüchtlinge und vor allem Muslime berichten davon, wie sich ihr Leben in den vergangenen Jahren de facto geändert hat. Viele fühlen sich nicht mehr willkommen in dem Land, in das sie vor vielen Jahren eingewandert oder in dem sie geboren, aufgewachsen, dessen Bürgerinnen und Bürger sie sind. Und nicht wenige haben Angst.

Die politische Klimaverschärfung hat nicht mit der AfD begonnen. Den Anfang macht der ehemalige Berliner Finanzsenator und damalige Bundesbankvorstand Thilo Sarrazin, ein Sozialdemokrat. 2009 mischt er mit einem Interview in der eigentlich nicht sehr weit verbreiteten Zeitschrift *Lettre International* die Debatte derart auf, dass sich die Bundesbank entschieden von ihm distanziert. Kritiker werfen Sarrazin vor, biologistisch, ja rassistisch zu argumentieren.

Aus Sarrazins Interview entspringt unter anderem der später von der AfD benutzte Begriff der »Kopftuchmädchen«. Sarrazin sagt damals, er müsse niemanden anerkennen, der den Staat, von dem er lebe, ablehne und ständig neue Kopftuchmädchen produziere. Er behauptet, das gelte für 70 Prozent der türkischen und 90 Prozent der arabischen Bevölkerung in Berlin. Im Jahr darauf legt er sein Buch *Deutschland schafft sich ab* vor, es erreicht Rekordverkaufszahlen. Sogar der damalige Bundespräsident Christian Wulff reagiert und fordert die Bundesbank indirekt auf, sich von ihrem Vorstandsmitglied zu trennen. Mit diesem Buch hat

Sarrazin die Debatte ruckartig verschoben und einem spalterischen, migrationsfeindlichen Ton den Weg geebnet. Die Stimmung heizt sich auf.

Das spüren Migranten schon damals. Der Sozialarbeiter Cengiz Tanriverdio – 1969 in Anatolien geboren, in Deutschland eingeschult, ohne ein Wort Deutsch zu sprechen, Abitur im zweiten Bildungsweg, Aufsteigerbiografie – arbeitet damals als Sozialarbeiter in Nord-Neukölln, vor allem mit arabischen und türkischen Jungs. Tanriverdio sagt, das Land brauche Debatten über Integration. Was ihn in jenem Herbst vor zehn Jahren aber erschreckt, ist der Zuspruch für Sarrazin aus der Gesellschaft, in deren Mitte er, Tanriverdio, ja lebt. »Nach den 41 Jahren frage ich mich auf einmal, wie ich von den anderen wahrgenommen werde«, sagt er damals.

Heute, zehn Jahre später, fällt seine Bewertung düster aus: »Aus meiner Sicht hat sich ein Bruch vollzogen. Vor der AfD war es ein gesellschaftliches Tabu, auf diese Weise rechts zu sein. Es gab eine Bremse. Diese Bremse ist gelöst. Jetzt ist es nicht mehr unnormal, rechtsnational zu sein.« Diese Haltung sei in die Mitte der Gesellschaft gerückt, sagt Tanriverdio in einem Telefonat im Oktober 2020.

Er findet den Versuch, AfD-Wähler immer noch verstehen zu wollen, falsch und gefährlich. »Was bitte muss man daran verstehen, wenn jemand mit rassistischen Positionen wie deutschem Blut argumentiert? Jeder weiß, dass die Wissenschaft sich an einem ganz anderen Punkt befindet. Es geht um Ideologie. Diese Partei ist eine Gefahr für unsere Gesellschaft.«

Tanriverdio sagt, er hätte sich von Anfang an gewünscht, dass die Gesellschaft solche Positionen nicht zulässt, nicht relativiert. »Man darf diesen Positionen keinen Raum geben.

Aber die Gesellschaft hat sich hier nicht auf ein gemeinsames Fundament einigen können, das wir verteidigen.«

Und wie sieht sein Alltag aus? »Mein ganz persönliches Leben lasse ich mir von diesen Hohlköpfen nicht nehmen. Ich bin nicht ihre Zielscheibe.« Er lebe in Berlin in einem Umfeld, in dem die Partei nicht vorkomme. »Aber was ich merke: Ich kann mich nicht bewegen, ohne nachdenken zu müssen. Ich würde gerne nach Brandenburg fahren können.« Die AfD sei mitverantwortlich dafür, dass er das nicht tue. »Sie schränkt, wenn man so will, meine Freiheit ein. Und diese Tatsache macht etwas mit einem.«

Die AfD ist nicht die erste Partei, die Positionen wie denen Sarrazins eine Heimat bietet. Sie ist aber die erste, die zumindest anfangs ein ebensolches bürgerliches Antlitz trägt wie der ehemalige Bundesbankvorstand. Sie vermischt seine Thesen schnell mit dem Wirkkraftverstärker Angst und mobilisiert ein Wählerpotenzial, das Demoskopen schon sehr lange in Deutschland ausmachen. Nur landeten dessen Stimmen bisher nie in einem gemeinsamen Reservoir.

Nach der Entmachtung von Parteigründer Lucke intensiviert die AfD zum Ende des Flüchtlingssommers 2015 ihren Ton mit ihrer »Herbstoffensive«. Holger Münch, der Präsident des Bundeskriminalamtes, weist der AfD später in einem Interview mit dem *Tagesspiegel* eine Mitverantwortung für die Klimaverschärfung und für rechte Hetze zu. »Die AfD hat Fremdenfeindlichkeit in unserer Gesellschaft salonfähig gemacht. Sie bietet für die rechte Hetze auch im Netz den ideologischen Nährboden und verleiht ihr einen legalen Anstrich. Vielen Hetzern wird das Gefühl gegeben, sich mit ihrer Weltanschauung in einem gesellschaftsfähigen Rahmen zu bewegen.« Parallel dazu wächst die Zahl der Gewaltstraftaten gegen Migranten. Im Schnitt gibt es 2016 mehr als zwei Angriffe auf Flüchtlingsunterkünfte pro Tag.

Im Sommer 2019 ändert sich die Diskussionslage im politischen Deutschland – der Vorwurf an die AfD, das Klima zu verschärfen, kommt nun auch von führenden Politikern. Auslöser ist der Mord am Kasseler Regierungspräsidenten Walter Lübcke. Nachdem Lübcke sich 2015 bei einer Bürgerversammlung für die Unterbringung von Flüchtlingen ausgesprochen hatte, wurde er in rechten Kreisen im Netz zur Hassfigur – auch auf Seiten der AfD waren seine Aussagen damals Thema. Nach der Tat ergießt sich in Internetforen Hohn gegen das Opfer.

Die CDU-Chefin Annegret Kramp-Karrenbauer zieht damals eine direkte Verbindung zur AfD: Es lasse sich »ganz deutlich sehen, wie Entgrenzung auch von Sprache, wie Hass und Hetze, wie sie auch von der AfD und von Verantwortlichen der AfD betrieben wird, Hemmschwellen so absenkt, dass sie augenscheinlich in pure Gewalt umschlagen«, sagt sie. Die AfD weist das zurück. Der hessische Abgeordnete Martin Hohmann, ehemals CDU-Mitglied, wirft der CDU im Gegenzug vor, den Mord für Stimmungsmache gegen die AfD zu missbrauchen.

In der späteren Gerichtsverhandlung wird die Nähe des Angeklagten Stephan E. zur AfD zum Thema. Der mehrfach vorbestrafte Neonazi, der nach 2009 vom Schirm der Sicherheitsbehörden gerutscht war, hatte sich im Zuge der Flüchtlingskrise wieder politisch engagiert und dabei auch für die AfD im Landtagswahlkampf Plakate geklebt und Parteiversammlungen besucht. Im Prozess sagt er aus, er habe an der AfD-Demonstration in Chemnitz teilgenommen und danach entschieden, eine Tat zu begehen.

Wenige Monate nach dem Mord an Walter Lübcke versucht der mutmaßliche Rechtsterrorist Stephan B. in Halle, mit einem Anschlag auf die Synagoge so viele Juden wie möglich zu töten. Als sein Plan an der Synagogentür scheitert, ist für ihn das naheliegendste Terrorziel ein Döner-Imbiss, den er als muslimisch identifiziert.

Am 19. Februar 2020 tötet Tobias R. in Hanau gezielt neun Menschen in und vor zwei Shishabars. Einer Umfrage zufolge schreiben zu diesem Zeitpunkt 60 Prozent der Deutschen der AfD eine Mitverantwortung für rechtsextremistische Gewalttaten zu. Unter dem Druck der Debatte entschließen sich die beiden Bundessprecher Tino Chrupalla und Jörg Meuthen zu einem offenen Brief an alle Mitglieder. »Die Tat von Hanau ist ein rassistisches Verbrechen. Ihr Motiv war Ausländerhass«, steht darin. Die AfD müsse sich fragen, warum sie mit Hanau in Verbindung gebracht werde. Was Chrupalla und Meuthen schreiben, klingt angesichts der unzähligen anderslautenden Beispiele aus ihrer Partei nach einer Parallelrealität: »Wer sich rassistisch und verächtlich über Ausländer und fremde Kulturen äußert, handelt gegen Deutschland und gegen die AfD«, heißt es in dem Mitgliederbrief.

Allerdings rudert Meuthen schon kurz darauf wieder ein Stück zurück. Dem *Spiegel* sagt er, er habe die Formulierung unglücklich, weil unvollständig gefunden und Chrupalla vor dem zu erwartenden Unmut gewarnt. »Es bleibt die Tat eines Irren, wie ich anfangs twitterte.« Das heiße aber nicht, dass die Tat nicht auch rassistisch motiviert gewesen sei.

Folgt man den Ergebnissen der Autoritarismus-Studie der Universität Leipzig, dann wird klar, warum die AfD strategisch gar nicht von ihrem politischen Kern- und Mobilisierungsthema, der Migration und insbesondere der Islamfeindlichkeit, lassen kann. Viel stärker als die Anhänger anderer Parteien stimmen die Anhänger der AfD antimuslimischen Aussagen zu. Mehr als 86 Prozent ihrer Wähler sagen, sie fühlten sich »durch die vielen Muslime« fremd im eigenen Land. Knapp 70 Prozent wünschen sich, dass Muslimen generell die Zuwanderung untersagt wird.

Aus Sicht des Rechtsextremismusforschers Matthias Quent hat die AfD die gegenwärtige Polarisierung nicht allein verursacht. »Aber die AfD verstärkt und radikalisiert diese Polarisierung und erzeugt so ein Klima, das Gewalt gegen Minderheiten wahrscheinlicher macht«. Zu spüren bekämen das besonders »diejenigen, die von der AfD im Rahmen des politischen Konzepts einer homogenen Volksgemeinschaft ausgeschlossen werden«, sagt Quent. Er berichtet von einer Podiumsdiskussion Anfang 2020, bei der er mit einem Vertreter der muslimischen Gemeinde über Terror sprechen wollte. »Es war frappierend: Der Mann hat mehr Angst vor der AfD als vor Anschlägen«, sagt Quent.

Das Klima, das die AfD geschaffen habe, bedeute eine Gefahr für Migranten und für alle, die von der AfD als »Volksverräter« stigmatisiert würden: Journalisten, Kommunalpolitiker und seit der Corona-Krise auch Wissenschaftler. »Die AfD hat mit ihren ›Volksverräter‹-Narrativen die Wahrnehmung verstärkt, dass nicht nur die Ausländer ein Problem sind, sondern dass auch der Staat in die Hände des Feindes gefallen ist.« Dieses Narrativ erzeuge ein starkes Bedrohungsklima, das so vorher nicht existent gewesen sei.

Menschen wie Sibel Yüksel sind gleich doppelt betroffen: Als Kommunalpolitikerin und als Frau mit Migrationsgeschichte. Die türkischstämmige Rechtsanwältin lebt und arbeitet in Stuttgart. Auseinandersetzungen scheut Yüksel schon allein aus beruflichen Gründen nicht. In den vergangenen fünf Jahren allerdings habe sich ihr Leben stark verändert. Sie wird beleidigt, bedroht, das Schild ihrer Kanzlei wird beschmiert. Anonyme Anrufer sagen ihr, sie solle sich »in die Türkei verpissen«. »Manchmal fragt man sich, wieso man sich das überhaupt antut«, sagt Yüksel. Sie selbst hat keine Kinder, aber sie sagt: »Wenn ich mir auch noch Sorgen darum machen müsste, ob jemand meinen Kindern etwas antut, dann würde ich es mir auch überlegen.«

Sie zieht 2015 für die FDP in den Gemeinderat ein. Die AfD-Kollegen erlebt sie vor allem als destruktiv. Im Sozialausschuss sitzt ein AfD-Stadtrat, der oft ohne Unterlagen erschienen sei, gepöbelt habe und dann den Ausschuss wieder verlassen habe. Von ihm habe sie eine Beleidigung nach der anderen gehört, sagt Yüksel. »Er hat mir demonstrativ die Hand hingestreckt, um dann zu sagen, ich hätte keinen Anstand und meine Eltern hätten bei meiner Integration versagt, weil ich mich weigerte, ihm auch noch die Hand zu geben, nachdem er mich beleidigt hatte.«

Auf die wiederkehrenden Beleidigungen aus den Reihen der AfD reagiert Yüksel selbst nicht, aber sie ist sich sicher, dass auch Kollegen aus dem bürgerlichen Lager diese mitbekommen. »Da hätte ich mir schon gewünscht, dass einfach mal einer aufsteht und sagt: Das hier ist nicht in Ordnung.« Doch das sei nicht passiert.

Als Stadträtin hört sie auch die generellen, nicht direkt gegen sie gerichteten rassistischen Bemerkungen. Sie habe sich entschieden, diese in der Debatte nicht jedes Mal zum Thema zu machen, um der AfD nicht mehr Aufmerksamkeit zu verschaffen, sagt Yüksel. Sie ist ratlos, wie das System insgesamt mit dieser Form der Störungen umgehen soll.

»Unser gesamtes politisches System ist drauf ausgelegt, dass sich Mandatsträger an die Grundregeln des demokratischen Miteinanders halten, egal wo sie stehen. Wenn das jemand nicht tut, ist das System überfordert. Es ist nicht darauf ausgelegt, mit Menschen Politik zu machen, denen es nur um Destruktion geht.«

Was haben die vergangenen Jahre mit ihr gemacht? »Es stumpft einen einerseits ab, wenn man permanent angepöbelt oder beleidigt wird«, sagt sie. »Es verfolgt mich nicht in meinen Träumen. Und es ist auch nicht allein die AfD. Aber was sie geschafft haben, ist, dass bei mir, die ich seit meiner Geburt immer völlig selbstverständlich hier meine Heimat gesehen habe, ein Fragezeichen auftaucht.« Natürlich habe sie Diskriminierungserfahrungen gemacht. »Aber die AfD schafft es, dass man sich fragt, ob man hier wirklich zu Hause, ob man wirklich Teil des Ganzen ist. Weil sie ständig die angebliche Andersartigkeit aufgrund der Herkunft im negativen Sinne thematisiert.«

Doch aufgeben will Sibel Yüksel nicht. Sie hat wieder kandidiert.

Geschichtsverständnis: Wie Gedenkstätten merken, dass die Erinnerungskultur in Gefahr ist

Die erste direkte Begegnung mit der AfD kommt für Volkhard Knigge im Januar 2015. Knigge ist damals der Direktor der Gedenkstätte Buchenwald. Seit er den Posten Mitte der 90er Jahre übernahm, hat Knigge viel erlebt. Doch nun steht der 27. Januar ins Haus – der Tag des Gedenkens an die Opfer des Nationalsozialismus. Regelmäßig werden an diesem Tag

Kränze in Buchenwald niedergelegt. Und 2015 soll zum ersten Mal die im Vorjahr in den Landtag eingezogene AfD-Fraktion dabei sein. Ihr Chef heißt schon damals Björn Höcke. Die geplante Kranzinschrift: »Wir gedenken aller Opfer des Konzentrations- und Speziallagers Buchenwald.« Knigge ist entsetzt.

Auf den ersten Blick klingt die Inschrift harmlos. Doch die Absicht dahinter ist für Historiker sofort klar: So sehen Versuche aus, die Verbrechen der Nationalsozialisten zu relativieren. In Buchenwald betrieben sie eines der größten Konzentrationslager auf deutschem Boden. Und der Opfer des Nationalsozialismus soll an diesem Tag gedacht werden. Doch worauf Höckes Fraktion mit der Inschrift hinweist: Von 1945 bis 1950 nutzten die Sowjets das Lager weiter. Sie betrieben dort das sogenannte Speziallager Nr. 2 Buchenwald, eines von insgesamt zehn Lagern und drei Gefängnissen in der sowjetischen Besatzungszone. Laut der Gedenkstätte starben vor allem im Winter 1946/47 mehr als 7000 Insassen an den Folgen von Hungerkrankheiten.

»Das wird von Rechten gerne gegen die Verbrechen und Opfer des Nationalsozialismus in Buchenwald aufgerechnet, als ließen sich eigene Verbrechen durch Unrecht anderer aus der Welt schaffen«, sagt Knigge. Es sei der Versuch, die Entstehung der sowjetischen Speziallager in der DDR losgelöst zu betrachten und nicht als Folge des Raub- und Vernichtungskriegs NS-Deutschlands gegen die Sowjetunion. Im Speziallager Nr. 2 in Buchenwald seien viele erwachsene Funktionsträger der NSDAP und ihrer Massenorganisationen interniert gewesen, aber auch zu Unrecht Inhaftierte. Knigge betont: Es sei möglich, stalinistische Willkür und Inhumanität anzuprangern, ohne dabei die nationalsozialistischen Verbrechen zu relativieren. Aus dieser Haltung heraus habe die Gedenkstätte bereits 1997 ein eigenes Museum zur Geschichte des Speziallagers gebaut, nach den Gräbern gesucht und pädagogische Angebote geschaffen. »Aber Rechtsextreme verwenden es immer zur Aufrechnung.«

Der Gedenkstättendirektor reagiert 2015 sofort: Er wirft der AfD-Fraktion vor, diese Tatsachen zu verschleiern. Die Gedenkstätte macht deutlich, dass sie die Kranzschrift nicht akzeptieren wird. Die AfD reicht schließlich eine neue Inschrift ein: »In stillem Gedenken.« Die Fraktion beschwert sich auch darüber, dass die interne Kommunikation zur Kranzinschrift politisch instrumentalisiert worden sei. Höcke schreibt später, man habe vor dem Hintergrund einer »augenfälligen Asymmetrie in der bundesdeutschen Erinnerungskultur behutsam aufzeigen« wollen, »daß die Vernichtung von unschuldigen Menschenleben nach dem 8. Mai weiterging und daß es keine Unterscheidung zwischen Opfern 1. und 2. Klasse geben dürfe.«

Für Knigge ist klar, dass das Vorgehen einem Plan folgt. »Es war ein erster Schritt und Testballon, um die Erinnerungskultur in Deutschland zu verändern.« Dafür habe die AfD die Gedenkstätte instrumentalisieren wollen. Es ist für Knigge nur die erste von vielen Auseinandersetzungen, die in den Jahren darauf folgen. Sie zeigt bereits, mit welchen Herausforderungen Gedenkstätten durch die Wahl der AfD in die Parlamente konfrontiert sind. Buchenwald und viele andere Gedenkstätten merken nicht nur, wie die Partei versucht, Geschichte umzudeuten, die Erinnerungsorte zu benutzen und ihnen das Leben schwer zu machen. Im Gespräch mit langjährigen Gedenkstättenleitern wie Knigge lässt sich auch viel darüber lernen, wie sich das Verhalten und das Geschichtsverständnis einiger Besucher seit dem Einzug der AfD in die Parlamente verändert hat. Denn die Grenzüberschreitungen der Rechten, ihr Streben nach einer geschichtspolitischen Wende, zeigen bereits Wirkung.

Volkhard Knigge spaziert an einem kühlen, aber sonnigen Septembertag durch Weimar. Er trägt eine grau melierte Jacke, die weißen Haare unter einer Kappe verborgen. Obwohl Knigge seit April 2020 im Ruhestand ist und nach fast 26 Jahren die Leitung der Gedenkstätte abgegeben hat, verbringt er noch immer viel Zeit in der Stadt. Hier liegen Licht und Schatten der deutschen Geschichte eng beieinander: reiches kulturelles Erbe auf der einen Seite, eine Hochburg der Nationalsozialisten auf der anderen. Hier zelebrierten sie ihre Selbstdarstellung und stellten ihren Anspruch an die künftige, rassisch definierte deutsche Gesellschaft zur Schau. Auf dem nahe gelegenen Ettersberg errichteten sie das KZ Buchenwald. Wenn man mit Volkhard Knigge durch die Stadt läuft, dann scheint für ihn diese Geschichte an jeder Ecke auf.

Er zeigt dann auf das Gauforum, einen riesigen von Hitler in Auftrag gegebenen Gebäudekomplex – ein Prestigeprojekt der Nationalsozialisten. »Hier war vorher ein prächtiger Park, der musste dem Bauvorhaben weichen«, erzählt Knigge. Ein Stück weiter südlich liegt die Weimarer Jakobskirche. »Hier hat Goethe geheiratet«, sagt Knigge im Vorbeigehen. »Deswegen wurde sie von den Nationalsozialisten nicht abgerissen. Sie versuchten, ihn für ihre Propaganda einzuspannen.« Und wenn man am Hotel Elephant vorbeikommt, dem Lieblingshotel Adolf Hitlers in Weimar, erzählt Knigge die Geschichte, wie hier vor einigen Jahren Buchenwald-Überlebende untergebracht wurden – Menschen, die aus Sicht der Nazis nie hätten hier sein dürfen. »Das war natürlich ein Zeichen«, sagt Knigge.

In einem Lokal in der Innenstadt macht Knigge halt. Er hat viele Papiere mitgebracht, die dokumentieren, womit er sich in den vergangenen Jahren auseinandergesetzt hat. »Als ich 1994 hier anfing, war die selbstkritische Erinnerungskultur noch kein Mainstream. Sie musste erst noch zur Staatsraison der Bundesrepublik werden«, erzählt er. An den Gedenkstätten habe man das beobachten können: Im Westen war die Aufarbeitung der NS-Zeit lange keine Selbstverständlichkeit, ehemalige KZ-Lager hatte man oft überbaut oder sie überwuchern lassen. Erst nach und nach begannen die innergesellschaftlichen Debatten.

Im Osten hingegen gab es große Gedenkstätten – allerdings führte man sie im Dienste der DDR-Propaganda. Der Fokus der geschichtlichen Betrachtung lag auf dem kommunistischen Widerstand während der NS-Zeit. »Die DDR begriff sich als Staat, in dem der Faschismus ausgerottet sei. Der Rückhalt für den Faschismus in der normalen Bevölkerung wurde nicht thematisiert«, sagt Knigge. Nach der Wiedervereinigung habe die Bundesrepublik auf einmal vor der Aufgabe gestanden, sich mit den großen nationalen Mahn- und Gedenkstätten der DDR auseinanderzusetzen. »So etwas hatte es in der alten Bundesrepublik nicht gegeben. In dem Punkt war die Entwicklung im Osten das Zugpferd für die Entwicklung im Westen – und nicht umgekehrt.«

Knigge stand bei seinem Amtsantritt also vor der Aufgabe, die Gedenkstätten Buchenwald und Mittelbau-Dora komplett neu zu konzipieren, sie zu »entideologisieren«. Zugleich war er mit verschiedenen Arten von Besuchern konfrontiert. Schülergruppen, die für mehrere Tage blieben – in diesen

»intensivpädagogischen Formaten« sieht Knigge das wichtigste Arbeitsfeld von Gedenkstätten. Es kamen neugierige Touristen, internationales Publikum. Und jene, die verstehen wollten, wie der Nationalsozialismus in einer Kulturnation wie Deutschland möglich war.

»Zu den Besuchern zählten aber von Anfang an auch Neonazis«, sagt Knigge. Zunächst seien es vor allem solche gewesen, die den Holocaust leugneten. Dann aber kamen mehr und mehr auch jene, die Knigge als »Bekenner« bezeichnet. »Sie sagen: Den Holocaust hat es gegeben, und das war gut so. Das schrieben die auch ins Besucherbuch.« Dazwischen habe es auch immer wieder »Schändungsbesuche« gegeben, zunehmend verbunden mit dem Smartphone. »Da gab es zum Beispiel welche, die sich im Krematorium mit Hitlergruß fotografierten und sich damit brüsteten.« All das sei nie ganz verschwunden. Doch man habe gelernt, gegen dieses Verhalten konsequent vorzugehen und Anzeigen zu erstatten – die »rote Karte zeigen«, nennt Knigge das.

Aber dann kam die AfD. Knigge begreift es als eine Zäsur, dass eine Partei mit einem »sehr deutlich rechtsradikalen Flügel« in Kreistage, Landtage und den Bundestag einzog. »Da saßen auf einmal Volksvertreter in den Parlamenten – eigentlich Respektspersonen –, die die Grenzen des Sagbaren verschieben wollten«, sagt Knigge. Die Folge: »Damit macht man auch Handlungen denkbar und möglich.« Diese Volksvertreter legitimierten eine Politik der Ungleichwertigkeit, der Ausgrenzung sowie antidemokratische Haltungen. Gleichzeitig versuchten sie, Gedenkstätten für ihre Zwecke zu instrumentalisieren.

Blickt man auf die Aktivitäten der AfD in den Parlamenten oder auf Äußerungen ihrer Funktionäre, muss man nicht lange nach Beispielen dafür suchen. In geradezu bestürzender Geschwindigkeit ist der Partei im Bereich der Erinnerungspolitik die Normalisierung des Unsäglichen gelungen. Bis vor wenigen Jahren wäre es unvorstellbar gewesen, dass Spitzenpolitiker einer im Bundestag vertretenen Partei in einer fundamentalen Weise folgenlos den Nationalsozialismus relativieren. Als der CDU-Abgeordnete Martin Hohmann 2003 erklärte, dass man Juden mit Blick auf von ihnen begangene Taten während der russischen Revolution mit einer gewissen Berechtigung als »Tätervolk« bezeichnen könne, folgte der Parteiausschluss. Heute sitzt Hohmann in der AfD-Fraktion.

Weder der AfD noch anderen Vertretern der Neuen Rechten geht es in erster Linie darum, den Nationalsozialismus zu verteidigen oder die NS-Vergangenheit zu glorifizieren. Es geht ihr um eine Relativierung dieses Zivilisationsbruchs und eine Kontextualisierung, die suggeriert, dass Staaten und Völker in Kriegszeiten eben nun mal Verbrechen begehen. Es geht ihr also um eine grundsätzliche Ablehnung der Gründungserzählung der Bundesrepublik, welche das Versprechen birgt, immer so zu handeln und sich in der Völkergemeinschaft einzubinden, dass sich die Menschheitsverbrechen des Dritten Reichs nicht wiederholen können.

Wenn also der gewiefte Redner Alexander Gauland vor der »Jungen Alternative« davon spricht, dass die zwölf Jahre des Nationalsozialismus einem »Vogelschiss« gleichkämen, dann handelt es sich nicht um einen Ausrutscher – auch wenn sich Gauland zumindest für die Wortwahl schon oft entschuldigt hat.

Und Gaulands »Vogelschiss« ist bei Weitem kein Einzelfall – es gibt eine ganze Reihe solcher Tabubrüche, die er regelmäßig und seit Jahren formuliert. So sagte er beim Kyffhäuser-Treffen des »Flügels« im Jahr 2017: »Man muss uns diese zwölf Jahre jetzt nicht mehr vorhalten. Sie betreffen unsere Identität heute nicht mehr. Und das sprechen wir auch aus. Und deshalb, liebe Freunde, haben wir auch das Recht, uns nicht nur unser Land, sondern auch unsere Vergangenheit zurückzuholen.« In derselben Rede äußerte er die Ansicht, die Deutschen könnten mit Stolz auf die Leistungen ihrer Soldaten in beiden Weltkriegen blicken – und verlor kein Wort über die Kriegsverbrechen der Wehrmacht.

Schon ein Jahr zuvor sagte Gauland in einem Interview mit der *Zeit* über seinen ersten Besuch in der Gedenkstätte des Vernichtungslagers Auschwitz-Birkenau: Dieser Ort habe ihn nicht mehr ergriffen, er sei wie »gefrorener Schrecken«. Und weiter: »Ich glaube, dass Auschwitz, auch als Symbol, viel in uns zerstört hat.« Dass die Deutschen in Auschwitz-Birkenau mehr als eine Million Menschen ermordet haben, ist ihm keine Erwähnung wert. Er denkt lieber über den zerstörten Nationalstolz der Deutschen nach, denen Hitler »das Rückgrat« gebrochen habe. Die mahnende Erinnerung an die NS-Verbrechen steht der Vorstellung von einer starken, selbstbewussten Nation entgegen.

Dahinter steckt genauso Methode wie hinter der Dresdner Rede des »Flügel«-Mannes Höcke, in der er das Holocaust-Mahnmal als »Denkmal der Schande« bezeichnete. Wörtlich sagte er: »Wir Deutschen – und ich rede jetzt nicht von euch Patrioten, die sich hier heute versammelt haben –, wir Deutschen, also unser Volk, sind das einzige Volk der Welt, das sich ein Denkmal der Schande in das Herz seiner Hauptstadt gepflanzt hat.«

Höckes Wortwahl ist wohlüberlegt, es gibt nichts misszuverstehen, wenn er dann die »erinnerungspolitische Wende um 180 Grad« und den Abschied von der »dämlichen Bewältigungspolitik« fordert. »Wir müssen wieder wir selbst werden«, sagt Höcke. Und weiter: »Wir haben keine Zeit mehr, tote Riten zu exekutieren.« Höckes Parteifreund Jens Maier, der ebenfalls auftritt, wird in seiner Rede die im rechtsextremen Milieu vertrauten Vokabeln von der »Umerziehung« und vom »Schuldkult« verwenden. Wenige Monate darauf wird er über die Landesliste Sachsen in den Deutschen Bundestag gewählt.

Höcke mag selbst innerhalb der AfD rechts außen stehen und mit seiner Rede auch Parteifreunde irritiert haben. Aber im Grunde gibt er nur wieder, was seine Bundespartei in ihrem Grundsatzprogramm von 2016 glasklar formuliert hat: »Die aktuelle Verengung der deutschen Erinnerungskultur auf die Zeit des Nationalsozialismus ist zugunsten einer erweiterten Geschichtsbetrachtung aufzubrechen, die auch die positiven, identitätsstiftenden Aspekte deutscher Geschichte mit umfasst.«

Inzwischen ist die Diskussion um die Erinnerungskultur, die in Deutschland in dieser Form undenkbar war, in den Parlamenten angekommen. Besonders erschreckend findet Knigge die Rede des AfD-Kulturpolitikers Marc Jongen im Bundestag von April 2019. Zur Debatte steht damals ein Antrag der Koalitionsfraktion zum Programm »Jugend erinnert«. Bei dem Programm geht es darum, die »Wissensvermittlung über Wirkung und Folgen von Diktatur und Gewaltherrschaft zu stärken«. Dazu zählen Kooperationen der Gedenkstätten mit Bildungseinrichtungen wie Schulen, Jugendzentren, Jugendorganisationen, Vereinen, aber auch mit staatlichen Arbeitgebern wie Bundeswehr, Polizei und Strafvollzug. Die AfD lehnt den Antrag ab.

»Die Wirkung, meine Damen und Herren«, sagt Jongen, »ist doch ganz klar die, dass die Jugend systematisch zu Schuld und Scham über ihr Deutschsein erzogen wird, dass sie lernt, mit Deutschland Negatives, ja Böses zu assoziieren, und dass sie lernt, sich an einen Gedanken zu gewöhnen: Deutschland hat eigentlich kein historisches Lebensrecht, es ist gut, wenn Deutschland verschwindet. Besser ist es, andere nehmen hier unseren Platz ein.« Diese Form von Gedächtnispolitik sei darauf ausgelegt, den »Daseinswillen der Deutschen als Volk und Nation« zu brechen, »und sie ist damit schon erschreckend weit vorangeschritten, meine Damen und Herren.« Ein ausschließlich negatives Selbstbild, wie es hierzulande schon seit Jahrzehnten kultiviert werde, sei wie ein »psychisches Gift, das schleichend zum Tod des Patienten führt.«

Knigge ordnet die Äußerungen Jongens so ein: Einerseits sei in Deutschland der Wunsch danach, einen Schlussstrich unter die Verbrechen des Nationalsozialismus zu ziehen, nie ganz weg gewesen – in nationalkonservativen Teilen der CDU sei er noch in den 80er Jahren sehr deutlich geäußert worden. Auch sie hätten die Erinnerungspolitik als Schwächung des Nationalstolzes begriffen. Nach dem Gedeihen der Erinnerungskultur in den 1990er und 2000er Jahren habe man dieses Denken aber weitgehend überwunden geglaubt. Doch mit der AfD sei es nun nicht nur wieder stark präsent. »Es liegt auch eine offene Radikalisierung darin«, sagt Knigge. Denn Jongen suggeriere, dass es bei der deutschen Erinnerungskultur in Wahrheit um ein perfides Projekt zur Selbstauslöschung der Deutschen gehe. Und er setze das in den Kontext der Fragen von Migration, Flüchtlingen und Globalisierung. Knigge macht das fassungslos.

Die AfD nutzt zur Umdeutung der deutschen Vergangenheit auch die furchtbaren Bombenangriffe der Alliierten auf Dresden 1945. Während der Bombennächte wurden Tausende Menschen getötet und die Stadt in weiten Teilen zerstört. Dresden ist zum Symbol geworden für die deutschen Opfer des Zweiten Weltkriegs. Schon die Nationalsozialisten versuchten, die Bombardierungen propagandistisch aufzuladen, um die letzte Reserve zu mobilisieren, und rechneten die Opferzahlen hoch. Seit den späten 90er Jahren instrumentalisieren auch rechtsextreme Gruppen das Gedenken und stellen die Bombardierung als Kriegsverbrechen der Alliierten dar, um die deutsche Schuld zu relativieren. 2005 konnte die NPD in Dresden mehr als 6000 Rechtsextremisten zu einem Trauermarsch mobilisieren.

AfD-Chef Tino Chrupalla sagte 2020 zum 75. Jahrestag der Angriffe, er gehe von in Wahrheit 100 000 Opfern aus – ungeachtet der Tatsache, dass eine hochkarätig besetzte, von der Stadt Dresden eingesetzte Historikerkommission festgestellt hat, dass deren Zahl nicht höher als 25 000 gelegen haben kann. Die Kommission hatte eine Datenbank erarbeitet, die am Ende einen großen Teil der Opfer enthielt. »Die AfD versucht, die alte Erzählung von weit höheren Opferzahlen wieder aufzuwärmen und den Opfer-Mythos wiederzubeleben«, sagt dazu der Historiker Johannes Schütz. Der 13. Februar, der Jahrestag der Angriffe, sei wichtig für alle Akteure, die die Erinnerungskultur verändern wollten.

Der langjährige Gedenkstättenleiter Knigge ist früh mit der Frage konfrontiert, ob er AfD-Abgeordnete überhaupt zu Gedenkfeiern zulassen soll. Es ist eine heikle Angelegenheit, eben weil es demokratisch gewählte Volksvertreter sind, die das Recht reklamieren könnten, mit den Abgeordneten der anderen Parteien zur Gedenkfeier zu kommen. Doch nach Höckes Äußerungen vom »Denkmal der Schande« und der »erinnerungspolitischen Wende um 180 Grad« ist für Knigge klar: Höcke muss bei der jährlichen Kranzniederlegung draußen bleiben. Er wird ausgeladen. Als Höcke am 27. Januar 2017 dennoch zur Gedenkstätte kommt, wird er abgewiesen.

2019 weitet die Gedenkstätte das für den Gedenktag bestehende Hausverbot noch aus: Nicht nur Höcke wird ausgeladen, auch die Abgeordneten der Thüringer AfD-Landtagsfraktion seien bei der Kranzniederlegung nicht willkommen, schreibt Knigge in einem Brief. Die Stiftung halte es für geboten, »dass Vertreter der AfD an einer Gedenkveranstaltung an diesen Orten nicht teilnehmen, solange sie sich nicht glaubhaft von den antidemokratischen, menschenrechtsfeindlichen und geschichtsrevisionistischen Positionen in ihrer Partei distanzieren«, heißt es in einer Stellungnahme auf Facebook.

Die harte Haltung der Gedenkstätte ist auch geprägt von einem Erlebnis im August 2018. Damals bittet der Thüringer AfD-Abgeordnete Stephan Brandner um ein Gespräch. Er will sich, so sagt er, über die Arbeit der Gedenkstätte informieren, über Finanzierungsfragen und Wünsche an die Politik. An sich ein legitimes Anliegen. »Wir sehen uns natürlich gegenüber demokratischen Abgeordneten immer in der Rechenschaft, unsere Arbeit zu legitimieren«, sagt Knigge. »Aber dazu brauchen wir ein Gegenüber, von dem wir wissen, dass es auf dem Boden der Verfassung steht.« Knigge glaubt außerdem, dass es AfD-Politiker normalisiere, wenn sie in Gedenkstätten empfangen werden.

Die Gedenkstätte entscheidet sich für einen Mittelweg: »Wir haben gesagt: Die Institution Bundestagsabgeordneter empfangen wir. Aber von der Person Brandner möchten wir erst mal wissen, wie er zu Aussagen in seiner Partei steht, die geschichtsrevisionistisch, rassistisch oder anti-demokratisch sind.« Die Gedenkstätte schickt Brandner einen Fragebogen, der aber lehnt es ab, sich zu Äußerungen anderer AfD-Politiker zu positionieren. Auch im Gespräch will Knigge von Brandner erst einmal wissen, wo er steht. »Es war sinnlos. Er hat uns deutlich zu verstehen gegeben, dass wir aus seiner Sicht unseriöse, parteiische Arbeit machen«, berichtet Knigge. Nach einer Stunde ist das Gespräch beendet.

Auch Brandner schildert das Gespräch hinterher auf seiner Website. Er habe Knigge damit konfrontiert, dass er sich ja auch mit Mitgliedern vom Verfassungsschutz beobachteten Organisationen innerhalb der Linkspartei treffe. Über die Arbeit der Stiftung habe er mit Knigge nicht reden können. Das Gespräch sei »leider gescheitert«. Es ist wohl das Einzige, worin sich Knigge und Brandner hinterher einig sind.

Das Gespräch hat weitreichende Folgen. Zum einen hat es laut Knigge bald darauf eine offizielle Bürgeranfrage gegeben, in der die Landesregierung dazu aufgefordert worden sei, zu beantworten, warum sie mit öffentlichen Mitteln eine Einrichtung fördere, die das Neutralitätsgebot verletze. »Diese Anfrage war natürlich ganz in Brandners Sinne. Es ist ja der Dauertrick der AfD, das Neutralitätsgebot dahingehend zu interpretieren, dass man alles an Äußerungen hinnehmen muss«, sagt Knigge. Das sei aber falsch. »Wir sind parteipolitisch neutral. Aber nicht wertneutral, wenn es um Verfassung und Demokratie geht.« Knigge glaubt, dass es der AfD darum geht, die Gedenkstätten unglaubwürdig zu machen.

Bald nach Brandners Besuch ändert die Gedenkstätte ihre Besucherordnung umfassend. Da steht nun: »Die KZ-Gedenkstätte Mittelbau-Dora behält sich vor, von ihrem Hausrecht Gebrauch zu machen und Personen, die Parteien oder Organisationen angehören, die durch antidemokratische, rassistische oder andere, dem Stiftungszweck widersprechende Äußerungen in Erscheinung getreten sind oder treten, den Zutritt zur Gedenkstätte zu verwehren oder sie von der Teilnahme an einer Veranstaltung auszuschließen.«

Auch eine Reihe anderer Punkte müssen aufgenommen werden. Denn die Gedenkstätte beobachtet bereits seit einigen Jahren, dass sich das Verhalten der Besucher verändert. Rechtsextremisten treten mittlerweile offen auf. Sie stören Führungen, relativieren oder leugnen den Holocaust. »Rechtsextreme weiden sich dann am Entsetzen, der Irritation und der Verstörung von anderen Besuchern«, sagt Knigge. Nicht selten werde so etwas auch gefilmt und ins Netz gestellt. Ein Extrembeispiel war der Buchenwald-Besuch des Rechtsextremisten Nikolai Nerling, der sich selbst »Volkslehrer« nennt. Er mischte sich laut Gedenkstätte unter eine Besuchergruppe und leugnete den Holocaust. Diese Art der Wortergreifungsstrategie wird auch von anderen Gedenkstätten wahrgenommen: So sollen etwa Teilnehmer einer Besuchergruppe von AfD-Fraktionschefin Alice Weidel in der Gedenkstätte Sachsenhausen die NS-Verbrechen relativiert haben.

Knigge beobachtet zudem schon seit einigen Jahren eine Zuspitzung in Form einer »absoluten Respekt- und Pietätlosigkeit.« So seien Hakenkreuze in der Vergangenheit eher am Rand der Gedenkstätte irgendwo in eine Bank geritzt worden. Doch mittlerweile komme es auch vor, dass ein Hakenkreuz in einen Leichenbehälter geritzt wird, mit dem die Toten ins Krematorium transportiert wurden. »Dichter an Ermordete kommt man eigentlich nicht heran. Es ist ja beinahe so, als schnitte man das Hakenkreuz in ihre Körper.« Auch würden Schrauben aus einer Leichenwanne als Trophäe gestohlen oder Türme von einem Modell des Lagers abgebrochen.

»Seit etwa 2015 beobachten wir Vorfälle in dieser neuen Qualität«, sagt Knigge. Natürlich müsste man die Ursachen breiter untersuchen. Aber die Veränderung finde statt, seitdem die AfD breit verankert in den Parlamenten sitze. Auch Knigges Nachfolger Jens-Christian Wagner, der zuvor die Stiftung niedersächsische Gedenkstätten leitete, machte diese Beobachtung. »Man kann ohne Zweifel einen Zusammenhang zwischen solchen Störungen in KZ-Gedenkstätten und dem Erstarken der AfD sehen«, sagte er der *Süddeutschen Zeitung*. Das sei nicht monokausal, es gebe sicher auch andere Ursachen, etwa die Hetze und Echokammern im Internet oder die schlichte Tatsache, dass der zeitliche Abstand wachse. »Aber die ständigen geschichtsrevisionistischen Provokationen aus den Reihen der AfD verändern das Klima.«

Volkhard Knigge nimmt aber auch einen positiven Effekt wahr. Denn es steige auch die Zahl der Menschen, die mit ihrem Besuch ein Zeichen setzen wollten. Diese merkten, »dass unser gesellschaftlicher Konsens bei der Erinnerung des Holocaust brüchig geworden ist und unsere Erinnerungskultur nicht für alle Zeit gesichert ist.« Knigge glaubt deshalb, dass die Gedenkstättenarbeit in Deutschland vielleicht erst noch vor ihren eigentlichen Herausforderungen steht.

Von Anbiederung und Ablehnung: Wie sich die jüdische Gemeinschaft gegen Vereinnahmung wehrt

Im Bürgerhaus in Wiesbaden-Erbenheim finden normalerweise Kinderkleiderflohmärkte, Zumba-Abende und Fastnachtsfeiern statt. In der Regel hält sich die mediale Aufmerksamkeit hier in Grenzen. Am 7. Oktober 2018 ist das anders. Im »Großen Saal« sind 24 Personen an Konferenztischen zusammengekommen. »Engagierte Bürger«, wie die AfD sagt. Ihr Programm an diesem Tag: Sie gründen die »Bundesvereinigung Juden in der AfD«. In einem Videoclip, unterlegt mit Klezmerklängen, wird dieser Akt auch im YouTube-Kanal von AfD TV dokumentiert. Fast alle Männer am Tisch tragen eine Kippa. »Es gibt Christen in der AfD, es gibt Arbeitnehmer in der AfD, es gibt Homosexuelle in der AfD, es ist per se zunächst mal nichts Außergewöhnliches, dass eine Interessensgemeinschaft gegründet wird«, sagt Vera Kosova als Vorsitzende in die Kamera.

Außergewöhnlicher ist da schon der Aufwand, mit dem diese kleine Gruppe sich gründet. Gekommen ist als Vertreterin des Bundesvorstands auch Beatrix von Storch, inzwischen »Antisemitismusbeauftragte« der Fraktion im Bundestag: Die Partei bekomme mit der Existenz dieser Gruppe die Möglichkeit »besser in die jüdische Gemeinde hinein zu kommunizieren und die Verbindung zu verbessern, den Dialog zu verstärken.« Auf der anderen Seite könne auch »aus der jüdischen Gemeinde heraus vielleicht der Weg verkürzt werden zu uns, zur AfD.«

Gut drei Dutzend Journalisten sind gekommen. Sie wollen

verstehen, wie die Rechtsaußenpartei, deren Fraktionschef gerade den Nationalsozialismus bagatellisiert hat, nun versucht, die Juden zu umarmen. Die Versammlung findet zu einem Zeitpunkt statt, zu dem die AfD nicht nur wegen Gaulands »Vogelschiss«-Rede unter Beschuss steht. Gerade haben auch Teile der Parteispitze in Chemnitz offen den Schulterschluss mit Rechtsextremen gesucht.

Am Gründungstag der neuen Vereinigung sind der Partei aber zwei ganz andere Botschaften wichtig, die mit all dem nichts zu tun haben. Ein Schwerpunkt der inhaltlichen Arbeit der Vereinigung solle die Auseinandersetzung mit dem islamischen Antisemitismus sein, so der Sprecher des AfD-Videoclips. Diesen hält die Partei für die größte Bedrohung für Juden in Deutschland. Das Vorstandsmitglied Wolfgang Fuhl betont außerdem: Die AfD habe sich als einzige Partei in Deutschland dafür ausgesprochen, Jerusalem als Hauptstadt anzuerkennen. Unter dem Applaus von Anhängern sagt er: »Die AfD ist eine außerordentlich pro-israelische Partei, vermutlich die pro-israelischste Partei im Deutschen Bundestag.«

Zur Frage des rechten Antisemitismus in den eigenen Reihen nimmt die Gruppe in ihrer Grundsatzerklärung Stellung: Man unterstütze die Anstrengungen der Partei, sich von den »anzutreffenden Restbeständen des rechten Antisemitismus« zu trennen. Die Gruppe sei aber davon überzeugt, dass das Gewicht der fraglichen Personen »in der medialen Berichterstattung zum Zwecke der Diffamierung der gesamten Partei maßlos überschätzt« werde.

Schon an diesem Gründungstag im Oktober wird das komplette Spannungsfeld deutlich, in dem die AfD in diesem Punkt steht: Die Partei versucht sich bewusst als pro-jüdische, pro-israelische Partei zu zeigen, die mehr als alle anderen Parteien das Gefühl der Bedrohung artikuliere, welches in der jüdischen Community durch muslimische Einwanderung entstehe. Sie behauptet von sich, sie setze sich mehr als alle anderen Parteien für die Juden in Deutschland ein und werde das jüdische Leben »gegen seine Feinde mit Zähnen und Klauen verteidigen«, wie es Jörg Meuthen ausdrückt. Die AfD hat allerdings ein Problem: Die jüdische Gemeinschaft in Deutschland glaubt ihr das nicht.

In einer gemeinsamen Erklärung beziehen nicht weniger als 43 jüdische Organisationen eindeutig Position zur Gründung der »Juden in der AfD«. Das Schriftstück ist eine einzige Ohrfeige. Unter der Überschrift »AfD – keine Alternative für Juden!« schreiben sie: Die AfD versuche seit geraumer Zeit mit ihrer »vermeintlichen Verbundenheit mit dem Staat Israel und ihrer angeblichen Sorge um die Sicherheit der Jüdischen Gemeinschaft in Deutschland« zu punkten. »Die AfD ist eine Partei, in der Judenhass und die Relativierung bis zur Leugnung der Schoa ein Zuhause haben.« Die Partei sei antidemokratisch, menschenverachtend und in weiten Teilen rechtsradikal.

Eine Schlüsselpassage in dem Dokument beschäftigt sich mit den Ereignissen von Chemnitz: Dort habe sich gezeigt, wes Geistes Kind die AfD sei. Die Partei habe sich nicht gescheut, »mit Menschen, die den Hitlergruß zeigten, auf die Straße zu gehen. Aus diesem Klima des Hasses und des völkischen Denkens heraus wurde ein jüdisches Restaurant in Chemnitz angegriffen.«

In ihrer Erklärung beschreiben die 43 jüdischen Organisationen die AfD als Partei, die gegen Menschen hetze und die Demokratie angreife, aber auch jüdisches Leben zum Beispiel mit der Forderung nach einem Schächt- und einem Beschneidungsverbot beschränken wolle. »Wer diese im Judentum fundamentalen Gebote zur Disposition stellt, der spricht Juden in Deutschland das Recht ab, in diesem Land zu leben«, heißt es in der Erklärung.

Der Ton der Antwort, die die AfD darauf gibt, ist scharf: Das jüdische Leben sei abhängig von der finanziellen Unterstützung des deutschen Staates, insinuiert Wolfgang Fuhl, Vorstandsmitglied bei den »Juden in der AfD«. Daher gebe es eine Art »freiwillige Unterwerfung unter diese Merkel-Politik«.

Auch der religionspolitische Sprecher der Partei reagiert erzürnt. Volker Münz, der die Vereinigung »Christen in der AfD« mitgegründet hat, hält es »für eine Anmaßung, wenn hier öffentlich darüber geurteilt wird, welche Partei Juden gefälligst nicht zu wählen haben oder welcher Partei sie sich anschließen dürfen oder nicht. Wo kommen wir denn da hin?«

Aber mit ihrer Ablehnung stehen die deutschen Juden nicht alleine da. Auch der Staat Israel hat eine dezidierte Meinung zur AfD: Die Regierung lehnt es strikt ab, in irgendeiner Form Kontakt zur Partei aufzunehmen. Der Botschafter Israels, Jeremy Issacharoff, begründet dies mit den Tabubrüchen der Partei: »Spitzenpolitiker der AfD haben Aussagen gemacht, die für jeden Juden oder Israeli sehr verletzend sind. Dazu gehört, den Holocaust als Vogelschiss zu bezeichnen oder Stolz auf die Wehrmacht zu fordern. Unser Präsident hat das sehr klar formuliert: Wenn es Leute gibt, die sich als demonstrativ pro-israelisch darstellen, aber im Kern antisemitisch sind, haben wir keinerlei Interesse an einem Kontakt.«

Die Sicht der AfD auf das Thema Antisemitismus ist klar: Der Grund für aktuelle Probleme und Straftaten sei in erster Linie eine importierte, bei Muslimen vorherrschende Ideologie, und nicht etwa ein Problem, das tief in der deutschen und europäischen Geschichte wurzelt. Nach dieser Logik ist der Antisemitismus hierzulande vor allem durch die Einwanderungspolitik gewachsen und durch die Flüchtlingspolitik verschärft worden.

Diese Haltung hat in der Tat dazu geführt, dass die Partei während des Flüchtlingszustroms 2015 und angesichts der Welle islamistischer Terroranschläge in Europa auch unter jüdischen Bürgern Wähler hat mobilisieren können, wie das Moses-Mendelssohn-Zentrum der Universität Potsdam in einer Studie feststellt. Allerdings habe die »kumulative Radikalisierung« der AfD – damit ist die Spannbreite von Höckes Rede zum Holocaust-Mahnmal bis nach Chemnitz gemeint – auch »konservativ oder nationalliberal orientierte jüdische Wähler deutlich auf Distanz gebracht.«

Mit der Gründung der »Juden in der AfD« sucht die Partei aus Sicht der Forscher am Moses-Mendelssohn-Zentrum nicht nach Wählern. Dazu sei die Gruppe schlicht zu klein und damit irrelevant. Die unmittelbar auf die Chemnitzer Ereignisse folgende Gründung einer jüdischen Parteigliederung habe für die AfD die Hoffnung geboten, öffentlich zumindest den Vorwurf des Antisemitismus abzuwehren und somit die Debatten um den Rechtsextremismus in der AfD abzumildern. Von Anfang an habe der Bundesvorstand die Gruppe maßgeblich gefördert. Das Fazit: »Die Juden in der AfD dienen in allererster Linie dem Parteivorstand bei seinem Bestreben, die AfD als nicht rechtsextrem und nicht antisemitisch darzustellen, ohne am politischen Kurs und der personellen Zusammensetzung der Partei substanziell etwas zu ändern.«

Umfragen zeigen: Bei Anhängern der AfD sind antisemitische Einstellungen deutlich stärker verbreitet als bei Wählern anderer Parteien. So stimmten 2018 beispielsweise 55 Prozent der AfD-Anhänger der Aussage zu, die Juden hätten zu viel Einfluss auf der Welt – die Annahme ist der Kern des Mythos von der jüdischen Weltverschwörung. Anhänger anderer Parteien liegen bei 15 bis 20 Prozent. Mehr als die Hälfte der AfD-Wähler finde Ressentiments gegen Juden mindestens teilweise verständlich, sagt auch das Kompetenzzentrum für Rechtsextremismus- und Demokratieforschung der Universität Leipzig, welches die Daten der Leipziger Autoritarismus-Studie mit Blick auf die Wählerschaft analysierte. Bei keiner anderen Partei hätten die Anhänger so offen die Möglichkeit genutzt, sich antisemitisch zu äußern.

Und wie antisemitisch ist die AfD selbst? In einem Lagebild widmet sich der Verfassungsschutz Mitte des Jahres 2020 dieser Frage und beleuchtet erstmals konsequent jenen Antisemitismus, der über die sogenannte Umwegkommunikation geäußert wird – mit Codes und Signalwörtern, die nicht für jeden auf den ersten Blick erkennbar sein mögen, aber in der neurechten Szene bewusst benutzt und auch von Anhängern so verstanden werden.

Auch Funktionäre des »Flügels« vertreten nach Auffassung des Verfassungsschutzes Verssatzstücke dieses sekundären Antisemitismus. Beispiele dafür finden sich demnach in den Aussagen Björn Höckes – ihm zufolge sei die EU »in ihrer heutigen Form nichts anderes als eine Globalisierungsagentur, die den als pervers zu bezeichnenden Geist eines George Soros exekutiert«.

Mit dem Verweis auf den ungarisch-jüdischstämmigen Finanzinvestor George Soros greife Höcke einen weit verbreiteten antisemitischen Topos auf, so der Verfassungsschutz. Indem er die Bundeskanzlerin als »Soros-Kundin« tituliere, drücke Höcke die vermeintliche Abhängigkeit der »Kartellparteienpolitiker« von »einer geschlossenen transatlantischen Elite« aus. Auch das Narrativ der jüdischen Weltverschwörung wird laut dem Lagebild in einigen Formulierungen bedient – ein Beispiel dafür sei die Idee einer »Geldmachtelite«. Unterfüttert werde dies durch die Verwendung von Begriffen des historischen Nationalsozialismus, etwa wenn von einem »entarteten Finanzkapitalismus« die Rede ist.

Weder die Gründung der Gruppe »Juden in der AfD« noch die Beteuerungen des Bundesvorstandes nutzen der AfD. Als Konsequenz aus den Ereignissen von 2018 schließt der Zentralrat der Juden alle Vertreter der Partei von einem Gedenken an den 80. Jahrestag der Novemberpogrome zum 9. November 2018 aus. Anders als alle anderen Fraktionen ist die Partei nicht zum Gedenken in der Synagoge Rykestraße eingeladen. »Es wäre unerträglich gewesen, wenn ein Partei- und Fraktionsvorsitzender, der die Zeit des Nationalsozialismus mit einem Vogelschiss vergleicht, an prominenter Stelle bei der Gedenkfeier anwesend gewesen wäre«, erklärt der Präsident Josef Schuster die Entscheidung.

Wenn er betrachte, wie die Partei gegen Muslime hetze, dann sei er sich absolut sicher: »Sie würde sich auch nicht davor scheuen, Juden zu diffamieren.«

Kulturkampf: Wie Theatermacher der Schere im Kopf begegnen

Die Szene spielt in Rottweil, einer konservativen Stadt tief im deutschen Südwesten: Seit vier Monaten wartet die Familie des Schauspielers und Regisseurs Wolfram auf ein Lebenszeichen von ihm. Er wird vermisst. Einiges spricht dafür, dass er nicht mehr lebt. Nun kommen Freunde und Familie zusammen – und beim gemeinsamen Kochen, Reden und Erinnern entsteht eine Suppe, die bald ganz schön brodelt. Da sitzen Leute am Tisch, die verwandt sind oder einander seit Ewigkeiten kennen und auch irgendwie mögen. Doch schnell spüren die Zuschauer: Irgendetwas ist in dieser scheinfriedlichen Gesellschaft ins Rutschen gekommen. Über Kartoffeln und Frühlingszwiebeln gebeugt, mit Messern in der Hand, redet die Runde sich in Rage – über die Weltlage, über Identitätsfragen und die Sehnsucht nach einfachen Lösungen, wie sie die Populisten in den Ring werfen. Es wird schrill.

In der Wirklichkeit ist das kein Problem – zumindest noch nicht. Denn die Runde sitzt in keinem Wohnzimmer, sondern auf der Bühne des kleinen Zimmertheaters in Rottweil. *Wenn der Kahn nach links kippt, setze ich mich nach rechts* heißt die Komödie, die im Oktober 2017 im ersten Stock des Hauses am Rottweiler Friedrichsplatz Premiere feiert.

Kurz zuvor ist die AfD in den Bundestag gewählt worden. Das Stück der Rottweiler beschäftigt sich damit, wie sich rechtspopulistische Aussagen in die Mitte der Gesellschaft vorarbeiten. Und natürlich geht es um die AfD, die in ein Parlament nach dem anderen einzieht. Wenn der untergetauchte Wolfram undercover als Rhetorikcoach die Spitzenpolitiker der Partei unterstützt, dann lacht das Publikum. Ein Lachen, das einem auch im Halse steckenbleiben kann, wie der Kritiker der *Neuen Rottweiler Zeitung* nach der Premiere notiert. Auf jeden Fall erfreut sich das Stück während der Spielzeit einer ziemlichen Anziehungskraft. Die Stadtgesellschaft ist neugierig. Aber mehr ist es auch nicht. Dass man sich kritisch mit politischen Akteuren auseinandersetzt, gehört zum Grundkonsens der Bundesrepublik. Die Freiheit der Kunst zählt zu den tragenden Säulen dieser Republik. Von einem Skandal ist das Theaterstück meilenweit entfernt. Noch.

Drei Jahre später sitzt das Intendantenpaar des Rottweiler Zimmertheaters, Peter Staatsmann und Bettina Schültke, im Biergarten in Rottweil. Die beiden Theaterleute erinnern sich, wie sie damals anfingen, zur AfD zu recherchieren – und zu deren Vorstellungen, wie Deutschland aussehen müsste. »Zwei Stunden hab ich mit Wolfgang Gedeon geredet und mir angehört, wie der sich sein Weltbild zusammenbaut«, sagt Staatsmann.

Die Unterhaltung, die er mit Gedeon führt, findet 2016 statt, im Rahmen des Parlamentarischen Abends des Bühnenvereins in Stuttgart, kurz nach dem Einzug der AfD in den Landtag von Baden-Württemberg. Erstmals sind auch Abgeordnete der AfD zu dieser Veranstaltung eingeladen. Manche Theaterleute verlassen demonstrativ den Raum. Staatsmann bleibt, er ist einfach neugierig geworden.

Der Abend fixt den Theatermann an – gemeinsam mit Dramaturgin Schültke und den Schauspielern vertieft er sich in Videos von Auftritten und Aussagen der AfD. »Das war zum Teil zunächst amüsant. Jedenfalls Stoff für ein Theaterstück.« Zum ersten Mal kommt Staatsmann mit den Thesen des ehemaligen Sloterdijk-Mitarbeiters und heutigen kulturpolitischen Sprechers der AfD-Fraktion, Marc Jongen, und dessen Thymos-Theorie in Berührung. Deutschland mangele es an Thymos-Spannung, so der Philosoph – er meint damit Stolz, Zorn, vor allem bei Männern. Sehr grob gesagt sieht Jongen die Deutschen hier als schwach im Vergleich zu orientalischen, »thymosterischen« Kulturen – und deshalb die Heimat in Gefahr.

Staatsmann und Schültke kommen zu dem Schluss, eine Komödie sei die geeignete Form, um das zu greifen, was sie hier wahrnehmen: Sie stellen ihre Spielzeit unter das Motto »Die Guten und das Böse«. In einem Interview mit der *Neuen Rottweiler Zeitung* beschreibt der Theatermacher, was ihn umtreibt: »Wir wollen eine der derzeit zentralen Problemlagen aufgreifen: Dass viele das Gefühl haben, es müsse sich etwas ändern, und sich mit im Grunde guten Absichten paradoxerweise einer politischen Kraft zuwenden, die letztlich autoritär ausgerichtet ist und unser demokratisches Gemeinwesen untergräbt.« Es geht ihm nicht allein um die AfD, sondern grundsätzlich um die Neigung, die Welt scherenschnittartig zu sortieren. Eine Komödie sei dafür besonders geeignet, denn: »Die AfD gibt auf jeden Fall jede Menge Komödienstoff ab – Zerstrittenheit, Widersprüche, bizarrer Unterhaltungswert –, wie Björn Höckes Rede zur Fortpflanzungsstrategie der Europäer und Afrikaner.«

Je mehr das Ensemble sich in das Thema vertieft, desto mehr weicht die Erheiterung allerdings dem Schrecken. Die Theatermacher schauen sich Videos von Reden und Demonstrationen an, immer wieder auch von Björn Höcke. »Bei uns sind sogar Leute krank geworden, weil es uns so mitgenommen hat«, sagt Staatsmann. Kurz vor der Bundestagswahl besuchen Schültke, einige Schauspieler und Staatsmann eine AfD-Wahlkampfveranstaltung in Rottweil. »Wir waren wirklich geschockt«, erinnert sich Schültke.

Als sie die Halle betreten habe, habe sie ein Meer von Männern erblickt – »vielleicht 20 von 300 Zuhörern waren weiblich.« Staatsmann fühlt sich an eine Parteitagsregie erinnert, »eine Art der Anstachelung, einschließlich der Benennung von Schuldigen«. Und ihm fällt auf, wie enthusiastisch das Publikum ist. »Die Zuhörer wurden gekonnt aufgepeitscht.« Spätestens da seien bei ihm die Alarmglocken angesprungen.

Kurz darauf spielt das Zimmertheater vor gut besuchtem Haus. Eine Spielzeit lang steht das Ensemble mit dem Stück auf der Bühne, ohne dass sich ein Skandal entfaltet. Im Sommer 2018 ist es zum letzten Mal zu sehen. Für die Theaterleute ist die Inszenierung damit Geschichte. Doch ein Jahr später erreicht sie eine ganz andere politische Fallhöhe.

Ende August 2019 thematisiert auf einmal die AfD-Fraktion im Landtag das Rottweiler Theater: Sie findet, ein Haus, das mit Landesmitteln gefördert wird, darf kein Stück aufführen, das sich gegen eine Partei richtet. Die Fraktion wirft der Landesregierung vor, die Neutralitätspflicht verletzt zu haben.

In einem Antrag will die Fraktion unter anderem wissen, wie das Theater und speziell dieses Stück gefördert wird und »wer die Genehmigung erteilt hat, das aus Sicht der Antragsteller politisch einseitig gegen eine Oppositionspartei gerichtete Stück (…) mit projektbezogenen Mitteln zu finanzieren.« Auch »ob, und wenn ja, welche weiteren ›Anti-AfD‹-

Stücke seit 2013 in den Theatern des Landes gefördert werden«, will die Fraktion wissen.

Die Argumentation: Das Theaterstück positioniere sich eindeutig gegen eine als AfD erkennbare Oppositionspartei. In der Antragsbegründung beruft sich die Fraktion auf das Grundgesetz – in Artikel 20 Absatz 2 seien Staatsorgane zu parteipolitischer Neutralität verpflichtet. »Die einseitige Förderung von Veranstaltungen gegen eine Partei, wie sie ganz klar in Rottweil geschehen ist, widerspricht der Neutralitätspflicht der Staatsorgane.«

Die Antwort des Stuttgarter Kunstministeriums fällt eindeutig aus. Neben den konkreten Zahlen zur Förderung – darunter 28 000 Euro aus dem Innovationsfonds Kunst, vergeben von einer Fachjury – antwortet das Ministerium mit einer knappen, aber grundsätzlichen Erklärung: »Eine Zensur künstlerischer Projekte findet nicht statt. Es werden auch keine Listen über Inhalte und Aussagen von Stücken und deren Inszenierungen geführt.«

Die Ministerin Theresia Bauer begründet dies ebenfalls mit dem Grundgesetz, das in Artikel 5 Absatz 3 die Kunstfreiheit garantiert. Sowohl privatrechtlich organisierte wie auch staatliche Kultureinrichtungen hätten das Recht, sich künstlerisch mit gesellschaftspolitisch relevanten Themen auseinanderzusetzen. »Dies betrifft auch die künstlerische Auseinandersetzung mit Parteien oder dem politischen Willensbildungsprozess.«

Der Trick mit der Neutralitätspflicht ist zu diesem Zeitpunkt für die AfD schon länger eine wichtige und inzwischen flächendeckend genutzte Methode, um Druck auf die Zivilgesellschaft auszuüben. Indem sie sich auf das staatliche Neutralitätsgebot beruft, versucht die Partei einerseits, kritische Stimmen einzuschüchtern oder zu unterbinden. Andererseits ist es ihr Ziel, inhaltliche Kritik an beispielsweise rassistischen oder revisionistischen AfD-Äußerungen als undemokratisch oder politisch gelenkt zu diskreditieren. Damit richtet sie sich gegen Vereine, gegen kleine Institutionen und manchmal auch gegen Staatsorgane, die an dieser Stelle tatsächlich eine Gratwanderung unternehmen – und manchmal auch mit Recht kritisiert werden.

So klagte die Partei gegen Bundesinnenminister Horst Seehofer, der in einem Interview das Verhalten der AfD-Bundestagsfraktion als »staatszersetzend« und »schäbig« bezeichnet hatte. Das Interview wurde auch auf der Seite des Ministeriums veröffentlicht. Das Bundesverfassungsgericht stellte daraufhin klar, dass Mitglieder der Bundesregierung die AfD zwar kritisieren dürfen, aber nur als Parteipolitiker, nicht als Minister. Demnach war es zwar rechtens, dass sich Seehofer in dieser Form über die AfD äußerte. Mit der Veröffentlichung auf der Ministeriumsseite hatte er allerdings tatsächlich gegen das Neutralitätsgebot verstoßen.

Die AfD versucht aber, das Neutralitätsgebot noch auf viele andere Bereiche zu übertragen. So wollte sie in mehreren Bundesländern Meldeplattformen gegen Lehrerinnen und Lehrer etablieren, die sich ihrer Ansicht nach nicht neutral verhalten. Sie begründete das damit, dass sie immer wieder Hinweise auf »plumpes AfD-Bashing« im Unterricht bekomme. Die Lehrergewerkschaft GEW erklärte daraufhin: »Die AfD argumentiert mit dem Neutralitätsgebot, das sich aus dem für Lehrerinnen und Lehrer geltenden sogenannten ›Beutelsbacher Konsens‹ ableitet. Das Neutralitätsgebot darf jedoch nicht mit Wertneutralität verwechselt werden. Schule hat den klaren Auftrag, Schülerinnen und Schülern die freiheitlichen und demokratischen Grund- und Menschenrechte zu vermitteln.« Viele Lehrer waren trotzdem verunsichert.

Gerade in der Kultur und in der freien Szene mit ihren vielen kleinen, von staatlicher Förderung abhängigen Akteuren hat der Angriff über die Neutralitätspflicht eine besondere Bedeutung. Es geht der AfD einerseits auch hier darum, Institutionen als ideologische Handlanger des politischen Gegners zu delegitimieren. Die Partei versucht dabei aber zudem, eine Debatte über Nutzen und Ausrichtung von Kunst zu entfachen und darüber, missliebigen Einrichtungen den Geldhahn zuzudrehen. Eine der Folgen wäre die Schwächung der freien Kulturszene, die es einfacher machen würde, selbst die kulturelle Hegemonie zu erreichen.

Dass die AfD dabei mit der Neutralitätspflicht argumentiert, mutet – auf den ersten Blick – etwas ironisch an, wenn man den Kulturbegriff der Partei betrachtet. Denn die AfD begreift die Kultur auch als Instrument des Staates. In ihrem Grundsatzprogramm spricht sie sich diesbezüglich dezidiert gegen Freiheit aus: »Kultur ist außerdem die zentrale Klammer, in der sich auch ein neues Politikverständnis sehen muss. Unser aller Identität ist vorrangig kulturell determiniert. Sie kann nicht dem freien Spiel der Kräfte ausgesetzt werden. Vielmehr soll ein Bewusstsein gestärkt werden, welches kulturelle Verbundenheit wahrnimmt, fördert und schützt.«

Der Partei schweben klare ideologische Vorgaben vor: Es soll eine Art deutsche Nationalkultur geben. Die deutsche kulturelle Identität als Leitkultur müsse selbstbewusst verteidigt werden gegen eine »Ideologie des Multikulturalismus, die importierte kulturelle Strömungen auf geschichtsblinde

Weise der einheimischen Kultur gleichstellt und deren Werte damit zutiefst relativiert«.

Wie die AfD auf politische Theatermacher reagiert, lässt sich schon früh in der Hauptstadt beobachten. Dort ereignet sich kurz nach der Bundestagswahl – praktisch zeitgleich mit der unangefochtenen Premiere in Rottweil – ein besonders drastisches Beispiel für den Druck aus dem parlamentarischen Raum. In den Haushaltsverhandlungen im Berliner Abgeordnetenhaus beantragt die Partei, dem Maxim Gorki Theater, dem Friedrichstadt-Palast und dem Deutschen Theater die Mittel zu kürzen. Begründung: Es handele sich um Gesinnungspropaganda.

Zuvor hat eine Mail des Intendanten am Friedrichstadt-Palast, Bernd Schmidt, an seine Mitarbeiter für Aufsehen gesorgt. Schmidt ist entsetzt über das Wahlergebnis und die großen Erfolge der AfD im Osten und zieht für sich den Rückschluss, dass der Palast als Kulturinstitution im Osten eine besondere Verantwortung trage. »Wer AfD wählte, wusste, dass er auch Nazis in den Bundestag wählt«, schreibt er. Er berichtet von Ensemblemitgliedern, die wegen ihres nicht deutschen Aussehens angefeindet würden. Schmidt kündigt an, sich »noch deutlicher als bisher von 20 oder 25 Prozent unserer potenziellen Kunden im Osten« abgrenzen zu wollen, »und von Hohlköpfen mit Migrationshintergrund selbstverständlich auch. Ich will all deren Geld nicht«. Die Mail wird öffentlich und als »Ausladung an AfD-Wähler« interpretiert. In den sozialen Netzwerken tobt der Zorn. An einem Samstagnachmittag muss der Friedrichstadt-Palast wegen einer Bombendrohung geräumt werden.

Im Kulturausschuss erklärt daraufhin am 9. Oktober 2017 der AfD-Abgeordnete Dieter Neuendorf, er wolle über die

»Politisierung des Kulturbetriebes sprechen«. Er wirft zunächst dem Gorki Theater vor, es habe sich unter der Intendantin Shermin Langhoff »zunehmend auf politischen Kulturkampf und Gesinnungstheater« reduziert. Die AfD sei dagegen, dass Theater, die staatliche Fördermittel erhielten, »nur die Klientel der Regierungsparteien bedienen«. Zwar stünden auch Theater, die gezielt politisch agierten, unter dem Schutz der Kunstfreiheit. Sie verlören aber aus Sicht seiner Fraktion »die Legitimität«, umfassend aus Steuergeldern finanziert zu werden.

Zum Friedrichstadt-Palast sagt Neuendorf: »Antidemokraten halten die Prinzipien der Demokratie nur so lange hoch, wie ihnen die Resultate gefallen.« Andersdenkende aus dem Diskurs ausgrenzen zu wollen, offenbare einen zutiefst undemokratischen Geist. Als Konsequenz fordert Neuendorf unumwunden eine Art Geldstrafe – einen »qualifizierten Sperrvermerk« in Höhe von 12,6 Prozent der Mittel für die Jahre 2018 und 2019. Damit wolle »die AfD dem Intendanten Zeit geben, sein Demokratieverständnis zu überdenken«. Die Provokation bleibt ohne Konsequenzen.

Einen erheblich gewachsenen Beratungsbedarf bei den betroffenen Institutionen registriert die Mobile Beratung gegen Rechtsextremismus Berlin (MBR). Die Extremismusexperten benennen in einer Broschüre eine wichtige Entwicklung: Eine Wurzel, wenn nicht der Ursprung des modernen Kulturbetriebes sei der Freiraum, den die Einrichtungen sich selbst gegen Widerstände geschaffen hätten. Heutzutage würden diese mühsam errungenen Freiräume – geistig, räumlich, materiell – häufig für selbstverständlich gehalten, obwohl sie »schnell auch wieder verschwinden« könnten. Im Klartext: Die Kultureinrichtungen leben meist ohne ideologische Widerstände, sodass sie auf Angriffe dieser Art nicht gefasst sind. Mögen sie in ihrem Selbstverständnis auch gegen eine Macht anspielen – streitig macht ihnen ihre Position bisher konkret niemand. »Das stellt Kultureinrichtungen recht plötzlich und unerwartet vor die Herausforderung, das Selbstverständnis als Kulturschaffende und der eigenen Institution klären und sich positionieren zu müssen.«

In der Broschüre schildert die MBR die Folgen, wenn Kultureinrichtungen von der plötzlichen Klimaverschärfung überrascht sind und keine eigene Strategie haben: Dann geben sie nach. Ein Beispiel dafür ist die kurzfristige Absage eines für November 2018 geplanten Konzerts der Punkrock-Band Feine Sahne Fischfilet im Bauhaus in Dessau. Die AfD hat, wie bereits beschrieben, die Band als linkes Feindbild markiert. Die Partei kritisiert das geplante Konzert in Dessau, rechtsextreme Gruppen mobilisieren gegen die Veranstaltung. Daraufhin sagt das Bauhaus das Konzert ab – mit der Begründung, das Bauhaus sei ein unpolitischer Ort und politisch extreme Positionen, ob von rechts oder von links oder andere, fänden hier keine Plattform.

Eine Entscheidung mit Folgen: In einem offenen Brief protestieren Kulturschaffende und Architekten. In einem Interview mit der *Zeit* bedauert und reflektiert die Stiftungsdirektorin Claudia Perren später den Vorgang. Es sei nie ihr Anliegen gewesen, die Freiheit der Kunst einzuschränken, erklärt sie. Auf die Frage, was sie aus dem Fall über den Umgang mit Rechtsextremen gelernt habe, sagt sie: »Wir müssen Position beziehen, wir müssen uns zeigen.«

Zurück ins beschauliche Rottweil. Die Dramaturgin Bettina Schültke findet den AfD-Antrag, in dem ihrem Theater die Verletzung der Neutralitätspflicht vorgeworfen wird, zunächst eher abstrus. Als sie den Text liest, hat sie das Gefühl, dass die AfD nicht einmal das Plakat zum Stück verstanden hat. »Ich habe das zuerst gar nicht so ernst genommen«, sagt sie.

Der Fall ist allerdings mit der Antwort des Kunstministeriums nicht erledigt. In Rottweil und auch im Landtag schlägt er weiter Wellen. AfD-Vizefraktionschef Sänze legt nach. In einer Pressemitteilung kündigt er an, den »Skandal« weiter zu untersuchen. Und er verschärft den Ton. Zwar sehe er die Kritik an allen Parteien von der Kunstfreiheit gedeckt, schreibt Sänze. Aber die Kunst dürfe nicht an den Interessen der Bevölkerung vorbeiagieren. Er schreibt, »persönlich motivierte Rachefeldzüge (…) gegen den deutschen Konservatismus« dürften keine Grundlage für staatliche Förderung sein. Der Staat sei nicht dafür da, »Kunstschaffende auf Lebenszeit zu alimentieren«. Häufig seien dies Persönlichkeiten, »die selbst nichts schaffen und niemals aus dem Schatten der eigenen Unfähigkeit heraustreten können«.

In der Stadt Rottweil zeigt sich, wie angesichts dieser Attacke die demokratischen Parteien zusammenrücken: Der FDP-Landtagsabgeordnete Daniel Karrais, der auch Stadtrat in Rottweil ist, schreibt, das Vorgehen zeige die »totalitäre und autoritäre Weltanschauung der AfD«. Im Gemeinderat kritisieren auch Grüne und SPD einen »Angriff auf die künstlerische Freiheit«. Wenig später gibt der Oberbürgermeister Ralf Broß eine glasklare Erklärung ab: Er lobt das Theater als wichtige Kultureinrichtung, für die sich auch die kommunale Förderung nicht an der politischen Ausrichtung der Stücke bemesse. Öffentliche Förderungen im Kulturbereich seien notwendig, um lebendiges Theater möglich zu machen. Sänzes Anschuldigungen nennt er »haltlos« und »in ihrer Wortwahl beleidigend«. Rottweil sei »stolz, ein professionelles Theater zu haben, das ein ganz wesentlicher Bestandteil unserer kulturellen Identität ist«.

Das klingt, als funktionierten die Reflexe der freiheitlichen Demokratie. Aber Bettina Schültke und Peter Staatmann sehen noch eine andere Entwicklung – und die bereitet ihnen Sorge. »Wir haben genau gespürt, dass wir zum Ziel werden«, sagt Schültke. »Wir haben etwas Angst bekommen, weil zu merken war: Sie versuchen uns, beim Schopf zu packen.«

Staatsmann sagt: »Es geht darum, einzelne Leute in der Kultur zur Zielscheibe zu machen.« Die beiden beobachten, dass in der sehr bürgerlichen Rottweiler Stadtgesellschaft das Prinzip vom Dreckwerfen funktioniert: Irgendetwas von der inszenierten Debatte bleibt hängen. »Selbst Freunde haben gesagt: Wenn die sich so im Landtag aufregen, dann müsst ihr vielleicht doch etwas gemacht haben, was nicht ganz in Ordnung ist«, erzählt Schültke. Sie registriert eine Art von Vernebelungseffekt: »Was die AfD streut, landet später als Plattitüde vom überkritischen, komplizierten Theater irgendwo in der Mitte.«

Dieser Druck, so fürchtet Staatsmann, führe am Ende unweigerlich dazu, dass Kulturschaffende eine Art Schere im Kopf einbauen. »Es gibt da ein Einschüchterungsmoment«, sagt er. Das könne dazu führen, dass man die Klappe hält. »Wer nicht schon wieder den nächsten Konflikt will, sucht oder entwickelt vielleicht beim nächsten Mal ein weniger politisches Stück.«

Die Staatssekretärin für Kultur in Baden-Württemberg, Petra Olschowski, beobachtet ebenfalls, wie der Trick mit dem Neutralitätsgebot unter die Haut der Kulturschaffenden kriecht. »Auch wenn klargemacht wird, dass die Kunst frei ist, so ist doch das Wort gesetzt«, sagt Olschowski. »Und dann arbeitet es. Auf einmal sagen kleinere Kultureinrichtungen besorgt: ›Wir haben da was gehört …‹«

Die Verunsicherung ist da. Sie ist der erste Schritt.

4.

Ziel Regierungsbeteiligung: Was die AfD jetzt plant

Es gibt eine Zahl, die in der AfD seit einiger Zeit gefürchtet ist. Regelmäßig erhebt das Umfrageinstitut Insa einen Wert, der sich »negative Sonntagsfrage« nennt. Die Demoskopen wollen von den Befragten wissen, welche Partei sie auf gar keinen Fall wählen würden. Das Ergebnis, so das Umfrageinstitut, dokumentiere den »Ruf« jeder einzelnen Partei, ihren »Marktwert«. Ende Mai 2018 etwa stand die AfD bei 66 Prozent. Das heißt: 66 Prozent der Menschen in Deutschland konnten sich auf gar keinen Fall vorstellen, die Partei zu wählen. Für die Rechten ist das ein sehr schlechter Befund. Er bedeutet: Das Potenzial der AfD ist stark begrenzt.

Die »negative Sonntagsfrage« war in der Partei trotzdem lange kein größeres Thema. Man tröstete sich damit, dass ja im Umkehrschluss immer noch mehr als 30 Prozent der Wähler der AfD nicht grundsätzlich ablehnend gegenüberstehen.

Doch 2020 verschlechterten sich die Ergebnisse bei der »negativen Sonntagsfrage« weiter. Anfang 2021 lag dieser Wert dann bei 74 Prozent. Drei Viertel der Deutschen konnten sich also überhaupt nicht vorstellen, ihre Stimme der AfD zu geben. Das »maximale Potenzial« lag zu diesem Zeitpunkt bei nur 15 Prozent – das sind die Wähler, die AfD wählen wollen, plus jene, die sich zumindest vorstellen könnten, für die AfD zu stimmen.

Solche Zahlen mögen trocken erscheinen, aber Erhebungen wie diese werden von den Strategen der Partei mit großer Aufmerksamkeit und Unbehagen betrachtet. Denn sie zeigen, wie weit die AfD auf Bundesebene von ihrem Ziel entfernt ist, »Volkspartei« zu werden. Ein Großteil der Menschen in Deutschland will mit der Partei nichts zu tun haben. Bei solchen Werten erscheint es eher unwahrscheinlich, überhaupt noch einmal das Bundestagswahlergebnis von 12,6 Prozent zu erreichen.

Viele Ereignisse der letzten Jahre haben sich erkennbar auf die Ablehnung der AfD in der Bevölkerung ausgewirkt. So zum Beispiel der Schulterschluss mit Rechtsextremen bei den Protesten in Chemnitz. Das grausame Attentat von Hanau, nach dem Politiker verschiedener Parteien der AfD vorwarfen, mit verbaler Hetze den Boden für die Tat bereitet zu haben. Die Entscheidung des Verfassungsschutzes, die AfD als »Prüffall« einzustufen und den mittlerweile zumindest offiziell aufgelösten »Flügel« zu beobachten. Und auch der Tabubruch in Thüringen Anfang 2020, als der FDP-Mann Thomas Kemmerich mit den Stimmen der AfD ins Amt gehoben wurde, beeinflusste die »negative Sonntagsfrage«. Danach hatten sich CDU und FDP auf Bundesebene noch einmal besonders deutlich von der AfD abgegrenzt.

Das hat zwischenzeitlich zu einem Taktikschwenk geführt. Nachdem die Partei jahrelang immer radikaler aufgetreten ist, trat sie danach in eine zweite Phase ein: Um für breitere Bevölkerungsschichten wählbar zu werden, zielten die Strategien der AfD seit einiger Zeit darauf ab, die Zahl der Menschen, die die AfD rundheraus ablehnen, zu reduzieren. Das

Ziel: »Entdämonisierung«. Aber an der Verbrüderung mit den sich radikalisierenden Corona-Protesten Ende 2020 zeigt sich, dass nie die gesamte Partei hinter dieser Strategie stand.

Zu Beginn des Superwahljahrs 2021 hat die AfD zwei große Probleme:

Erstens: Sie ist intern so gespalten wie selten zuvor. Parteichef Jörg Meuthen hat 2020 – ein Jahr weitgehend ohne Wahlen – dazu nutzen wollen, die Partei zu »konsolidieren«. Er hat die Auflösung des rechtsextremen »Flügels« vorangetrieben und gemeinsam mit einer Mehrheit im Bundesvorstand den »Flügel«-Strippenzieher Andreas Kalbitz aus der Partei gedrängt. Aber zu Beginn des Wahljahrs zieht sich der Riss mitten durch die Partei – bis in die Spitze hinein. Die erbitterten internen Streitereien lähmen die Partei und halten sie davon ab, sich strategischen Fragen zu widmen. Ein weiteres wichtiges Ziel für 2021 lautet daher, Einigkeit wiederherzustellen. In Anbetracht der Tiefe des Grabens, der durch die Partei läuft, erscheint es fraglich, ob die Wahlkämpfe die AfD zumindest temporär wieder zusammenschweißen können. Zumal sich hinter dem Konflikt ein inhaltlicher Streit verbirgt.

Zweitens: der Verfassungsschutz. Schon lange steht die Partei im Fokus des Geheimdienstes. Gegen den formell aufgelösten rechtsextremen »Flügel« kann der Verfassungsschutz bereits seit dem Frühjahr 2020 nachrichtendienstliche Mittel einsetzen – das heißt, er kann »Flügel«-Funktionäre observieren oder abhören. Die Beobachtung der gesamten Partei schwebte seitdem wie ein Damoklesschwert über der AfD. Auch wenn die Partei mit allen Mitteln dagegen kämpfte: Zum Redaktionsschluss dieses Buches Ende Januar 2021 zeichnete sich ab, dass das Bundesamt für Verfassungsschutz die Partei als rechtsextremen »Verdachtsfall« einstufen würde. Gerade für die vielen Beamten in der Partei ist das eine Gefahr: Stellt sich im Zuge einer Beobachtung heraus, dass sie ihre Pflicht zur Verfassungstreue verletzen, müssen sie um ihren Job bangen.

Das gefährdet auch viele Strategien der AfD: Die Landtagswahlen und die Bundestagswahl 2021 sind aus der Perspektive der Partei nur ein Zwischenschritt. Langfristig träumen die Strategen der AfD davon, bis weit ins bürgerliche Lager hinein wählbar zu sein. Die Partei erhofft einen Zustand, in dem es normal ist, AfD zu wählen. Sie strebt eine Regierungsbeteiligung an. Als Partei vom Verfassungsschutz beobachtet zu werden, könnte all diese Anstrengungen zunichtemachen. Dennoch ist es wichtig, eine Antwort zu geben auf die Frage: Welche strategischen Überlegungen gibt es in der Partei? Was plant die AfD?

Richtungskampf: Die AfD ist noch immer zwei Parteien in einer

An einem heißen Tag im August 2020 sitzt Alexander Gauland in seinem Büro im sechsten Stock des Jakob-Kaiser-Hauses. Es ist das Büro mit dem besten Blick im ganzen Gebäude. Volle Sicht auf den Reichstag, der sich vom Grün des Tiergartens abhebt. Gauland ist an diesem Tag in einer nachdenklichen Stimmung. Immer wieder blickt der alte Mann beim Sprechen mit seinen blassen blauen Augen hinaus auf die Reichstagskuppel.

Schreibt man über die Strategie der AfD, kommt man an

Gauland eigentlich nicht vorbei. Auch wenn mit zunehmend hohem Alter sein Einfluss schwindet, war er lange einer der wichtigsten strategischen Denker in der Partei. 40 Jahre in der CDU haben seinen politischen Instinkt geformt. Hinter den Kulissen hat er Machtkämpfe ausgefochten und Strippen gezogen, bis er und die CDU einander fremd wurden. Als die AfD noch als Partei der Wirtschaftsprofessoren galt, war sich Gauland bereits sicher, dass sie, um Erfolg zu haben, auf jene Menschen zielen müsse, »die sich nicht mehr mitgenommen« fühlen.

Gauland zählte von Anfang an zur Parteispitze, aber er wusste, dass man in der AfD nicht durchregieren kann – sonst wird man abgesägt. Gauland ist ein Radikaler, der mit seinen Gesten und seinem Äußeren den bürgerlichen Habitus pflegt. Er hat mit rassistischen und revisionistischen Aussagen Negativ-Schlagzeilen produziert, dennoch war er in der AfD immer unangefochten. Ein Grund: Er verstand es, die Partei zusammenzuhalten – die Nationalkonservativen, die Opportunisten, genauso wie die Rechtsextremen. In der Partei nennt man das euphemistisch einen »integrierenden Kurs«.

Aber an diesem Tag im August 2020 weiß Gauland, dass diese Zeit womöglich vorbei ist. »Diese Rolle kann ich nur noch schwer ausfüllen«, sagt er. »Weil Meuthen plötzlich verlangt, dass man sich auf eine Seite stellt.« Gemeint ist die Entscheidung des Parteichefs, die Parteimitgliedschaft von Gaulands politischem Ziehsohn, dem Brandenburger Landeschef Andreas Kalbitz, zu annullieren. Dieser hatte nach Überzeugung des Bundesvorstands bei seiner Aufnahme seine rechtsextreme Vergangenheit verschwiegen. Gauland schlug sich auf Kalbitz' Seite und zog sogar die Integrität des Parteischiedsgerichts in Zweifel, das die Annullierung bestätigt hatte. Viele in der AfD haben das Gauland übel genommen. Von einem »integrierenden Kurs« konnte keine Rede mehr sein.

Doch die Wahrheit ist, dass die AfD immer schon einen Spagat versucht hat. Auch Gauland wusste das. Schon 2013 schrieb er: »Die AfD darf und kann keine FDP 2.0 sein, aber sie muss Liberalen wie Konservativen, enttäuschten Linken wie Protestwählern eine Heimat sein.« Im Bundestag versuchte die AfD mit diesem Spagat umzugehen, indem sie zwischen der Rolle der sich bürgerlich gebenden Alternative und radikalem Stören changierte. Doch immer deutlicher wurde auch, dass die AfD Gefahr läuft, in zwei Lager zu zerfallen.

Die Konfliktlinien sind nicht immer eindeutig, die Feindbilder in der Partei aber schon. Den Unterstützern von Parteichef Meuthen wird vorgeworfen, eine »FDP 2.0« zu wollen – in der AfD ein schwerer Vorwurf, geht es doch um eine der verhassten »Altparteien«. Auf der anderen Seite wird den Anhängern des ehemaligen »Flügels« unterstellt, eine »DDR mit vollen Regalen« zu wollen. Denn viele von ihnen glauben, dass der nationalsoziale Kurs der AfD im Osten das Erfolgsrezept ist. Die Opportunisten dazwischen, denen es vor allem um das eigene Fortkommen geht, schließen sich jeweils dem Lager an, in dem sie die besten Erfolgschancen für sich vermuten.

Der Streit um die Mitgliedschaft von Andreas Kalbitz hat die Konfliktlinien in der AfD noch deutlicher zutage treten lassen. Dazu gehörte auch die Frage, ob die Partei versuchen soll, sich von Rechtsextremisten zu trennen, um dem Verfassungsschutz zu entkommen – oder ob das ohnehin nichts bringt.

Die Auseinandersetzung zwischen Meuthens Leuten und

dem 2020 deutlich gewachsenen Lager seiner Gegner lähmte die Partei in einer wichtigen Phase. Denn längst hätte sie beginnen müssen, die Strategie für die Bundestagswahl 2021 und die anstehenden Landtagswahlen zu planen. Heiß umkämpft war dabei die Frage, auf welche Wähler sich die Partei überhaupt konzentrieren soll: die liegen gelassenen Potenziale von CDU und FDP – oder die Nicht-Wähler, die der AfD schon manchen Wahlerfolg beschert haben. Je nachdem, wen die AfD erreichen will, müsste sie auch ihren Kurs entsprechend anpassen.

Vor einiger Zeit machte eine Analyse in der Fraktion die Runde. Darin wurden die Ergebnisse des Bundeswahlleiters und einer Bertelsmann-Studie zur Bundestagswahl 2017 noch einmal genauer ausgewertet. Die Abteilung für strategische Kommunikation wollte wissen: Wer wählt die AfD? Die Wähleranalyse sei in der AfD bisher »stiefmütterlich« behandelt worden, hieß es. Das Ziel der Analyse war, jedem Bundestagsabgeordneten ein Bild davon zu vermitteln, welchen gesellschaftlichen Schichten die AfD-Wähler in seinem Wahlkreis angehörten.

Das Besondere an der herangezogenen Bertelsmann-Studie war, dass sie die verschiedenen sozialen Milieus in den Blick genommen hatte. Sie kam zu dem Schluss: Im Milieu der »Prekären« – Menschen, die sich als Opfer des globalen Wandels sehen und die das Leben als ständigen Kampf begreifen – konnte die AfD mit 28 Prozent ihr stärkstes Ergebnis erzielen. Das ist das klassische Nicht-Wähler-Milieu – die geschätzte Wahlbeteiligung lag hier 20 Prozent unter der Gesamtwahlbeteiligung.

Ebenfalls stark war die AfD im »traditionellen« Milieu. Dieses umfasst Menschen, die sich als bodenständig beschreiben, ein einfaches Leben führen und zum Teil die Vergangenheit romantisieren. Das dritte Kernwähler-Milieu der AfD war die »bürgerliche Mitte«. Diese ist um Stabilität bemüht und verfügt über ein etwas höheres Einkommen als die beiden anderen AfD-Kernwähler-Milieus. Allerdings sorgt sich die »bürgerliche Mitte« zunehmend darum, den eigenen Lebensstandard in Zukunft nicht halten zu können. Im Kampf um diese Klientel mache die AfD vor allem der CDU/CSU Konkurrenz, hieß es.

Die Studie stellte fest: Je mehr Haushalte aus der Unter- und Mittelschicht in einem Stimmbezirk wohnten, desto besser schnitt die AfD ab. Zwar finde die AfD auch in der Oberschicht Unterstützer, dort sei sie aber keine »Milieupartei«. Auch die interne Auswertung der AfD-Fraktion machte die Bundestagsabgeordneten dann darauf aufmerksam, dass die Wähler aus der »Unterschicht« die AfD 1,3-mal häufiger wählten, als es ihrem Anteil in der Bevölkerung entsprach. Die AfD habe »als Partei für schlecht situierte Modernisierungsskeptiker im Parteienspektrum ein Alleinstellungsmerkmal«, heißt es in der Analyse.

Das war ein Befund, der nicht allen in der Fraktion gefiel. Bestätigt sahen sich vor allem jene, die glauben, die AfD müsse sich als Partei für Facharbeiter profilieren, um Wähler aus prekären Stadtteilen werben und bei der kommenden Bundestagswahl ebenfalls Nicht-Wähler mobilisieren. Auch die Ergebnisse der für die AfD in die Binsen gegangenen Kommunalwahl in Nordrhein-Westfalen ließen für einige Funktionäre diesen Schluss zu. So erklärte etwa AfD-Chef Tino Chrupalla auf Twitter: »Die #AfD ist in der industriellen Herzkammer bei #KommunalwahlenNRW stark: 12,9% in Gelsenkirchen, 9,29% Duisburg, 7,59% Oberhausen, 7,18%

Mühlheim. Wir müssen uns ganz in den Dienst all derer stellen, die uns dieses Vertrauen schenken!«

Fragt man Chrupalla direkt, wer die Zielgruppe der AfD sein muss, sagt er, die AfD werde besonders in den mittleren und unteren Einkommensschichten gewählt. Auf diese Wähler solle seine Partei sich konzentrieren. »Wir sollten Politik für die Leute machen, die Steuern bezahlen und die keine Zeit haben, selbst Politik zu machen, weil sie von früh bis spät arbeiten gehen und sich um ihre Familie kümmern.« Es ist klar, auf wen das zielt: Chrupalla beschreibt eigentlich ein klassisches SPD-Klientel. Er sagt: »Wir werden sicher keine Professorenpartei und Partei für eine Oberschicht-Klientel, wo wir noch nie große Wählerpotenziale hatten.«

Gauland sieht es ähnlich: Nicht-Wähler, »Leute, die sich abgehängt fühlen. Facharbeiter, die früher die SPD gewählt haben. Auf die würde ich gucken.« Ja, es werde dann eher auf den Ost-Kurs hinauslaufen.

Aber was ist der »Ost-Kurs«? Höcke und Co. nennen es »Sozialpatriotismus«. In Wahrheit handelt es sich um einen nationalsozialen Kurs, der sich auf die Formel »Viel Staat, viel Abschottung« bringen ließe. Bereits bei der Bundestagswahl 2017 und bei den Landtagswahlen fuhr die AfD im Osten einen Kümmerer-Kurs, der einherging mit Agitation gegen Flüchtlinge. Höcke etwa sprach bei seinen Auftritten immer wieder über niedrige Löhne, Altersarmut und steigende Mieten. Und erzählte kurz darauf, was ein »Illegaler« den Staat im Monat koste. Immer wieder schwang dabei auch ein völkisches Element mit: Das »Eigene« wird gegen das »Fremde« ausgespielt.

Das traf bei denjenigen einen Nerv, die das Gefühl hatten: Für die Flüchtlinge tut ihr alles und für uns nichts. Eine Umverteilungsidee nicht von oben nach unten, sondern von außen nach innen. Soziale Gerechtigkeit, aber nur für Deutsche. Mit diesem Kurs konnte die AfD auch ehemalige Wähler der Linken für sich gewinnen.

Besonders Arbeiter nahm die AfD in Thüringen in den Blick. Der Thüringer AfD-Bundestagsabgeordnete Jürgen Pohl, einer der treuesten Höcke-Unterstützer, gab 2017 die Gründung des »Alternativen Arbeitnehmerverbandes Mitteldeutschland« (ALARM) bekannt. Zum 1. Mai, dem Tag der Arbeit, veranstaltete die Thüringer AfD mehrmals Kundgebungen unter dem Motto »Sozial, ohne rot zu werden«. Und Björn Höcke und seine Fraktionskollegen reihten sich ein, als in Erfurt gegen die drohende Schließung eines Siemenswerkes mit einem Schweigemarsch demonstriert wurde.

Dass verschiedene Vertreter der Partei eine Fokussierung auf die Sozialpolitik wollen, hat Folgen. Schon im Wahlprogramm 2017 hörte sich die AfD nicht mehr ganz so wirtschaftsliberal und staatskritisch an wie in den Jahren zuvor. Sie bekannte sich zum Mindestlohn, sprach sich für die Bekämpfung der Leiharbeit und die Verlängerung des Arbeitslosengeld I für langjährig Beschäftigte aus.

Das prominenteste Beispiel für den Richtungsstreit in der Partei ist aber die Dauerdebatte um das richtige Rentenkonzept. Das von der Thüringer AfD vorgelegte Konzept sah vor, das Umlagesystem bei der Rentenversicherung auszubauen – Schlagzeilen machte insbesondere ein Staatsbürgeraufschlag nur für Deutsche. Parteichef Jörg Meuthen dagegen hatte dafür plädiert, die gesetzliche Rentenversicherung abzuschaffen und eine steuerfinanzierte Mindestrente einzuführen, die knapp über dem Existenzminimum läge. Jeder Einzelne sollte dann noch privat vorsorgen. Meuthen konnte sich damit aber nicht durchsetzen. Die Partei arbeitete einen Kompromiss aus, der unter anderem vorsah, die Zahl der Beamten zu reduzieren, sodass mehr Menschen in die gesetzliche Rentenversicherung einzahlen. Zudem einigte man sich auf eine stärkere Förderung von Familien – und Kindern mit deutscher Staatsangehörigkeit. Auch wenn sich das Rentenpapier von Höcke nicht durchsetzte, werten die Anhänger des »Flügels« den Kompromiss als Sieg. Beim Parteitag Ende 2020 in Kalkar wurde das Konzept verabschiedet.

Bei den neurechten Vordenkern aus Schnellroda dürfte das auf großes Interesse gestoßen sein. Ein »sozialpatriotischer« Kurs wird dort schon länger verfolgt. Benedikt Kaiser, einer der Lektoren des neurechten Antaios-Verlages von Götz Kubitschek, hat ein Buch über »Solidarischen Patriotismus« geschrieben. Es ist der Versuch, die soziale Frage von rechts zu betrachten. »Masseneinwanderung und Sozialstaat sind auf Dauer unvereinbar; die Befürwortung einer relativen ethnischen Homogenität und die Absage an forcierte Zuwanderung ergeben sich als logische Folgen«, heißt es darin. Man könnte die Idee verkürzt so beschreiben: Solidarität, aber nur mit denjenigen, die dazugehören.

Parteichef Meuthen kann mit solchen Ideen aus Schnellroda naturgemäß wenig anfangen. Er hält nichts davon, aus der AfD eine Prekariatspartei zu machen. »In meinem Weltbild haben wir eine Bipolarität. Wir haben sozialistische Parteien – das sind für mich die Grünen, die Linken und die SPD. Und wir haben Parteien wie die CDU und FDP, die früher einmal bürgerlich waren – und das heißt antisozialistisch.« Meuthen bezeichnet sich als »freiheitlich« bis ins Mark und ist klar dafür, im »bürgerlichen Lager« nach Wählern zu suchen.

Vielleicht lässt sich der Prototyp eines solchen Wählers am ehesten am Beispiel der baden-württembergischen AfD-Anhängerschaft beschreiben: stark konservativ, leistungsbereit, in Beschäftigung oder nach langen Jahrzehnten der Beschäftigung in Rente. Bereit, die Ärmeren zu unterstützen, aber entschiedener Gegner einer Vollkasko-Mentalität. Starker Verfechter der Nato-Westbindung, mit einem gewissen Unverständnis für die Putin-Freundlichkeit, die man bei Anhängern der AfD im Osten oft findet. Die Islamfeindlichkeit und den offenen Rassismus der AfD teilt dieser Wähler, wählt aber weniger radikale Worte und begründet seine Ressentiments mit der Sorge vor einer zu großen Veränderung der Gesellschaft.

Ein Parteistratege, der ebenfalls wenig von der Idee hält, im prekären Milieu und unter den Nicht-Wählern zu fischen, drückt es drastisch aus: »Die zu erreichen ist aufwendig. Und das ist sehr volatil. Da zittern Sie am Wahlsonntag, ob die sich wirklich aufraffen, ihren Perso finden und ins Wahllokal gehen.« Es könne schon funktionieren, aber es sei vor allem viel Protest nötig, um diese in Schwung zu bringen.

Professorenpartei versus Arbeiterpartei, Marktliberale versus Nationalsoziale: Die AfD ist in Wirklichkeit zwei Parteien in einer. Dieser Spagat wird sich auf Dauer schwerlich aushalten lassen. Zumal beim AfD-Parteitag Ende 2020 in Kalkar noch zwei weitere Konfliktlinien deutlich hervortraten. Dort hielt Meuthen eine Brandrede und warnte davor, immer aggressiver, derber und enthemmter aufzutreten. Ein Teil seiner Parteikollegen reagierte mit Buhrufen und Wutausbrüchen auf diesen Ordnungsruf. Dahinter steht die Frage: Soll sich die AfD trotz ihrer radikalen Inhalte bürgerlich-gemäßigt geben oder bewusst stören, provozieren und

Grenzen überschreiten? Soll sie die Verbindung zu radikalen Kräften auf der Straße suchen oder lieber Abstand halten?

Damit verknüpft ist der Streit darüber, wie die AfD mit der Bedrohung durch den Verfassungsschutz umgehen soll: Während das Meuthen-Lager glaubt, dass die AfD alles dafür tun sollte, dem Geheimdienst möglichst wenig Angriffsfläche zu bieten, sehen es die Radikalen nicht ein, sich der Logik des Verfassungsschutzes zu unterwerfen. Auch in dieser Frage zieht sich ein Riss durch die Partei, der sie in zwei Hälften teilt.

Dass die AfD nun zumindest in der Sozialpolitik einen Kompromiss gefunden hat, spielt für die Zweiteilung der Partei deshalb kaum eine Rolle. In Kalkar wurde so offensichtlich wie nie zuvor, welches Sprengpotenzial darin liegt, derart entgegengesetzte Strömungen in einer Partei zu vereinen.

Selbstverharmlosung: Wie die AfD aus der Schmuddelecke kommen will

Vieles, was Parteien im politischen Alltag tun, wird im Nachhinein zur Strategie erhoben. Das gilt auch für die AfD. Man sollte nicht hinter jeder Äußerung einen Masterplan vermuten – manches ist auch einfach nur Zufall. Eine klare Strategie aber, die bei der AfD schon seit Längerem zu beobachten ist und die auch im Superwahljahr dazugehören wird, ist die bereits erwähnte Strategie der Selbstverharmlosung. Geprägt hat den Begriff der neurechte Verleger Götz Kubitschek, dessen Thinktank in Schnellroda mittlerweile im Visier des Verfassungsschutzes steht. Dahinter verbirgt sich schlicht die

Idee, harmloser zu erscheinen, als man ist – um bürgerlich-konservative Wähler anzusprechen. Es geht Kubitschek und den Akteuren, die auf ihn hören, darum, eine »emotionale Barriere« einzureißen, die aus ihrer Sicht zwischen dem »Normalbürger« und dessen Annäherung an die AfD steht.

»Die AfD verfolgt die Selbstverharmlosungsstrategie äußerst stringent. Sie versucht sich als gemäßigt darzustellen, indem sie sich als ›bürgerlich‹, ›konservativ‹, ›Partei der Mitte‹ oder gar als Teil einer ›bürgerlichen Mehrheit‹ bezeichnet«, sagt der Berliner Kommunikationsberater Johannes Hillje dazu. Auch das ständige Bestreiten einer rechtsextremen Strömung in der Partei gehöre dazu. »Das ist völlig realitätsfern.«

Jedes Interview, jede Talkshow, jeder Auftritt in den so von ihr genannten Mainstreammedien ist für die AfD eine Möglichkeit, die Strategie der Selbstverharmlosung effizient zu betreiben. Besonders die Spitzenpolitiker der Partei beherrschen diese Übung. Im August 2019 zum Beispiel sitzt Jörg Meuthen auf einer Teakholzbank im Küstenwind – zum Sommerinterview des ZDF. Im Gespräch geht es gerade um ein Treffen des damals noch nicht aufgelösten rechtsextremen »Flügels«, bei dem eine ganze Reihe von AfD-Mitgliedern die erste Strophe des Deutschlandliedes gesungen hat. Solche Vorgänge habe man in der AfD nicht, sagt Meuthen seelenruhig in die Kamera. Es sei ja keine Veranstaltung der Partei gewesen, denn der »Flügel« sei nicht Teil der AfD.

Im September 2017 klingt das noch ganz anders. Da steht Meuthen auf der Bühne des dritten Kyffhäuser-Treffens und sagt: »Es ist schön, hier zu sein.« Er habe sich richtig auf diesen Tag gefreut. Und: »Der Flügel ist ein integraler Bestandteil unserer Partei, und das wird er auch in Zukunft immer bleiben.« Jubel. »Und ich sage auch deutlich: Wer das anders sieht, wer hier in Ausschließeritis verfällt, wer nicht erkennt, dass der Flügel ein wichtiger Bestandteil der Seele unserer Partei ist, der wäre auch in der Position eines Bundessprechers fehl am Platze.«

Eine interessante Behauptung stellt auch Alexander Gauland auf. Er ist einer der Erstunterzeichner der »Erfurter Resolution«, mit der sich der »Flügel« seinerzeit gründete, und sagt in eine Kamera des rbb: »Ich weiß nicht, was der rechte Flügel ist und dass er den AfD-Mitgliedern nicht guttut.«

Gauland ist es auch, der 2019 am Tag nach den Landtagswahlen von Brandenburg und Sachsen neben Andreas Kalbitz in der Bundespressekonferenz sitzt und sagt: »Wir sind in Brandenburg die einzige bürgerliche Oppositionspartei«. Schon am Wahlabend war deutlich geworden, dass sich die Parteioberen für Stellungnahmen vor Kameras auf dieses Wording verständigt haben. Das Attribut »bürgerlich« fiel am laufenden Band.

In der Bundespressekonferenz beantwortet Gauland die Frage einer Journalistin, was genau an der AfD bürgerlich sei, mit den Worten: »Sie müssten umgedreht sagen, was denn an unserer Partei nicht bürgerlich ist, und das wird Ihnen schwerfallen.« Zu diesem Zeitpunkt ist bereits bekannt, dass der Spitzenkandidat Kalbitz viele Jahre seines Lebens in rechtsextremistischen Organisationen verbracht hat. Doch Gauland, nach der Berichterstattung darüber gefragt, spricht von einer »Schmierkampagne«. Er sagt: »Es wird (…) der Versuch gemacht, jemanden im Grunde genommen ohne Belege in die nationalsozialistische Ecke zu drängen.« Kalbitz sei »genauso bürgerlich« wie er selbst. Und etwas später meint Gauland: »Ich weiß nicht, wie Sie auf die Idee kommen, dass die AfD nach rechts rückt.« Die Radikalisierung leugnen und einfach das Gegenteil behaupten – auch das gehört zur Strategie der Selbstverharmlosung.

Dort, wo die AfD sich ganz besonders bürgerlich gibt – in westdeutschen oder urbanen Milieus –, kämpfen Parteigranden wie der Berliner Georg Pazderski darum, das öffentliche Bild der AfD zu verbessern. Der pensionierte Soldat, der eigentlich seinen Ruhestand genießen könnte, ist wie viele seiner Kollegen praktisch über Nacht zum spätberufenen Politiker geworden und langjähriger Fraktionschef im Berliner Abgeordnetenhaus. Wie viele gibt auch er an, es treibe ihn die Sorge ums Land an.

Pazderski zählt zu den selbst erklärten Gegnern des rechten Randes in der eigenen Partei, er glaubt daran, dass die AfD so schnell wie möglich koalitionsfähig werden muss. In Millionenmetropolen wie Berlin, so glaubt er, werde die Partei ihre Politik nur vermitteln können, wenn sie untrennbar mit der bürgerlichen Gesellschaft verbunden sei.

Pazderski wiederholt deshalb auch gern, dass rechtsextremistisches Gedankengut in der AfD »absolut keinen Platz« habe. Aber wie reagiert er darauf, dass es doch existiert? Am Abend des 1. September 2019 trifft sich die AfD Brandenburg zur Wahlparty auf der Bismarckhöhe in Werder an der Havel. Es ist kurz nach 18 Uhr, auf der Leinwand schießt der blaue Balken im Prognosediagramm in die Höhe, Jubel bricht aus. »Die AfD ist gekommen, um zu bleiben«, ruft Andreas Kalbitz. Neben ihm steht sein Überraschungsgast Björn Höcke. Die beiden umarmen einander. Und neben beiden sonnt sich Pazderski im Erfolg der Radikalen in seiner Partei.

Offensichtlich geht es vielen selbst ernannten Moderaten

also vor allem um eine verbale Mäßigung. Wenn man Pazderski, dessen Vater von den Nationalsozialisten als Zwangsarbeiter festgehalten wurde, danach fragt, wie er die Forderung Höckes nach einer »erinnerungspolitischen Wende« mittragen kann, dann formuliert er sie im Grunde einfach nur anders. Im Frühjahr 2018 sagt er: »Es wird häufig auf diese zwölf Jahre reflektiert. Ich glaube, dass sich ein großer Teil der Bevölkerung fragt, warum ihm das wieder und wieder aufgetischt wird.« Man müsse aus der Geschichte lernen. »Aber irgendwann mal muss man auch in der Lage sein, sich von bestimmen Vorbehalten und Verhaltensweisen frei zu machen.«

Die bürgerliche Erscheinung, die gemäßigte Sprache und der wohlerzogene Habitus sind Instrumente, um jene radikalen Positionen zu verbergen oder zu vermitteln, die in ihrem Kern selbst im Parteiprogramm niedergelegt sind.

Als wichtiger Schachzug muss in diesem Zusammenhang auch die demonstrative Abkehr vom »Flügel« und dessen Selbstauflösung gelten, die von Parteichef Meuthen forciert wurde. Dieser Schritt erfüllt mehrere Funktionen.

Erstens demonstriert die Partei gegenüber dem Verfassungsschutz den Versuch, ihre Selbstreinigungskräfte zu aktivieren. Zweitens kommt die Partei auf diese Weise letztlich um die herbeibeschworene Spaltung herum – denn die Protagonisten des »Flügels« bleiben ihr ja erhalten, sie haben weiterhin ihre Netzwerke und üben ihren Einfluss aus. Drittens – und das ist strategisch brillant – versucht die AfD so, die Debatte über ihren rechtsextremen »Flügel« selbst zu besetzen. Diese wurde vorher vor allem außerhalb geführt.

Das Ziel ist klar: So soll aus dem »Flügel« eine »Bad Bank« gemacht werden, in die man für die öffentliche Wahrnehmung alles an radikalem Gedankengut verschiebt, was in Wahrheit viel breiter in der Partei verankert ist. Gelänge diese Inszenierung, wäre die AfD quasi weißgewaschen und mit einer vergleichsweise saubereren Bilanz versehen. Doch der Verfassungsschutz hat klargemacht, dass er nicht an die Auflösung des »Flügels« glaubt.

Vor der Partei liegen die Mühen der Ebene. Eine wichtige Rolle für den Versuch der Normalisierung radikaler Parteipositionen spielt die Kommunalpolitik. Hier, in Ortschafts- und Gemeinderäten, spielt die Parteifarbe eine weniger wichtige Rolle. Man kennt einander persönlich, steht am Wochenende auf dem Sportplatz und jubelt der lokalen Mannschaft zu, ist selbst zusammen in die Schule gegangen oder die Kinder tun es jetzt. In den Kommunalparlamenten geht es häufiger um die Fußgängerampel vor der Schule oder die neue Sporthalle als um ideologisch besetzte Fragen. Hier kann die AfD Vertrauen gewinnen, wenn ihr Mann oder ihre Frau vor Ort sich als ansprechbar, vernünftig, pragmatisch präsentiert. Schafft sie das, wäre das ein wichtiger Schritt in der Strategie der Selbstverharmlosung.

In den Kommunalparlamenten der Republik stellt die AfD weit über tausend Mandate. Doch ihre Zahl soll sich nach dem Wunsch von Parteistrategen noch steigern. Gerade in strukturschwachen Gegenden, in denen die anderen Parteien zunehmend Schwierigkeiten haben, Personal zu finden – auch aufgrund des durch die AfD rauer gewordenen Klimas –, will die Partei Präsenz zeigen.

Allerdings hat die AfD dasselbe Problem wie ihre Mitbewerber: Es fehlt ihr an geeignetem Personal. Mitunter mussten in der Vergangenheit deshalb sogar errungene Sitze leer bleiben. Daher müsse Mitgliederwerbung systematischer betrieben werden, hält die Partei in ihrem Strategiepapier fest. Das Problem: Es müssen die richtigen sein. Was man darunter versteht, wird ebenfalls in dem Papier festgehalten: ausreichend Lebens- und Berufserfahrung, gute »Vernetzung in die Bürgergesellschaft« und die Bereitschaft, politische Ämter auf kommunaler Ebene zu übernehmen. Theoretisch hat die Partei also verstanden, dass sie gerade im kommunalen Bereich auf einen seriösen Ruf setzen muss.

Doch vor allem in den Verbänden im Osten des Landes ist an der Basis ein anderer Trend zu beobachten, der durch den Richtungsstreit befeuert wird. Mehrere Vertreter der Parteispitze berichten davon, dass »jetzt Mitglieder aufgenommen werden«, die früher nicht in die Partei gekommen wären. So sollten die Mehrheitsverhältnisse in der Partei zugunsten der Radikalen beeinflusst werden.

Gleichzeitig setzt die Partei darauf, überall dort anzukommen, wo man sich in der Bürgergesellschaft verankern kann – der bereits angesprochene »Marsch durch die Organisationen«. Dazu gehört ehrenamtliches Engagement in Vereinen, Jugendgruppen oder Nachbarschaftsinitiativen.

Dabei stößt die Partei nach eigener Wahrnehmung allerdings auf zwei Probleme: Zum einen legt die Mehrheit der Bürgergesellschaft keinen gesteigerten Wert auf ihre Mitarbeit. Zum anderen neigen die möglichen Multiplikatoren, die der AfD nahestehen, vielerorts nicht dazu, dies offen zu sagen. Und ein Kirchengemeinderat oder Elternvertreter, der sich nicht zur AfD bekennt, hilft ihr nur wenig.

»Stasi 2.0«: Wie die AfD versucht, den Verfassungsschutz unglaubwürdig zu machen

Die AfD weiß, dass es ihre Anhänger und potenziellen Wähler vor allem im Westen nicht kalt lässt, dass der Verfassungsschutz sie ins Visier genommen hat. Im Frühjahr 2019 gab sie beim Institut Insa eine Umfrage in Auftrag. Herausgefunden werden sollte, was die AfD-Anhänger und potenziellen Wähler wie stark stört. Dabei gaben 61 Prozent ihrer Wähler an, dass sie die drohende Beobachtung der AfD durch den Verfassungsschutz störe – der mit Abstand größte Störfaktor, deutlich vor Punkten wie »mangelnde Abgrenzung vom rechten Rand«.

2020 startete die AfD daher eine Kampagne unter dem Titel »Wir sind Grundgesetz«, um sich gegen den Verfassungsschutz zu wehren. Zum Logo gehört das Bild eines kleinen Agenten, der die »Merkel-Raute« formt. In der Kampagne ruft die AfD dazu auf, das Grundgesetz zu schützen. Es sei bedroht, weil Behörden zu politischen Zwecken missbraucht würden. Die AfD veröffentlichte Statements führender Parteivertreter, in denen diese den Vorwurf verfassungsfeindlicher Äußerungen zu entkräften versuchten – darunter etwa Björn Höcke, Alexander Gauland und Beatrix von Storch. Parteichef Meuthen bezeichnete ein Gutachten des Verfassungsschutzes, in dem 2019 die Einstufung der AfD als »Prüffall« begründet wurde, als »politisch motiviertes Anti-AfD-Konvolut«.

Um durch die Beobachtung nicht signifikant Wähler zu verlieren, arbeitet die AfD schon länger daran, den Verfassungsschutz unglaubwürdig zu machen. Das Kalkül ist klar:

Es soll weniger Eindruck auf Mitglieder und Wähler machen, dass der Geheimdienst die Partei im Blick hat.

Ein prominentes Beispiel dafür ist die Rede von Parteichef Meuthen beim Politischen Aschermittwoch der AfD im bayerischen Osterhofen im März 2020. Kurz zuvor hatte eine Meldung die Runde gemacht, wonach das Bundesamt für Verfassungsschutz in einem Rundschreiben seine Mitarbeiter dazu aufgefordert hatte, sich zu melden, sollten sie Kontakte zur AfD unterhalten. Als Meuthen in Osterhofen auf die Bühne steigt, gibt er sich empört: »Offensichtlicher war die Instrumentalisierung einer staatlichen Behörde noch selten. Und es wird immer schlimmer«, ruft er. Jetzt lasse »der Haldenwang« prüfen, ob es Sympathisanten der AfD in den Reihen des Verfassungsschutzes gebe. Es werde sogar kontrolliert, ob die Leute, die dort arbeiten, AfD-Mitglieder in ihrem privaten Umfeld hätten. »Das erinnert mich tatsächlich auf eine fatale Art und Weise an Stasi-Methoden«, ereifert sich Meuthen. »Das ist allerfinsterst.«

Später erklärte die Bundesregierung auf Anfrage der AfD, die Mitarbeiter seien lediglich gebeten worden, »mögliche Interessenkonflikte bzw. Überschneidungen von dienstlichen und privaten Belangen anzuzeigen, um eine ordnungsgemäße und unparteiische Aufgabenerfüllung sicherzustellen«. Aber das Stasi-Narrativ gefällt der AfD – bietet es ihr doch vor allem im Osten die Möglichkeit, mit einem einzigen Wort negative Erinnerungen hervorzurufen und den Verfassungsschutz mit dem Regierungsinstrument einer Diktatur zu vergleichen.

In dieselbe Kerbe schlägt auch Parteichef Tino Chrupalla in einem Interview mit dem Deutschlandfunk Ende Mai 2020. »Wissen Sie, ich bin in der DDR aufgewachsen«, erzählt er. »Ich kenne einen Geheimdienst, der dort ähnlich agiert hat, und das lässt mich ein Stück weit auch ratlos zurück und macht mich auch besorgt, (…) wie wir diskreditiert werden, wie wir bespitzelt werden vom Verfassungsschutz, wie wir ausgespäht werden und wie uns nachgesagt wird, dass wir nicht auf dem Boden des Grundgesetzes stehen würden.«

Sein Parteifreund Höcke nennt den Verfassungsschutz ein »Herrschaftssicherungsinstrument des Establishments«. Und auch er sagt: »Eine Stasi war genug. Das wollen wir nie wieder haben«. Immer wieder verunglimpfen AfD-Politiker den Nachrichtendienst als »Regierungsschutz« oder »Elitenschutz«. Die Botschaft ist klar: Die AfD sei nur auf den Radar des Verfassungsschutzes geraten, weil sie der Regierung gefährlich werde. In diese Erzählung baut die AfD nur zu gern den früheren Chef der Behörde Hans-Georg Maaßen ein, der nach seinen Äußerungen zu den Ausschreitungen in Chemnitz 2018 seinen Hut nehmen musste. Die AfD stellt es so dar, als habe das daran gelegen, dass Maaßen die AfD nicht habe beobachten wollen.

Die AfD versucht auch schon länger, den Verfassungsschutz lächerlich zu machen. In Thüringen warben Vertreter der Partei 2019 sogar mit dem Slogan »Verdächtig gut« – als sei es im Grunde eine Auszeichnung, ins Visier des Verfassungsschutzes zu geraten. Auch begrüßen AfD-Vertreter bei Auftritten gern die anwesenden Mitarbeiter des Geheimdienstes.

Auf die Spitze treibt dies Höcke bei einer Wahlkampfrede in Cottbus im Sommer 2019. Er hat eine Flasche Sekt der Marke »Fürst von Metternich« mitgebracht. Zuvor hatte der damalige brandenburgische Innenminister Karl-Heinz

Schröter angekündigt, der Verfassungsschutz werde in Cottbus ganz genau hinschauen. Höcke kritzelt eine Widmung auf die Flasche und gibt sie dann ins Publikum. Die anwesenden Verfassungsschützer, witzelt Höcke, sollten sie Schröter mitbringen. »Bei der Dienstbesprechung heute Abend könnt ihr dann die Flasche aufmachen und auf das Wohl der AfD trinken.«

Und dann erklärt der frühere Geschichtslehrer Höcke mit einem Grinsen, warum er ausgerechnet einen »Fürst von Metternich«-Sekt ausgewählt hat. Es habe nämlich im frühen 19. Jahrhundert eine bürgerliche Bewegung in Deutschland gegeben, die sich für Versammlungsfreiheit, Meinungsfreiheit und Demokratie eingesetzt habe. Doch auf Betreiben Fürst von Metternichs seien die Karlsbader Beschlüsse erlassen worden, und man habe zur Unterdrückung der Freiheitsbewegung die »Demagogenverfolgung« aufgenommen. Und Höcke schließt: »Wer heute für Rechtsstaatlichkeit ist, für Demokratie, für Meinungsfreiheit, für Versammlungsfreiheit, der gilt ja auch schon wieder als Demagoge – so wiederholen sich die Zeiten.« Es ist bemerkenswert, wie Höcke hier nicht nur versucht, den Verfassungsschutz lächerlich zu machen, sondern auch die AfD zur Freiheitsbewegung verklärt. Es spricht viel dafür, dass man im Superwahljahr noch einige solcher Manöver sehen wird. Besonders im Osten könnte das sogar wirken.

Auf dem Weg zur Macht? Was der »Thüringen-Coup« bewirkt hat

Der Tabubruch passiert am 5. Februar 2020 um kurz nach halb zwei. Der bisherige Thüringer Ministerpräsident Bodo Ramelow blickt starr vor sich, als das Wahlergebnis verkündet wird: 44 Stimmen entfallen im letzten Wahlgang auf ihn. Ramelow ringt um Beherrschung, sein Blick ist wie nach innen gerichtet. Ihm genau gegenüber sitzt im Plenarsaal die Fraktion der AfD. Und von dort dringt nur Sekunden später dunkler Jubel aus Männerkehlen. Es ist der Moment, in dem die Landtagspräsidentin Birgit Keller sagt: »Auf den AfD-Kandidaten entfielen null Stimmen. Auf den FDP-Kandidaten entfielen 45 Stimmen.«

In diesem Moment ist zum ersten Mal in Deutschland ein Ministerpräsident mit den Stimmen der AfD gewählt worden. Er heißt Thomas Kemmerich, ist Landes- und Fraktionschef der FDP – einer Partei, die es bei der Landtagswahl gerade so mit 73 Stimmen über der Fünf-Prozent-Hürde in den Landtag geschafft hat. Er kommt ins Amt, weil der AfD in diesem Moment ein Coup gelungen ist, für den sich die Liberalen – und auch die Union – haben benutzen lassen. Und es ist nicht irgendeine AfD-Fraktion. Es ist die von Björn Höcke, dem Vormann des rechtsextremen »Flügels«.

Weltweit senden TV-Stationen das Bild von Höcke, der mit gesenktem Haupt dem neuen Ministerpräsidenten die Hand zur Gratulation reicht. Ein Königsmacher.

Wie konnte das passieren? Schon in den Minuten nach der Wahl steht fest: Die Verantwortung trägt nicht allein die AfD. Sie hat die Falle gestellt. Hineingetreten sind die anderen.

Die Ausgangslage ist lange bekannt. Seit der Landtagswahl drei Monate zuvor ist klar, dass das bisherige rot-rot-grüne Regierungsbündnis mit 42 Sitzen keine Mehrheit im Landtag haben wird. Auch keine andere der bisher üblichen Koalitionen ist rechnerisch möglich, nicht einmal ein Viererbündnis aus CDU, SPD, FDP und Grünen. Die 90 Sitze verteilen sich wie folgt: Linke 29, AfD 22, CDU 21, SPD 8, Grüne 5, FDP 5.

In dieser volatilen Lage zeigen sich zuerst Risse in der Thüringer CDU. Einige Abgeordnete plädieren für eine Zusammenarbeit mit der AfD. Ihr Parteichef Mike Mohring denkt vernehmlich über eine Kooperation mit der Linken nach, wird aber von seiner Parteiführung an den Unvereinbarkeitsbeschluss erinnert. Die CDU wirkt gelähmt. Ramelow entschließt sich, sich mit seinem Minderheitenbündnis zur Wahl zu stellen. Er geht davon aus, dass er bei der Ministerpräsidentenwahl entweder die fehlenden vier Stimmen aus dem bürgerlichen Lager bekommen oder im dritten Wahlgang mit der einfachen Mehrheit gewählt wird. Dabei gewinnt die Person mit den meisten Stimmen.

Den ersten Gegenkandidaten stellt die kleine FDP auf, um, wie sie sagt, ein bürgerliches Angebot zu machen. Es schert die Partei nicht, dass sie gar keine Koalitionsverhandlungen geführt hat und keine demokratischen Partner haben wird. Hier liegt die Schwachstelle, die die AfD erkennt und ausnutzt. Sie stellt einen eigenen Kandidaten auf – er ist nicht mehr als ein Strohmann. Christopher Kindervater, Bürgermeister der kleinen Gemeinde Sundhausen, hat zunächst nicht einmal vor, zur Wahl zu erscheinen. Er kommt dann doch – und sitzt lächelnd neben dem AfD-Bundestagsabgeordneten Stephan Brandner auf der Tribüne.

Wirklich allen ist in den Tagen vor der Wahl klar, dass der dritte Wahlgang ein hohes Risiko birgt. Hier ist dem Kandidaten eine Mehrheit gegen Rot-Rot-Grün möglich, der die Stimmen der AfD mitnimmt. In allen Parteien, auch auf Bundesebene, wird im Vorfeld über diese Möglichkeit geredet.

Es liegt also auf der Hand, was passieren kann. Es will nur keiner daran glauben. Ins Risiko gehen alle anderen Parteien gemeinsam. Die AfD wählt im ersten und zweiten Wahlgang ihren Kandidaten. Im dritten zieht sie ihn nicht zurück, stimmt aber geschlossen für den Mann einer anderen Partei. Das hat es in der Geschichte der Republik so noch nicht gegeben. Kemmerich wird mit den Stimmen der FDP, der AfD und der meisten Abgeordneten der CDU gewählt.

In der Folge geraten FDP und CDU stark unter Druck und machen weitere Fehler – auf Bundesebene wackeln beide Parteichefs. Während Christian Lindner sich halten kann, erleidet Annegret Kramp-Karrenbauer nach einem vergeblichen Interventionsversuch bei ihren Thüringer Parteifreunden einen solchen Autoritätsverlust, dass sie beschließt, den Parteivorsitz abzugeben. Sogar die Kanzlerin hält es für nötig, sich aus dem Ausland einzuschalten. Dabei leistet sie sich eine hoch problematische Formulierung, die erneut aufs Konto der AfD einzahlt. Die Kanzlerin spricht davon, dass der Vorgang »unverzeihlich« sei und deshalb das Ergebnis dieser Wahl »rückgängig gemacht« werden müsse. Für die Anhänger der rechten Partei liefert sie damit einen Beweis für die AfD-Fantasie der »Merkel-Diktatur«.

Schließlich zieht sich Kemmerich zurück, und Ramelow wird doch noch zum Ministerpräsidenten in einer rot-rot-grünen Minderheitsregierung gewählt – aber nur übergangsweise. Für 2021 werden Neuwahlen angesetzt.

Rückblickend ist deutlich: Der AfD ist ein disruptiver Erfolg gelungen. Aber was bedeutet die Zäsur von Thüringen auf längere Sicht?

Kurzfristig hat die AfD:

- gezeigt, dass die viel beschworene Brandmauer nach rechts – eine bisher in der Bundesrepublik nicht verhandelbare Grundüberzeugung – in der CDU und der FDP längst scheunentorbreite Risse hat.
- ihre Verachtung für das Parlament als Volksvertretung und damit für die Demokratie deutlich gemacht, indem sie den eigenen Kandidaten lediglich als Schachfigur benutzte.
- der CDU und der FDP bis zur Bundesebene hinauf empfindlichen Schaden zugefügt.
- die anderen Parteien zu Fehlern verleitet, die zu dem Neuwahlprozess führten, und so das Vertrauen in die Demokratie weiter erschüttert.
- erreicht, dass Thüringen vorübergehend unregierbar war. Über Wochen saß der inzwischen zurückgetretene Kemmerich geschäftsführend und gelähmt in der Staatskanzlei, ohne Kabinett.

Für den Coup wird Höcke in der Partei zunächst gefeiert – sogar Kritiker wie der Berliner AfD-Fraktionschef Georg Pazderski erkennen an, Erfurt habe dem Rechtsaußen in der Gesamtpartei Reputation eingebracht. Lob kommt auch aus Schnellroda. Der Höcke-Vertraute Götz Kubitschek schreibt: »So konstruktiv-destruktiv wie Höcke hat aus dieser Partei heraus noch keiner agiert. In Thüringen jemanden so auf einen Stuhl setzen, dass es in Berlin einem anderen Stuhl die Beine abschlägt: Das taktische Arsenal der AfD ist um eine feine Variante reicher.«

Ein bisschen lobt Kubitschek sich hier wohl auch selbst. Er dürfte nicht ganz unbeteiligt an dem taktischen Wechsel gewesen sein, den Höcke bereits kurz nach der Wahl vornimmt. Damals bietet Höcke CDU und FDP schriftlich die Tolerierung einer Minderheitsregierung an, was der damalige Parteichef Alexander Gauland als »klugen Eröffnungsschachzug« bezeichnet. Bis zu diesem Zeitpunkt hat Höcke solche Kooperationsformen immer wieder abgelehnt – nur als Chef einer Regierung sollte seine AfD vorstellbar sein. Fundamentalopposition bis zum Sieg also.

Natürlich wusste Höcke auch nach der Thüringen-Wahl, dass keine Partei auf sein Angebot der Tolerierung eingehen würde und dass selbst bei einer Wahl mit den Stimmen der AfD niemals eine Regierung herauskommen würde. Er hat im Februar 2020 nie eine Regierungsbeteiligung im Sinn, sondern die Erschütterung des Systems, das Verbreitern der gesellschaftlichen und politischen Risse.

Kurz nach der Wahl werden aber auch in der AfD kritische Stimmen laut, die fürchten, der Coup verkompliziere den langfristigen Plan, sich zu entdämonisieren und irgendwann den Weg zu einer Regierungsbeteiligung zu ebnen. Nach Thüringen sei eine Zusammenarbeit noch stärker tabuisiert als vorher, meint beispielsweise Pazderski. CDU und FDP würden sich jetzt stärker abgrenzen als zuvor.

Aber hat er wirklich recht mit der Einschätzung, Thüringen wirke hier kontraproduktiv, weil das Tabu sich verfestige? Damit das der Fall wäre, müssten CDU und FDP auf einmal innerlich geschlossen sein. Das waren sie aber schon vor der Wahl Kemmerichs nicht, und daran hat sich nichts geändert.

Weder Christdemokraten noch Liberale haben sich prinzipiell mit dem Riss beschäftigt, der durch ihre Anhängerschaft geht, was eine Zusammenarbeit mit der AfD betrifft. Diese Spaltung ist aber eine politische Realität, vor allem in der Kommunal- und Landespolitik im Osten der Republik. Die 17 Kommunalpolitiker der CDU, die sich in Thüringen in einem Brief für Gespräche mit der AfD stark gemacht hatten, sind ja nicht einfach so verschwunden.

Und als im September 2020 in Gera ein AfD-Politiker zum Vorsitzenden des Stadtrats gewählt wird, wird offensichtlich, dass es hier keine Brandmauer gibt. Die AfD ist zwar seit Mai 2019 mit knapp 29 Prozent stärkste Kraft in der Stadt, aber sie hat im Stadtrat nur 12 der 40 Sitze inne. Dennoch bekommt der AfD-Politiker Reinhard Etzrodt, der von sich sagt, er bekenne sich zu Björn Höcke und halte diesen nicht für rechtsextrem, in geheimer Wahl 23 Stimmen. Die AfD schreibt dazu vergnügt auf Facebook: »Hat die Kanzlerin schon per Videoübertragung annullieren lassen?«

Dem angeblichen, ungeschriebenen Gesetz von der Brandmauer steht also längst die normative Kraft des Faktischen gegenüber. Und in Erfurt hat die AfD ihr strategisches Zwischenziel erreicht, dies aller Welt zu demonstrieren: Die Ausgrenzung gelingt nicht einmal mehr in einem Landtag. Damit hat sie bewiesen, dass sie an manchen Orten in der Republik zu einer Kraft herangewachsen ist, die im Regierungsbildungsprozess nicht mehr ignoriert werden kann.

Das nächste Ziel wird sein, daraus eine Machtoption zu entwickeln. Die AfD-Spitze um Jörg Meuthen hat schon länger deutlich gemacht, dass sie eine Regierungsbeteiligung will. So sagte Meuthen in seiner Bewerbungsrede für den Parteivorsitz Ende 2019, die AfD müsse regierungsfähig werden. In dem im selben Jahr vom Bundesvorstand verabschiedeten Strategiepapier wird dafür explizit auch die Tolerierung einer Minderheitsregierung als Zwischenschritt genannt. Die AfD wäre dabei zwar nicht Teil der Regierungskoalition, aber ihre Stimmen wären nötig, um Gesetzesvorhaben durchzubringen, da die eigentliche Regierung keine Mehrheit hat. Das Einfallstor sind die inhaltlichen Schnittmengen: Im Streit um die Rundfunkgebühr konnte Ende 2020 in Sachsen-Anhalt nur gerade so verhindert werden, dass im Landtag CDU und AfD gemeinsam gegen die Erhöhung stimmen.

Aus Sicht von Alexander Gauland ist der Weg bis zu einer Regierungsbeteiligung weit. Auch an die Möglichkeit einer Tolerierung in einem absehbaren Zeitraum glaubt er nicht. »Ich erlebe das bestimmt nicht mehr«, sagt Gauland im Sommer 2020. Damit die Union für eine Koalition mit der AfD offen wäre, müssten zwei Dinge zusammenkommen: Eine rot-rot-grüne Koalition über eine Legislaturperiode und eine Union ohne Machtoption. »Dann würden sich auch in der CDU viele fragen, ob alle Optionen auf dem Tisch liegen oder ob man sich nicht überlegen muss, ob Feindschaft zur AfD wirklich zum Grundgesetz der CDU gehört. Wenn Sie ununterbrochen von der Macht ausgeschlossen sind, denken Sie über alles noch mal nach.«

Wo sich nach den Überlegungen der AfD als erstes eine solche Möglichkeit zur Zusammenarbeit bieten könnte, ist klar: in einem der ostdeutschen Flächenländer. Eine Beobachtung durch den Verfassungsschutz dürfte das aber erst einmal sehr unwahrscheinlich machen. Denn auch wenn es in CDU und FDP auf Landesebene Politiker gibt, die sich etwa eine Duldung durch die AfD vorstellen können: Wenn die AfD vom Verfassungsschutz des Rechtsextremismus verdächtigt wird, werden die Bundesparteien alles tun, um eine Kooperation zu verhindern.

Im Tunnel: Wie die Partei mit Angst und diffusen Heilsversprechen ihre Wähler mobilisiert

September 2018, ein AfD-Stammtisch im bayerischen Deggendorf. In einem kleinen Raum, getäfelt in hellem Holz und mit einem Kruzifix in der Ecke, sitzen etwa 20 Mitglieder. Die Partei hat einen selbst ernannten Islamexperten zum Vortrag eingeladen. Demnächst hätten die Muslime die Mehrheit in Deutschland, erzählt er. Bereits in fünf Jahren würden wir unser Land »nicht mehr wiedererkennen«. Da wird es unruhig unter den Zuhörenden. Einer ruft: »Die Umvolkung ist nicht mehr zu stoppen!« Eine Frau sagt: »Wir sind verloren.« Ein anderer brummelt: »Es ist alles zu spät.«

Die Stammtischbesucher wissen damals nicht, dass eine Journalistin im Raum ist. Ihre Gefühle sind echt. Und auch wenn diese Szene ein extremes Beispiel sein mag, ist immer wieder festzustellen: Wer AfD-Politikern eine Weile zuhört, landet unweigerlich in einer Art Abwärtsspirale. In pechschwarzen Farben malen sie aus, was diesem Land aus ihrer Sicht bevorsteht oder worunter es schon jetzt leidet – und wer daran schuld ist.

In ihrer Wahrnehmung hat Deutschland bereits heute ganze Stadtteile an kriminell organisierte Familienbanden aus dem arabischen Raum verloren, Frauen können sich nicht mehr auf den Straßen bewegen, ohne Übergriffe von Einwanderern befürchten zu müssen, die Islamisierung wird über kurz oder lang das deutsche Rechtssystem aushebeln.

Der Staat verarmt, weil eine sich immer weiter steigernde Zahl von Einwanderern und ihren Nachkommen keine produktive Arbeit leistet und auf diese Weise die Sozialsysteme überlastet. Während Asylbewerber Geld für Taxifahrten bekommen, sammeln bitterarme Rentner Flaschen. Und keine der Altparteien tut irgendwas dagegen.

So düster zeichnet die AfD die Welt. Und bei einer zunehmenden Zahl von Gesprächspartnern trifft man auf ein noch dunkleres Schwarz in der Beschreibung: Die Verschwörungserzählung vom »Großen Austausch«. Sie besagt, dass diese Entwicklung von den Eliten forciert wird, um die einheimische Bevölkerung durch Migranten zu ersetzen. Am Ende, so die Erzählung, steht eine durchglobalisierte, identitätsberaubte Menschenmasse – das Gegenteil der Idee eines nationalen Volkskörpers.

Das Fazit ist stets dasselbe: Wenn es überhaupt eine Rettung gibt, dann nur mit der AfD.

Wohlgemerkt: Diese sorgenvollen Beschreibungen wären politisch völlig erfolglos, wenn sie nicht das artikulieren würden, was augenscheinlich viele Menschen in Deutschland diffus umtreibt. Wenn sie nicht irgendwo in der Realität einen Anknüpfungspunkt hätten. Präzise beschreibt Melanie Amann in ihrem Buch *Angst für Deutschland* dieses »Unbehagen, dass etwas im Land schief läuft«, auf dessen Boden die AfD sich gründete und gedieh. Und vor allem verweist Amann auf die von Thilo Sarrazin entlehnte Methode der Partei, »Ängste als gesunden Menschenverstand zu rationalisieren.« Dem entspricht auch einer der Lieblingssprüche des Berliner AfD-Fraktionschefs Georg Pazderski: »Perception is reality« – was man fühlt, ist Realität.

Man spürt in Unterhaltungen mit AfD-Funktionären, dass

Gefühle tatsächlich eine große Rolle spielen. Die Sorge vor der Zukunft treibt viele Gesprächspartner sehr ernsthaft um. Der Wunsch danach, das Land in einen früheren Zustand zurückzuversetzen, ist allgegenwärtig. Die Vergangenheit wird als kontrollierbar empfunden und glorifiziert.

Diese in der AfD oft anzutreffende Gemütslage ist strategisch gesehen der wichtigste Faktor, mit dem Wählerinnen und Wähler mobilisiert werden. Es spricht zudem viel dafür, dass die Partei 2021 aktuelle Themen unter dem Oberbegriff der Verteilungsgerechtigkeit behandeln wird. AfD-Chef Chrupalla sagt: »In den nächsten Jahren werden die entscheidenden Fragen sein: Wie geht es mit meiner Rente weiter, was ist mit meinem Arbeitsplatz, mit der Wohnungsnot?« Die AfD wird vermutlich versuchen, die wirtschaftlichen Folgen der Pandemie darin zu integrieren. Dass auch hier wieder Sündenböcke gesucht werden, ist zu erwarten. Wenn etwa die Arbeitslosenzahlen weiter steigen, könnte die AfD fordern, die Sozialleistungen für Asylbewerber zu kürzen.

Stets gilt: Die Partei braucht die Krise. Dieser Gesetzmäßigkeit konnte sich die AfD bisher sicher sein. In einer Krise wurde sie gegründet und eine Krise bescherte ihr nach dem Flüchtlingssommer 2015 eine extreme Mobilisierung. Ein Parteistratege sagt: »Die Erfolge sind uns seit 2015 in den Schoß gefallen. Das ist wie Elfmeterschießen ohne Torwart. Wenn wir uns besser angestellt hätten, wäre sogar noch mehr drin gewesen.«

2020 jedoch ist eine Situation eingetreten, welche die Partei vor ein Rätsel stellt: Mit der Pandemie und ihren Folgen ist die Republik in die unübersichtlichste Lage seit ihrem Bestehen geraten. Und lange schien es der AfD nicht zu gelingen, aus der Krise Profit zu schlagen.

Vier weitere Faktoren haben sich verändert, und sie erschweren der Partei das Geschäft bei der Wählermobilisierung im Superwahljahr 2021:

– Die AfD sitzt in allen Parlamenten, in einigen schon in der zweiten Legislaturperiode. Es wird also schwieriger, das Image der Protestpartei zu wahren. Der Partei ist das Problem bewusst: Wer als Nichtwähler im für die AfD überaus erfolgreichen Wahlkampf 2017 nicht zu motivieren gewesen sei, seine Stimme für die AfD abzugeben, werde davon vermutlich auch in Zukunft nicht ohne Weiteres zu überzeugen sein, so die interne Überlegung. Sie sieht auch die Gefahr, dass für die AfD stimmende frühere Nichtwähler enttäuscht sein könnten.
– Der interne Streit und der gespaltene Auftritt schrecken Wählerinnen und Wähler ab – vor allem, weil die AfD damit den Nimbus der »Anti-Parteien-Partei« gefährdet. Zerstrittenheit und Machtkämpfe sind das, was gerade Protestwähler und Menschen mit großer Skepsis gegenüber der repräsentativen Demokratie an den anderen Parteien verachten.
– Das treibende Feindbild Angela Merkel kann nicht mehr genutzt werden – eine Wiederholung des »Merkel muss weg«-Wahlkampfs ist ausgeschlossen.
– Dass die AfD im Visier des Verfassungsschutzes steht, könnte verbliebene rechtskonservative Wähler abschrecken.

Eine zentrale Basis für die Mobilisierung von Wählern bleibt von diesen Fragen allerdings unberührt – und hier liegt auch eines der Erfolgsrezepte der Partei. Die AfD beackert bei allen Themen, die sie anspricht, das Feld der Identität. »Es geht ihr um einen kulturellen Konflikt«, sagt der Politikberater

Johannes Hillje. »Es geht einerseits um innen gegen außen, also Deutsche gegen Migranten. Andererseits will sie einen Kulturkampf im eigenen Kulturkreis über Traditionen, Geschichte, Lebensweise.«

Hillje beschreibt, wie die AfD die negativen Emotionen Angst und Empörung über das Feld der Identität schürt: »Wir sind die Bedrohten, bedroht in unserer kulturellen Identität, bedroht durch Einwanderer, durch Eliten, durch Grüne, bedroht in unseren Rechten und unserem Lebensstil«, sagt er.

Der Chef des Meinungsforschungsinstituts Forsa, Manfred Güllner, beschrieb 2018 die AfD-Wähler am Beispiel einer Erhebung in Brandenburg für den rbb: »Ihr Durchschnittseinkommen ist nicht niedriger als das anderer Parteianhänger. Sie haben Statusängste, fühlen sich zerrieben zwischen dem globalisierten Kapitalismus und dem Proletariat. Sie sind unzufrieden und suchen einen Sündenbock.« Das könnten Flüchtlinge, die »Altparteien« oder die Eliten sein. In der Erhebung waren Wählerinnen und Wähler gefragt worden, ob sie einen Nachteil durch die Flüchtlinge erlitten hätten. Insgesamt antworteten sechs Prozent der Befragten mit Ja. Bei den Wählern der AfD waren es 43 Prozent.

Blickt man auf diese Konstanten, so gibt es Themen für die AfD, die unabhängig von der aktuellen Lage immer funktionieren. In Umfragen wird deutlich, dass die Wählerinnen und Wähler der AfD in bestimmten Bereichen grundsätzlich anders reagieren als die Mehrheit. Als verbindende Elemente sieht die Partei selbst die Sorge um »ungeregelte Zuwanderung und um die Ausbreitung des Islams«, aber auch »die Abneigung gegen die etablierten Parteien und ihre prominentesten Vertreter«.

Als mobilisierenden Angriffspunkt definieren die Parteistrategen auch den »rot-grünen Zeitgeist«. Sie versuchen alles anzugreifen, was als »Political Correctness« begriffen werden kann. Die AfD will weiterhin mit ihrer Kritik an »Sprechverboten«, »Multikulti«, »Genderismus« oder »Frühsexualisierung« punkten. Auch die Kritik am »überzogenen Minderheitenschutz«, am »drastischen Bildungsverfall« und am »Kult« um den Klimawandel soll weiter Wähler mobilisieren. Außerdem ist die Partei sicher, dass ihre Wähler bei Themen wie der inneren Sicherheit oder der Zukunft der Sozialsysteme skeptischer eingestellt sind als die Wähler anderer Parteien.

Die AfD befeuert aber nicht allein negative Emotionen. Daneben trete ein Heilsversprechen, sagt Hillje. Die AfD stilisiere sich selbst als Rettung. »Es gibt eine Selbst-Heroisierung in der AfD-Kommunikation, man fühlt sich aufklärerisch und überlegen.« Wer über Identität mobilisieren wolle, sagt Hillje, der könne dies auf Dauer nicht schlüssig mit negativen Emotionen tun. Für die Anhänger der Partei sei daher das Gefühl wichtig, bei »den Richtigen« zu stehen – denjenigen, die in der Lage sind, die selbst mitkonstruierte Bedrohung abzuwenden. Doch je länger die Partei in den Parlamenten vertreten ist und als Opposition nur beschränkt etwas verändern kann, desto schwieriger wird es für sie, mit Heilsversprechen zu mobilisieren.

Corona: Die erste Krise, die der Partei nicht sofort nutzt

Normalerweise lieben die Anhänger der AfD ihre blauen Fahnen mit dem roten Pfeil. Wann immer die Rechten in der Öffentlichkeit auftreten, tragen sie stolz ihre Plakate, Transparente und Parteiabzeichen. An einem Samstag Ende August 2020 ist das anders: Mehr als 38 000 Demonstranten versammeln sich zum bis dahin größten Protest gegen die Corona-Maßnahmen in der Hauptstadt. Und zum ersten Mal nehmen führende AfD-Politiker in großer Zahl am Protest der selbst ernannten »Querdenker« teil. Doch auf den ersten Blick zu erkennen sind die AfD-Funktionäre nicht. Auf Fotos soll zwischen den Reichsflaggen und Logos rechtsextremistischer Splitterparteien später keine AfD-Fahne auftauchen – die Partei ist vorsichtig geworden.

Trotzdem markiert dieser Samstag einen Wendepunkt in der Strategie der AfD beim Umgang mit den Corona-Protesten. Bis dahin war die AfD zögerlich. Viele Funktionäre vermieden es, sich hinter die Demonstrationen zu stellen – darunter etwa Parteichef Meuthen, der mit den dort geäußerten Verschwörungstheorien wenig anfangen kann. Eine Strategie der Partei im Umgang mit den Protesten war nicht zu erkennen.

Das lag auch daran, dass die Anhängerschaft der AfD in der Corona-Frage von Anfang an gespalten war. Etwa die Hälfte war grundsätzlich einverstanden mit dem Kurs der Bundesregierung und fand die eingeleiteten Maßnahmen sinnvoll. Die andere Hälfte wehrte sich dagegen, hielt Corona für »nicht schlimmer als die Grippe«. »Mit Corona lässt sich kein Blumentopf gewinnen«, sagten führende Vertreter der AfD noch im Herbst 2020.

Die AfD hat in der Corona-Krise also ein strategisches Problem. Ihr Kernthema, die Migration, ist in den Hintergrund getreten. Und anders als bei allen vorangegangenen Krisen gelingt es ihr diesmal lange nicht, die neue Drucksituation für ihre Zwecke zu nutzen.

Wie schwer sich die AfD anfangs tat, ließ sich im Bundestag beobachten. Hier verzichtet die Fraktion zu Beginn der Krise auf eine harsche Angriffslinie gegen die Regierung. Ihre Kritik beschränkt sich darauf, dass die Bundesregierung nicht entschlossen genug handele. Im März 2020 steht Fraktionschefin Weidel am Rednerpult und sagt: »Die Lage ist ernst.« Sie verlangt die Schließung der Grenzen. Ansonsten aber ist die AfD eher staatstragend: Parteichef Chrupalla wirbt zu diesem Zeitpunkt noch für Masken und sogar für die Maskenpflicht. Fraktionschef Gauland ruft dazu auf, zusammenzustehen.

Zugleich merkt die Partei jedoch, wie ihre Reichweite in den sozialen Medien einbricht – sonst eine verlässliche Lebensader der AfD. »Die Wutmaschine funktioniert nicht mehr«, beobachtet damals der Politikberater Johannes Hillje. Auf ihren Social-Media-Kanälen punkten die Rechten normalerweise mit Krawall. Das Prinzip: Je mehr Menschen auf »Gefällt mir« klicken oder den Beitrag teilen, desto relevanter bewertet der Facebook-Algorithmus den Beitrag – und spielt ihn daraufhin noch mehr Menschen aus. Doch beim Thema Corona bleibt der Erfolg zunächst aus.

Die Unzufriedenheit darüber entlädt sich auch in der Fraktion. Nach langer Diskussion wird ein Positionspapier beschlossen, in dem verlangt wird, die wirtschaftlichen Restriktionen und Grundrechtseingriffe zu lockern und wenn möglich ganz aufzuheben. Als die Debatten in der Bundespolitik über eine schnelle Lockerung der Maßnahmen zunehmen, fordert die AfD immer lauter deren Aufhebung. Bis dann Weidel, Gauland, Meuthen und Chrupalla Ende April gemeinsam verkünden: »Sofortige Wiederaufnahme des wirtschaftlichen Lebens!«

Die Frage, wie viel Staat es in der Corona-Krise sein soll, beantwortet die Partei jetzt eindeutig mit: weniger. Zunehmend stellt sie die wirtschaftlichen Folgen der Pandemie in den Mittelpunkt und prophezeit »millionenfache Armut«. Sie sei zur »Anti-Shutdown-Partei« geworden, titelt damals die *Welt* – ein Label, mit dem sich viele der Rechten identifizieren können.

Moderate AfD-Strategen warnen zwar im Hintergrund, man dürfe die Gefahren durch die Pandemie nicht verharmlosen, schließlich wisse man ja nicht, was noch komme. Aber auf Zurückhaltung haben in der AfD jetzt nur noch wenige Lust. Ein neues Narrativ muss her – oder ein altes, wiederaufgewärmt.

Schon in der Flüchtlingskrise bezeichnete die AfD Angela Merkel als »Kanzlerdiktatorin«, die das »Volk völlig umkrempelt«. Und auch in der Corona-Krise unterstellt die AfD der Regierung nun autoritäres Handeln gegen die Interessen der Bevölkerung. Davon, dass die AfD anfangs selbst vielen der Regierungsmaßnahmen im Bundestag zugestimmt hat, ist keine Rede mehr. Stattdessen verlegt sie sich darauf, die Maske als »Maulkorb« zu verunglimpfen. »Die dient dazu, uns kuschen zu lassen, einheitlich auszusehen, uns davon abzuhalten, öffentlich reden zu können«, behauptet AfD-Vize Brandner bei einem Auftritt im thüringischen Arnstadt.

Wie bei Euro-, Flüchtlings- und Klimakrise versucht die AfD, sich als die einzig wahre Alternative zu präsentieren. Während ein Großteil der Bürger auch im Sommer noch mit dem Krisenmanagement der Bundesregierung zufrieden ist, ist die AfD an einem Punkt angelangt, wo sie ihr »DDR 2.0«-Narrativ neu auflegt. Bei seinem Auftritt in Arnstadt schimpft Brandner weiter: »Wir haben es satt, von diesem Staat vor allem in der Corona-Krise drangsaliert, schikaniert, von Verboten überzogen, bevormundet und mit Denkverboten belegt zu werden«, ruft er. Später fügt er noch hinzu, man werde außerdem eingesperrt und bespitzelt – »denkt an die Corona-App«.

Doch nicht alle in der Partei sind von den schrillen Tönen überzeugt. Diese Zerrissenheit zeigt sich noch im Vorfeld jenes Demo-Samstags Ende August. Parteichef Chrupalla fordert die Basis auf, sich dem Protest anzuschließen. Sein Co-Chef Meuthen hält sich dagegen bedeckt.

An diesem Tag ist aber noch etwas anderes, strategisch Interessantes zu beobachten: Björn Höcke und weitere Protagonisten des »Flügels« nutzen die Gunst der Stunde, um ihr Image als Bewegungspartei zu pflegen und die Verbundenheit mit der außerparlamentarischen extremen Rechten zu dokumentieren. Höcke zeigt sich in Berlin, und nicht nur flügelnahe Abgeordnete machen fleißig Selfies und Fotos von dem Protest, um damit die sozialen Netzwerke zu bestücken.

Der Geraer Abgeordnete Robby Schlund posiert zwischen mehreren prangerartigen Plakaten: In Fotomontagen werden die Bundeskanzlerin, der Virologe Christian Drosten und auch Journalistinnen wie die ZDF-Moderatorin Dunja Hayali in gestreifter Häftlingskleidung dargestellt. Quer über den

Plakaten ist ein Stempel zu sehen: »Schuldig«. Die Assoziation mit KZ-Insassen wird mindestens in Kauf genommen. Auch die Fraktionschefin Alice Weidel, die Demonstrationen unter freiem Himmel erklärtermaßen nicht mag, twittert ein Foto vom Demogeschehen: Auf einem der dort hochgehaltenen Plakate sind zwei zur Raute geformte Hände zu sehen, von denen Blut tropft. »Angela, das Volk ist da«, steht darauf.

Die AfD ist die einzige der im Bundestag vertretenen Parteien, die hier in dieser Form agiert. Sie sucht die Nähe zu dem, was Höcke »Bürgerprotest« nennt – ähnlich wie schon bei der islamfeindlichen Pegida-Bewegung. Die Mischung der Corona-Demonstranten allerdings ist diverser und unübersichtlicher. Rechte, Rechtsextreme, Reichsbürger, Esoteriker, Impfgegner, Verschwörungstheoretiker, aber auch frustrierte Arbeitnehmer oder Unternehmer machen ihrem Ärger Luft.

Höcke bekennt sich nach der Demo offensiv zu seinen Verbindungen zur Neuen Rechten. Über seinen Facebook-Account ruft er zu Spenden für das vom Verfassungsschutz beobachtete *Compact Magazin* auf. Er wirbt dafür, dem neurechten Verein »Ein Prozent« zu folgen und den Chef der »Identitären Bewegung« in Österreich, Martin Sellner, zu unterstützen. Allerdings schreibt Höcke nur von »Martin S.«, um die Löschung seines Beitrags zu umgehen.

Die Protagonisten des »Flügels« haben sich an diesem Samstag im Grunde genauso verhalten wie andere Rechtsextremisten – sie versuchten, die Proteste zu besetzen. Zu diesem Schluss kommt zumindest der Verfassungsschutz, wie sein Präsident Thomas Haldenwang einige Wochen später in einem Interview sagt. Zu diesem Zeitpunkt glaubt der

Verfassungsschutz noch nicht daran, dass es gelungen ist, die Proteste zu kapern. Für extreme Rechte sind die Demonstrationen aber generell attraktiv, weil sie den Staat destabilisieren könnten, wenn sie sich von einem Minderheitsprotest zu einer Massenbewegung ausweiten würden.

Ob es für die Partei grundsätzlich sinnvoll ist, sich bei den Demonstranten anzubiedern, das bleibt auch nach dem Demo-Wochenende eine Streitfrage in der AfD. Denn einerseits findet sich auf diesen Demos ein Resonanzraum für die Partei: Ein Denken in Feindbildern, anti-elitäre Narrative und eine große Skepsis gegenüber den Medien – dafür steht die AfD, und das eint auch die Demonstranten, obwohl diese politisch aus ganz unterschiedlichen Ecken kommen. Aber diejenigen in der Partei, die sich ein »bürgerliches« Erscheinungsbild für die AfD wünschen, glauben damals, dass es ihnen schadet, zu offensiv an diesen Demos teilzunehmen – oder sich gar an deren Spitze zu stellen.

Die Hemmungen fallen in der kommenden Zeit dennoch immer stärker. Im November 2020 kommen Tausende »Querdenker« nach Berlin, um im Regierungsviertel gegen die Neufassung des Infektionsschutzgesetzes zu demonstrieren. Eine Reihe von AfD-Abgeordneten kommt nach draußen, um sich mit den Protestierenden zu solidarisieren. Und anders als zuvor ist auch ein Transparent der AfD mit dabei: »Menschenverstand vor Massenpanik« steht darauf. Irgendwann halten sich einige der Demonstranten das Transparent über die Köpfe, als Schutz vor der Dauerberieselung aus den Wasserwerfern. Auch die Tatsache, dass die AfD rechten Medienaktivisten und Verschwörungsideologen aus dem »Querdenker«-Milieu Zutritt zum Bundestag verschafft, spricht für eine zunehmende Vernetzung mit der Szene. Ab hier ist der

Weg nicht mehr weit zu offiziellen Auftritten von AfD-Politikern bei den Demonstrationen.

Während Meuthen auf dem Parteitag der AfD Ende 2020 in Kalkar schimpft, einige »Querdenker« könnten nicht einmal geradeaus denken, fordern die Radikalen in der Partei, die AfD solle die Verbindung zu den Straßenprotesten aktiv pflegen. »Wir sind diejenigen, die diesen Menschen draußen eine Stimme geben«, ruft die »Flügel«-Anhängerin Birgit Bessin.

Auch rhetorisch biedern sich AfD-Politiker an die Bewegung an, sogar angeblich moderate. Im Bundestag spricht selbst der Parlamentarische Geschäftsführer der AfD-Fraktion, Bernd Baumann, in Bezug auf das Infektionsschutzgesetz von einer »Ermächtigung der Regierung, wie es das seit geschichtlichen Zeiten nicht mehr gab«. Andere verwenden gleich das Wort »Ermächtigungsgesetz« und betreiben damit ungeniert Geschichtsrevisionismus. Immer häufiger sprechen AfD-Funktionäre von der »Corona-Diktatur«.

Es ist die alte Erzählung der AfD – für die Pandemie neu aufgefrischt. Und immer stärker inszeniert sich die Partei auch in diesem Punkt als Stimme des Volkes, als einzig wahre Alternative, als harte Fundamentalopposition zur Regierung. Einher geht das mit der Radikalisierung in Wortwahl und Verhalten. Wie das Ganze endet, ist schwer absehbar. Die Entwicklung ist ebenso dynamisch wie die Pandemie selbst. Während dieses Buch entsteht, überrascht die AfD immer wieder mit neuen Eskalationen. So machten einige AfD-Vertreter mit falschen Fakten Stimmung gegen das Impfen, kaum dass das erste Vakzin in Deutschland zugelassen war.

Den eingefleischten AfD-Anhängern jedenfalls gefällt das neue Thema. Als die Partei ihren Antrag auf einen Corona-

Untersuchungsausschuss im Bundestag vorstellt, laufen im Facebook-Livestream im Sekundentakt die Kommentare ein. »Corona ein Politikdiktaturinstrument«, schreibt jemand. Es folgen: »Corona gibt es nicht«, »Das wahre Virus sitzt in Berlin«, »Sofort Schluss mit der Korona Diktatur« (sic!) und »Nur die AfD kann Deutschland noch retten«. Wieder andere wollen einfach mal ihren diffusen Ängsten Ausdruck verleihen: »Wenn in Berlin erst der Halbmond am Bundestag hängt, ist alles zu spät. Deshalb AfD wählen.« In diesem Milieu wird von der AfD nicht erwartet, dass sie Lösungen präsentiert.

5.

Demokratie in der Lernkurve: Auf die anderen kommt es an

Wie geht es weiter mit der AfD? Wird sie sich eines Tages anschicken, in einem Bundesland nach der Macht zu greifen? Was ist der richtige Umgang mit ihr?

Nicht auf all diese Fragen gibt es eine befriedigende Antwort, ein Patentrezept ohnehin nicht. Doch klar ist: Politik und Gesellschaft müssen nicht auf die Partei starren wie das Kaninchen auf die Schlange. Welchen Einfluss die AfD in Zukunft auf die Politik und die Gesellschaft in Deutschland haben wird, liegt nicht in erster Linie an der AfD. Vor allem haben das die anderen Parteien, die Medien und die Zivilgesellschaft in der Hand.

These 1: Die AfD wird bleiben – zumindest vorerst

Im Jahr 2020, dem Jahr des Beginns der Corona-Pandemie, hatten nahezu alle Oppositionsparteien damit zu kämpfen, dass die Bürgerinnen und Bürger ihr Vertrauen in die Regierungsparteien setzten. Für die AfD kam erschwerend hinzu, dass ihre Wähler und Anhänger gespalten waren – die einen befürworteten die Maßnahmen zur Eindämmung der Pandemie, die anderen lehnten sie strikt ab. Außerdem lieferte die AfD sich in dieser Phase einen Macht- und Richtungsstreit, in dessen Verlauf Landtagsfraktionen auseinanderbrachen und sich die zwei Lager in der Partei zunehmend feindlich gegenüberstanden.

Weder dieser Machtkampf noch die Delle in den Umfragewerten – ja, nicht einmal eine Beobachtung der Gesamtpartei durch den Verfassungsschutz – sind Gründe, die Partei abzuschreiben. Im Gegenteil: Dass die AfD selbst in dieser Phase zwar keine guten, aber zumindest passable Umfragewerte zustande bekam, zeigt, dass sie mittlerweile über eine Stammwählerschaft verfügt. Diese liegt zu Beginn des Superwahljahres 2021 bei sieben bis acht Prozent. Diese Wähler lassen sich nicht mehr so leicht von ihrer Entscheidung abbringen – nicht einmal von Aussagen wie der des Ex-Pressesprechers der AfD, der in einem Gespräch mit einer Aussteigerin aus der neurechten Szene meinte, man könne Migranten »erschießen« oder »vergasen«.

In einigen Landtagen sitzt die AfD bereits in ihrer zweiten Legislaturperiode. Damit geht unwillkürlich ein gewisser Normalisierungseffekt einher, der auch mit der Stärke der Partei zu tun hat. In mehreren Ländern im Osten konnte sie mehr als jeden vierten Wähler hinter sich versammeln. Die AfD ist dort die zweitstärkste Kraft. Thüringen und Brandenburg sind zugleich Beispiele dafür, dass die Beobachtung eines gesamten Landesverbandes durch den Verfassungsschutz an der Wählerzustimmung nicht zwingend etwas ändert.

Wie wichtig ist also überhaupt noch die Idee der Selbstverharmlosung, die Vorstellung, die AfD müsse eine Art bürgerliches Antlitz kultivieren? Könnte es nicht sein, dass gerade dieser angepasste, als westdeutsch empfundene Habitus als Annäherung an die geschmähten Altparteien empfunden wird und der AfD deshalb schadet? Es sieht so aus, als sei gerade die Radikalität, die Fundamentalopposition gegen alles, was als Establishment betrachtet wird, ein treibender Erfolgsfaktor.

Lang galt die AfD als Protestpartei, gewählt vor allem aus Enttäuschung über CDU und SPD. Diese Wähler gibt es nach wie vor. Doch mittlerweile dürfte ein größerer Teil der Wähler sich tatsächlich aus Überzeugung für die AfD entscheiden – wegen ihrer migrationsfeindlichen Positionen. Eine Bertelsmann-Studie kam zwar 2020 zu dem Ergebnis, dass populistische Ansichten in Deutschland stark rückläufig sind. Die politische Mitte, so die Schlussfolgerung der Autoren, wende sich zunehmend von populistischen Positionen ab. Gleichzeitig steige aber die Gefahr der verbleibenden Populisten vor allem am rechten Rand. Erstes Anzeichen dafür sei ihre zunehmende Überlappung und Verschmelzung mit rechtsextremen Einstellungen. »Das betrifft vor allem die AfD, die sich von der lupenrein rechtspopulistischen Mobilisierungsbewegung der Jahre 2016/17 in die Richtung einer zunehmend von rechtsextremen Einstellungen geprägten Wählerpartei entwickelt.« Eine deutliche Mehrheit von 56 Prozent aller AfD-Wähler sei entweder latent oder manifest rechtsextrem eingestellt. Der Anteil der unpopulistisch und nicht rechtsextrem eingestellten Wähler liege bei nur 13 Prozent.

Man kann die Bertelsmann-Studie also so interpretieren, dass sich das Wählerpotenzial für die AfD zwar verringert hat, ihre Anhänger aber radikaler und inhaltlich überzeugter sind als noch bei der Bundestagswahl 2017. Das bedeutet gleichzeitig, dass sich diese Wähler eine radikale AfD wünschen. Und so kommen Extremismusexperten auf ihre Weise zu einem ähnlichen Schluss wie radikale Rechte. »Die AfD hat ihre Basis in einem rechtsradikalen Milieu. Die wählen sie für ihre migrationsfeindliche Agenda. Als eine etwas konservativere CDU und eine nationalere FDP gibt es keinen Markt für die AfD«, erklärt der Extremismusforscher Matthias Quent. Er glaubt: »Aufgrund der Situation von Angebot und Nachfrage muss die AfD eine rechtsradikale Partei sein, sonst wird sie keine Stimmen mehr gewinnen.« Und der Thüringer »Flügel«-Mann und Höcke-Vertraute Jürgen Pohl sagt: »Wenn die AfD ihr Auftreten in Inhalt und Form ändert, dann hat sie ihre Notwendigkeit, als Partei zu existieren, verloren.«

Es gehört also zur Realität im Wahljahr 2021, dass ein bestimmter Anteil der Wählerschaft völkische, rassistische und antisemitische Positionen vertritt und im Parlament repräsentiert sehen will. Diese Leute wählen AfD aus Überzeugung. Nicht umsonst ist die AfD im Osten wie im Westen dort besonders stark, wo vor ihr rechtsextreme Parteien wie die NPD und die Republikaner hohe Ergebnisse eingefahren haben.

Das allein gibt noch keinen Aufschluss darüber, in welche Richtung sich die AfD künftig entwickeln wird – die Frage des Auftretens ist ja einer der zentralen Streitpunkte in der Partei. Es erklärt aber, warum in Teilen der AfD die Motivation, sich zu mäßigen, so gering ist. Es ist das Wissen darum, dass viele Wähler bleiben werden – egal, welche Entgleisungen die AfD sich leistet. Im US-Präsidentschaftswahlkampf 2016 sagte Donald Trump, er könne auf der Fifth Avenue in New York stehen und jemanden umbringen, und er würde trotzdem keine Wähler verlieren. So ungefähr kann man sich auch den Blick mancher führender AfDler auf die eigene Stammwählerschaft vorstellen.

Schaden kann sich die AfD dennoch selbst. Die interne Zerrissenheit ist für sie gefährlich: Sie kommt beim Wähler schlecht an, und sie hindert die Partei daran, sich auf strategische Fragen zu fokussieren. Die anderen Parteien sollten aber nicht darauf setzen, dass sich die Rechten von selbst erledigen. Höhen, Tiefen und Kämpfe gehören dazu. Zwar hat die Republik den Zerfall neuer, zunächst erfolgreicher Parteien mehrfach erlebt. Diese waren in jüngerer Zeit fast alle am rechten Rand des Spektrums angesiedelt, aber stets nur regional erfolgreich. Allein die AfD hat den Sprung in alle Parlamente geschafft.

Dass sich eine rechtsradikale Partei auf Dauer im deutschen Parteiensystem festsetzt, ist auch mit Blick ins Ausland wahrscheinlich. Ringsherum in Europa existieren rechtsradikale Parteien in den Parlamenten. Deutschland ist da nicht immun, nur ein Nachzügler.

Die AfD wird mit hoher Wahrscheinlichkeit auch im nächsten Bundestag sitzen. Sie wird Millionengelder zur Unterstützung einer eigenen Stiftung erhalten, auch wenn sie diese Finanzierung in ihrem Programm eigentlich ablehnt. Sie wird in Landtagen, Gemeinderäten, Rundfunkräten, Stiftungsräten, Verbänden und Vereinen vertreten sein. Ihre Strukturen werden sich festigen. Und sie wird weiter versuchen, das demokratische System von innen heraus zu diskreditieren. Die große Frage ist: Welchen Einfluss wird sie haben? Welchen Schaden kann sie anrichten?

These 2: Die AfD ist erfolgreich, wenn andere ihre Themen und Begriffe übernehmen

Wie bereits beschrieben, bespielt die AfD ihre eigene Blase im Netz mit einem nicht enden wollenden Strom an Beiträgen, sie verbreitet Untergangsstimmung und stellt die Bundesrepublik als Diktatur dar. Damit ist sie bei ihren Anhängern enorm erfolgreich. Doch letztlich ist der Ort, an dem die AfD das tut, genau das: eine Blase. Sie erreicht damit vor allem jene, die ohnehin schon mit ihr sympathisieren. Und das ist nur ein kleiner Teil der Bevölkerung. Erfolgreich ist die AfD aber immer dann, wenn sie über diese Blase hinaus wirksam wird. Wenn sie also ihre Narrative von einem angeblichen Meinungsdiktat, einem geplanten Bevölkerungsaustausch und einer korrupten Elite in breitere Teile der Gesellschaft transportieren kann. Der neurechte »Identitären«-Anführer Martin Sellner spricht von einem »Ideenschmuggel ins Zentrum der Meinungsmacht«.

Das ist der AfD immer wieder gelungen – und oft musste sie dafür noch nicht einmal anwesend sein. Vor ihrem Einzug in den Bundestag gelang es ihr, dass in Talkshows ihre Thesen debattiert wurden – unter Sendungstiteln wie »Neues Deutschland, bringt Härte gegen Zuwanderer mehr Sicherheit?«, »Bürger verunsichert – wie umgehen mit kriminellen Zuwanderern?« oder »Angst vor Flüchtlingen: Ablehnen, Ausgrenzen, Abschieben?«. Es gelang ihr, wenn Unionspolitiker AfD-Vokabular wie »Asyl-Tourismus« oder »Anti-Abschiebe-Industrie« übernahmen. Oder wenn der FDP-Chef Christian Lindner von angeblicher Fremdenangst in der Schlange beim Bäcker berichtete. Es gelang ihr, als ihre Deutung des UN-Migrationspaktes zur Grundlage für die Diskussion über das Abkommen wurde. Und es gelang ihr, als in ihre Kampagne gegen die Amadeu-Antonio-Stiftung auch große Medien wie die *Bild*-Zeitung oder einzelne Unionspolitiker mit einstimmten.

»Die Diskursverschiebung wird vollendet, wenn politische Gegner oder Medien jene Begrifflichkeiten verwenden, die von der AfD geprägt wurden und sie somit als allgemein anerkannte Sprache adeln«, sagt Kommunikationsberater Hillje. Denn diese Begriffe liefern den Deutungsrahmen gleich mit – den sogenannten Frame. So übernahm etwa die Tagesschau nach der AfD-Demo 2018 in Berlin die Deutung der Partei und verharmloste den migrationsfeindlichen Protest als »Systemkritik«. Eine MDR-Moderatorin bezeichnete nach den Wahlen in Sachsen und Brandenburg ein mögliches Bündnis aus CDU und AfD als »bürgerliche« Koalition. Die AfD konnte sich freuen, denn genau das will sie erreichen: dass ihre radikalen Positionen als »bürgerlich« legitimiert werden.

Wichtig ist aber nicht nur das Vokabular. »Die AfD gewinnt immer dann, wenn sie den anderen Parteien ihre Themen aufdrücken kann«, sagt Hillje. Konkret heißt das: Die AfD ist erfolgreich, wenn Identitätspolitik im Mittelpunkt steht. Dazu gehören Fragen von Integration und Migration, die angeblich durch Globalisierung und die EU bedrohte deutsche Identität, kulturelle Fragen oder Fragen des Lebenswandels.

In Deutschland hat sich die Debatte auch deshalb polarisiert, weil die Identitätspolitik – vor allem das Thema Migration – jahrelang im Vordergrund stand. Das Feld dafür hat nicht die AfD bereitet, sondern Thilo Sarrazin mit seinem

2010 erschienen Buch *Deutschland schafft sich ab*. Der Populismusexperte Timo Lochocki bezeichnet Sarrazins Werk in seinem Buch *Die Vertrauensformel* als »Initialzündung«. Es war, als habe Sarrazin ein Ventil aufgedreht – viele seiner Anhänger fühlten sich mit ihrer Angst und ihren Ressentiments endlich öffentlich verstanden. Sarrazin kleidete diese Ressentiments in eine scheinbar rationale Sprache. Doch dass er mit seinen Thesen so viel Erfolg hatte, lag auch daran, dass manche Probleme der Integrationspolitik unter den Teppich gekehrt worden waren. Im Flüchtlingssommer 2015 besetzte die AfD auf eine ähnliche Weise ressentimentgeladen das Thema, das die anderen Parteien zuvor gescheut hatten.

Die AfD hat die Identitätspolitik zu ihrem Wesenskern gemacht. Da geht es nicht nur um Migration, den kulturellen Konflikt innen gegen außen, sondern auch um kulturelle Konflikte innerhalb der Gesellschaft. Es ist eine Strategie der AfD, sämtliche Debatten auf diese Ebene zu ziehen. In der Corona-Krise versuchte sie, die Maßnahmen der Bundesregierung als überzogene Bevormundungspolitik darzustellen, die die Bürger ihre Freiheit kostet. Wenn es um den Klimaschutz geht, dann stellt sie die Frage in den Vordergrund, ob den Deutschen ihr Diesel oder das Fleischessen verboten werden soll.

Am anderen Ende des Spektrums stehen die Grünen – der von ihnen propagierte Lebensstil steht dem der globalisierungsskeptischen AfD-Wähler diametral gegenüber. Weil die Identitätspolitik die Debatte so lange dominiert hat, verläuft die Polarisierung in Deutschland zwischen diesen beiden Polen. Von der Entwicklung profitieren beide Parteien. Gut für die Demokratie ist es aber nicht.

Wie erfolgreich sich der Diskurs aus Sicht der AfD verschieben lässt, wenn die Republik sich jahrelang mit identitätspolitischen Debatten beschäftigt und sich dabei auch die Deutungsmuster der AfD aufdrücken lässt, sieht man an verschiedenen Umfragewerten. So finden zum Beispiel 40 Prozent der Ostdeutschen, dass man den Zuzug von Muslimen generell verbieten müsse. Die Folgen dieser Verschiebung bekommen jene zuerst zu spüren, die von der AfD für die Probleme im Land verantwortlich gemacht werden: Menschen mit Migrationshintergrund.

Auf dem Spielfeld der Identitätspolitik können die anderen Parteien nicht viel gegen die AfD gewinnen. Autoren wie Lochocki vertreten schon länger die Ansicht, dass die Volksparteien versuchen sollten, wieder Reformvorschläge in der Wirtschafts- und Sozialpolitik in den Vordergrund zu stellen. Entscheidend ist dabei, dass eine starke inhaltliche Debatte entsteht – sodass die Unterschiede zwischen Union und SPD deutlicher sichtbar werden. Voraussetzung ist, dass zuvor für identitätspolitische Fragen wie den Problemen bei Migration und Integration eine Lösung gefunden wird.

Viel spricht dafür, dass die wirtschaftlichen Schwierigkeiten, die in der Corona-Pandemie entstanden sind, sozial- und wirtschaftspolitische Fragen im Wahlkampf stärker in den Mittelpunkt rücken werden. Entwarnung bedeutet das aber nicht: Denn auch hier könnte die AfD versuchen, die Identitätspolitik, den Konflikt des »Eigenen« gegen das »Fremde«, in den Fokus zu rücken – beispielsweise indem sie fordert, als Sparmaßnahme Leistungen für Asylbewerber zu kürzen, oder indem sie gegen Hilfen für schwächere EU-Länder mobilisiert.

These 3: Es kommt weniger darauf an, was die AfD tut, sondern mehr darauf, was die anderen tun

In Thüringen führte die AfD bei der Ministerpräsidentenwahl vor, dass sie in der Lage ist, aus der Opposition heraus das politische System zu blockieren und eine Volkspartei in eine ernste Krise zu stürzen. Das gelang ihr auch deshalb, weil CDU und FDP ihr Verhältnis zu der radikal rechten Partei nicht geklärt hatten.

Thüringen hat gezeigt: Die Brandmauer zur AfD muss vor allem von Konservativen und Liberalen verteidigt und verstärkt werden. So lange diese Parteien es nicht schaffen, sich darauf zu einigen, dass es mit der AfD keine Zusammenarbeit geben kann, können sich politische Katastrophen wie in Erfurt wiederholen.

Im Osten gibt es bereits jetzt Kommunen, in denen die Brandmauer nur noch eine Theorie von gestern ist. Tatsächlich ist es vor allem auf kommunaler Ebene für die Parteien schwierig, die Abgrenzung immer durchzuhalten. Hier rücken Parteifarben in den Hintergrund, die Kommunalpolitiker kennen sich oft schon seit Jahren persönlich, sind befreundet oder verwandt. Und wenn die AfD mit 30 Prozent in einem Gemeinderat sitzt, kann es passieren, dass Projekte nur mit ihrer Zustimmung zustande kommen. Auch die Mehrheitsverhältnisse in den Landtagen machen teils nur noch Verhinderungs-Koalitionen mit einer großen inhaltlichen Spreizung möglich. Dies wird in Zukunft zu noch größeren Zweifeln an der konsequenten Ausgrenzung der AfD führen. In Thüringen sind bereits in der Vergangenheit

Stimmen in der CDU laut geworden, die auf die inhaltlichen Schnittmengen verweisen und eine Zusammenarbeit diskutieren möchten.

Dass eine Abgrenzung nach rechts außen nötig ist, hat sich als Erkenntnis aber zumindest an der Spitze von CDU und FDP durchgesetzt. Die FDP hat in der Bundestagsfraktion eine Arbeitsgruppe eingesetzt, die den Umgang mit der AfD klären sollte und daraufhin mehrere Empfehlungen zur scharfen Abgrenzung aussprach. Während mancher Unionspolitiker in der Vergangenheit immer wieder versuchte, mit den Themen und der Rhetorik der AfD auf Stimmenfang zu gehen, wird jetzt auf Politiker wie den bayerischen Ministerpräsidenten Markus Söder und den sächsischen Regierungschef Michael Kretschmer verwiesen. Diese seien »vom Saulus zum Paulus« geworden: Wo sie früher am rechten Rand fischten, grenzen sie sich nun umso deutlicher ab. »Du kannst ein Stinktier nicht überstinken«, hat der CSU-Generalsekretär Markus Blume die Erkenntnis seiner Partei 2020 in einem Interview mit der *Zeit* formuliert.

Zudem haben alle anderen Parteien erkannt: Wenn bei Wahlen wie etwa der Bürgerschaftswahl 2019 in Hamburg die Wählerzahlen der AfD im Vergleich zu 2014 konstant bleiben, bedeutet das, dass sich hier etwas verfestigt hat. Die Wähler wissen, wie radikal die AfD ist, einige wählen sie trotzdem, andere genau deswegen. Vor allem letztere sind für die anderen Parteien wohl auf Jahre verloren.

Im Bundestag lässt sich nun öfter beobachten, wie wirksam es ist, wenn scharfe Angriffe nicht nur von SPD, Linken oder Grünen kommen, sondern von Unionspolitikern, die die Anträge der AfD sezieren. Aus dem »bürgerlichen Spektrum«, als dessen Teil sich die AfD gern verkauft und von dem sie sich insgeheim Anerkennung wünscht, sind solche Attacken für die AfD um einiges schmerzhafter. Nicht umsonst sagt ein hochrangiger AfD-Mann: »Wer uns schaden kann, ist Herr Söder. Weil der diesen konservativen, bayerischen Tonfall hat und dann noch über uns schimpft. Das ist gefährlich.«

Insgesamt lässt sich festhalten: Eine klare Abgrenzung von Rechtsaußen ist nicht nur eine Sache der linken Parteien. Vor allem Union und FDP sind dafür verantwortlich, die AfD nicht zu normalisieren, indem sie ihre Positionen oder ihre Sprache übernehmen oder eine Zusammenarbeit mit ihr in den Bereich des Möglichen stellen. Für die Frage, welchen Schaden die AfD anrichten kann, kommt es weniger darauf an, was sie selbst tut, sondern vor allem darauf, was die anderen tun.

These 4: Die »Politik der Ächtung« ist effektiv – aber sie kann Nebenwirkungen haben

Die Frage nach dem richtigen Umgang mit der AfD ist fast so alt wie die Partei selbst. Die deutsche Politik konnte dafür ins Ausland schauen, wo man schon länger mit rechtspopulistischen und rechtsradikalen Parteien konfrontiert ist. Dort reichte das Spektrum der Reaktionen von Isolieren über die Übernahme der Positionen der Partei bis hin zur Regierungsbeteiligung. Verschwunden ist keine einzige der Parteien. Und wie schon bei anderen Newcomern gilt auch bei den rechten Mitbewerbern: Die Hoffnung, jemanden in einer Koalition kleinzuregieren, geht fehl. Ein Allheilmittel gibt es nicht.

Auch in Deutschland ist mittlerweile die ganze Bandbreite

an Reaktionen erprobt worden. Als die AfD in die Parlamente einzog, hatten viele Abgeordnete der anderen Parteien großes Zutrauen in die Mittel des demokratischen Streits: Sie wollten die neue Partei wahlweise »entlarven«, die Gegner »inhaltlich stellen« und die Wähler mit Argumenten »mitnehmen«. Zugleich plädierten vor allem Politiker vom linken Rand des Spektrums für eine harte Ausgrenzung, während die anderen fürchteten, die AfD könne sich genau dadurch als Opfer gerieren.

Seit einiger Zeit hat sich eine »Politik der Ächtung« gegenüber der AfD durchgesetzt. Dazu gehört, den vorhandenen Rechtsextremismus in der Partei klar zu benennen und ihr Posten wie den des Bundestagsvizepräsidenten zu verweigern, da jeder infrage kommende Kandidat für den Rechtsextremismus in seiner Partei in Mitverantwortung genommen wird. Diese Politik scheint auf den ersten Blick wirksam zu sein. Wenn Politiker aller Parteien der AfD eine Mitverantwortung für rechtsextreme Gewalttaten geben oder sie als eine Gefahr für die Demokratie bezeichnen, dann geht das an Wählern, die nicht zur Stammklientel der AfD gehören, keineswegs spurlos vorüber. Ereignisse wie der Terroranschlag in Hanau wirken sich negativ auf die Partei aus: Immer mehr Wähler schließen grundsätzlich für sich aus, die Partei zu wählen. Die zu erobernde Zielgruppe wird also kleiner statt größer. Auch dass der Verfassungsschutz den »Flügel« als erwiesen rechtsextremistische Bestrebung einstufte, hat daran seinen Anteil.

Dennoch stellt sich nach wie vor die Frage, wie man diese »Politik der Ächtung« konkret betreibt. Immer wieder lassen sich Politiker dazu hinreißen, die Partei zu beschimpfen. Eine scharfe Abgrenzung muss nicht mit Verbalradikalismus einhergehen. Wenn ein SPD-Bundestagsabgeordneter zur AfD sagt: »Hass macht hässlich – schauen Sie mal in den Spiegel«, dann ist das kein demokratischer Diskurs, sondern eine Abwertung. Man begibt sich auf das Niveau derer, die man beschimpft.

Es ist auch weder klug noch inhaltlich präzise, die AfD als »Nazis« zu titulieren. Wenn man die Partei schon mit solchen Begriffen belegt hat, gibt es keine Steigerung mehr.

Im Bundestag, so berichten Vertreter aller Parteien, ist die Versuchung für Abgeordnete groß, mit einer empörten, schmissigen Rede gegen die AfD »der Held für diesen Tag« zu sein und mediale Aufmerksamkeit zu bekommen. Doch während die AfD in manchen Teilen Deutschlands so verpönt ist, dass sie für Kreistags- und Gemeinderatswahlen keine Kandidaten findet, hat sie in anderen Teilen Deutschlands mehr als 25 Prozent der Stimmen. Bundestagspolitiker linker Parteien aus dem Osten finden es mitunter falsch, wenn in ihrer Fraktion die Meinung vorherrscht, die Wähler der AfD müsse man abschreiben. »Wir müssen doch wenigstens versuchen, die Wähler zurückzugewinnen, die wir schon mal hatten«, sagt einer. »Aber wenn wir davon ausgehen, das sind alles Nazis und Idioten, dann funktioniert das natürlich nicht.« Das ist ein grundsätzliches Dilemma: Wie soll man die AfD als Partei ächten, aber ihre Wähler dennoch nicht verdammen? Oder anders gefragt: Wie fährt man eine Politik der Ausgrenzung gegen die AfD, ohne gleichzeitig die Polarisierung im Land zu verschärfen?

Eine Beschimpfung der AfD ist jedenfalls kontraproduktiv, denn sie führt zu einer weiteren Verhärtung der Fronten – die Anhänger der AfD fühlen sich mitgemeint. Das Ergebnis ist eine größere gesellschaftliche Spaltung.

Natürlich können Bundestagsabgeordnete emotional reagieren, wenn die AfD Minderheiten diskriminiert. Es ist richtig, dass eindeutige Grenzüberschreitungen vehement benannt und zurückgewiesen werden, weil sich die Betroffenen sonst allein gelassen fühlen. Aber anstatt die Wähler der AfD gleich mit zu ächten, sollten Politiker klarmachen, dass es die rassistischen Positionen sind, für die es keinerlei Toleranz gibt. Es ist höchste Zeit, auf die Art Empörung zu verzichten, die der Partei lediglich immer wieder die allgemeine Aufmerksamkeit sichert.

Die Demokratie ist im Umgang mit der AfD einem ständigen Lernprozess unterworfen. Im Bundestag haben sich die Parteien anfangs noch an den jahrzehntelang eingeübten Gepflogenheiten orientiert und etwa die Vorschläge der Partei für die Ausschussvorsitzenden angenommen. Doch sie sind auch neue Wege gegangen: Zum ersten Mal in der Geschichte des Bundestags wurde ein Ausschussvorsitzender abgewählt. Das war kein leichter Schritt für das Parlament, sondern eine Notbremse. Denn die Abwahl ist aus guten Gründen bisher nicht geregelt gewesen, um Vertreter parlamentarischer Minderheiten vor dieser Form der Disziplinierung zu schützen. Doch wenn ein solcher Vertreter droht, dem ganzen Haus zu schaden, wenn er die Regeln des parlamentarischen Miteinanders missachtet, dann kann und soll das Parlament diese Notbremse ziehen.

Noch immer haben die Abgeordneten keinen Bundestagsvizepräsidenten der AfD gewählt. Selbst jene aus CDU und FDP, die anfangs noch meinten, man solle der AfD den Posten geben, haben sich eines Besseren besonnen. Dass das möglicherweise klug ist, hat sich in Brandenburg gezeigt: Dort hat der Parlamentsvizepräsident der AfD versucht, eine

Aktuelle Stunde zum rassistischen Anschlag in Hanau zu verhindern. Gleichzeitig hat sich gezeigt, dass die Parteien durchaus zu Differenzierung fähig sind: Als der Untersuchungsausschuss eingesetzt wurde zur Frage, ob der Staat den Skandal um den insolventen Finanzdienstleister Wirecard hätte verhindern können, da war die AfD für den Vorsitz an der Reihe. Zunächst sah es so aus, als könnte der Kandidat aufgrund seiner Parteizugehörigkeit abgelehnt werden. Doch die Abgeordneten wählten den AfD-Mann Kay Gottschalk. Aus damaliger Sicht war es richtig, ihn als AfD-Kandidaten nicht pauschal abzulehnen, sondern im konkreten Fall zu entscheiden. Mit einer Beobachtung der AfD durch den Verfassungsschutz müssen sich die Parteien aber von dieser Praxis verabschieden.

These 5: Es braucht eine »Politik der Mitte«

Doch wie lässt sich die Polarisierung in Deutschland wieder verringern, die auch der AfD die Wähler zutreibt? Ein Schreckensbild gibt dabei die US-amerikanische Gesellschaft ab, in der die politischen Lager mittlerweile derart verfeindet sind, dass ein Dialog kaum mehr möglich erscheint. Sie leben wirklich in zwei verschiedenen Welten. In Deutschland würde ein weiteres Erstarken der entgegengesetzten politischen Lager dazu führen, dass eine schwierige Koalitionsbildung, wie wir sie in Thüringen erlebt haben, von der Ausnahme zur Regel wird.

Politiker aller Parteien spielen einer Polarisierung in die Hände, wenn sie selbst mit an der Populismusschraube drehen. Dass Populismus nicht nötig ist, zeigen viele Wahlentscheidungen der vergangenen Jahre, als Wählerinnen und Wähler jenem Spitzenpersonal vertrauten, das für einen sachlichen, ruhigen Politikstil steht. Die Riege der Ministerpräsidentinnen und -präsidenten verdeutlicht das.

Es braucht eine »Politik der Mitte«. Jahrelang konzentrierte sich die politische Debatte auf das Kernthema der AfD, die Migration. Die Reaktionen der AfD wurden bei allen Entscheidungen in diesem Bereich mitgedacht, Vorhaben vorher auf ihr »Verhetzungspotenzial« abgeklopft. Scheindiskussionen wie die über Zurückweisungen an der Grenze lähmten den politischen Betrieb. Andere wichtige Debatten blieben auf der Strecke.

Dabei sollte aber nicht der extreme Rand die Referenzgröße des politischen Handelns sein. Dort hat sich ein radikales Wählermilieu verfestigt, das überhaupt nicht abgeholt werden will. Konzentrieren sollten sich vor allem die Volksparteien auf die Mitte der Gesellschaft. Auch hier sind noch viele Wähler zu gewinnen. Das zeigte sich beispielsweise bei der Landtagswahl in Sachsen, als die CDU zwar Prozentpunkte verlor, aber ihre absolute Wählerzahl steigern konnte. Sie mobilisierte Nichtwähler, die sich in den Jahren zuvor von der Politik nicht angesprochen fühlten.

Wenn die AfD Identitätspolitik betreibt, dann kämpft sie gegen eine liberale Gesellschaft. Sie kann nur dort andocken, wo sie auf eine Emotion trifft – am besten auf Angst. Doch das Feld der Identitätspolitik zu bespielen, ist ein Ausweichmanöver. Denn in Wahrheit fühlen sich viele Menschen wohl weniger von freien Theatern und gleichgeschlechtlichen Ehen bedrängt als von einem deregulierten Markt, ökonomischer Unsicherheit und dem gefühlten Rückzug des Staates aus vielen Bereichen ihres Lebens.

Es greift zu kurz, diese Sorge als reine Abstiegsangst zu verstehen. Denn die AfD kann dort emotional ansetzen, wo die Bürger ihren Staat als nicht wirksam erleben, als abwesend in den Bereichen, in denen der Einzelne gar keine individuelle Lösung finden kann. Vor allem im ländlichen Raum erlebten Bürger schon vor der Flüchtlingskrise, wie die staatliche Daseinsvorsorge bröckelt: marode Turnhallen, ausgedünnte Busfahrpläne, geschlossene Schulen, sterbende Ortskerne. Als dann im Sommer 2015 die Flüchtlinge kamen, konnte die AfD daraus einen Verteilungskampf inszenieren. Der tatsächliche Kontrollverlust, den der Staat zeitweise erlebte, lässt sich nicht wegargumentieren. Aber wenn die Bürger sehen, dass die öffentliche Infrastruktur funktioniert, die Strafverfolgungsbehörden aktiv und wirksam sind und politische Probleme zeitnah angegangen werden – dann gibt es auch weniger Grund, dem Staat mit Misstrauen zu begegnen.

Dass populistische Einstellungen zumindest zeitweise aus der Mitte der Gesellschaft zurückgedrängt werden konnten, führen die Autoren der bereits genannten Bertelsmann-Studie nur zum Teil auf eine gestiegene Politik- und Regierungszufriedenheit während der Corona-Krise zurück. Es ist demnach ebenso eine Folge des vorherigen politischen Handelns in der Frage der Migrationspolitik. Die restriktive Migrationspolitik der Großen Koalition habe die Mobilisierungskraft der Migrations- und Flüchtlingsthematik geschwächt. Sozioökonomische Fragen seien da bereits in den Vordergrund gerückt. Der antipopulistische Reflex der bürgerlichen Mitte zeige ebenfalls positiv Wirkung. Die Studienautoren plädieren aber für noch weniger »ausschließende Arroganz und kosmopolitische Überheblichkeit in dieser Auseinandersetzung«.

Tatsächlich ist auch das eine Erkenntnis der vergangenen Jahre: Wenn sich Parteien wie die SPD oder die Linken zu sehr auf akademisch-urbane Milieus konzentrieren, laufen sie Gefahr, Teile ihrer eigentlichen Kernwählerschaft zu verlieren. Denn die Wählerwanderung zeigt, dass hier ein Reservoir für die AfD steckt.

Es mag paradox klingen, aber: Wenn die demokratischen Parteien Mut zu klaren ideologischen Unterscheidungen zeigen und dies innerhalb des demokratischen Spektrums klar herausarbeiten, wirkt dies der Polarisierung am Ende entgegen. Dazu gehört auf der rechten Seite, konservative Positionen von rechtspopulistischen Positionen zu unterscheiden und nicht reflexhaft zu verdammen. Eine Familienpolitik, die sich gegen die Abschaffung des Paragrafen 218 ausspricht und gegen die Ehe für alle, mag man nicht teilen, aber sie gehört genauso zum demokratischen Spektrum wie Vorschläge für eine restriktive Migrationspolitik.

Zu einer »Politik der Mitte«, die gegen Extreme wirksam sein soll, gehört zudem, politische Entscheidungen zu erklären. Vor allem Regierende sollten unbedingt der Versuchung widerstehen, ihre Vorschläge als alternativlos darzustellen, um sie aus der Debatte zu nehmen. Selbst eine konsequente Klimapolitik, die aufgrund der wissenschaftlichen Erkenntnisse geboten ist, muss begründet werden. Und gerade in diesem Bereich muss die Politik auch alles dafür tun, soziale Härten abzufedern. Steigende Strompreise, Mieterhöhungen aufgrund energetischer Sanierungen und Preisschocks an den Tankstellen würden große Teile der Bevölkerung treffen. Wohin das führen kann, hat man bei den Protesten der Gelbwesten in Frankreich gesehen.

Politiker sollten außerdem aufhören, so zu tun, als funktioniere die Demokratie wie ein Pizzaservice – es geht nicht nur darum zu liefern. Es ist schließlich jedem, der in einer liberalen Gesellschaft leben will, zuzumuten, sich mündig zu verhalten – und zu verinnerlichen, dass er Teil eines Gemeinwesens ist, das auf Kompromissen und gegenseitigem Verstehenwollen beruht. So ist es etwa in Bezug auf den Klimawandel zwingend, über die Notwendigkeit zum Verzicht zu sprechen – und darüber, was dies für den Einzelnen bedeutet.

Die Parteien müssen zudem einen Weg finden, wie sie die Bürgergesellschaft langfristig widerstandsfähiger gegen die Angst vor abstrakten Bedrohungen wie Terror oder dem sozialen Abstieg machen können. Studien zeigen, dass Menschen in Zeiten gefühlter Hilflosigkeit gegenüber solchen Bedrohungen autoritärer und intoleranter werden. Hier kommt auch eine wichtige Aufgabe auf die Medien zu: Zusätzlich zu Berichten über Katastrophen und Gefährdungen braucht es Lösungsansätze. Was tut die Politik bereits, was kann sie noch tun? Aber auch: Wie kann jeder Einzelne handeln? Das gilt für den Klimawandel, große Migrationsbewegungen und das Coronavirus gleichermaßen.

Ein nicht geringer Teil der AfD-Wähler stimmt für die Partei wegen ihres rechtsradikalen Kerns. Sie wird man nur schwer zurückgewinnen können. Ein anderes Mittel als das der Abgrenzung gibt es an dem Punkt nicht.

Aber wie stark die AfD über ihre Stammwählerschaft hinaus mobilisieren kann, hängt wesentlich davon ab, ob die politischen Mitbewerber und die Gesellschaft es schaffen, sich vom Empörungsgestus zu lösen und sich mehr mit den Inhalten zu beschäftigen, die den Nährboden der Radikalen bilden. Sie sind bekanntermaßen Problemsucher. Am meisten schaden ihnen konstruktive Ideen.

Dank

Wer ein Buch schreibt, verbringt viele Tage und Abende allein – mit seinen Gedanken und am Rechner. Wir waren zu zweit, und das gemeinsame Nachdenken und die gegenseitige Kritik haben uns fast so sehr geholfen wie das Gefühl, ein Team zu sein. Dieses Buch aber gäbe es nicht ohne die vielen Menschen, die offen oder im Hintergrund mit uns gesprochen haben. Wir danken unseren Gesprächspartnern für ihre Antworten und die Zeit, die sie sich genommen haben, um ihre Motive für ihr Handeln zu erklären. Vor allem aber sind wir dankbar für ihr Vertrauen.

Den Redaktionen unserer Zeitungen danken wir herzlich für die Unterstützung bei dem Projekt. Ohne unsere großartige Agentin Franziska Günther hätten wir gar nicht mit diesem Buch begonnen. Sie hat uns die entscheidende Starthilfe gegeben und war uns eine kluge Ratgeberin. Aber das greift zu kurz: Oft reichte es schon zu wissen, dass wir sie bei allen Zweifelsfällen fragen könnten. Deshalb: Franziska, you rock! Großer Dank gilt unserem Verleger Tom Kraushaar, der sofort an dieses Buchprojekt geglaubt hat, und dem ganzen Team von Klett-Cotta. Mit seiner ruhigen, genauen und vorsichtigen Arbeit hat unser Lektor Michael Lenkeit uns entscheidende Hinweise gegeben und alles besser gemacht. Dafür sind wir dankbar.

Unsere Familien und Freunde haben uns durch die letzten Monate begleitet. Danke an Euch für alles.

Verwendete Literatur und Quellen

Alternative für Deutschland Sachsen-Anhalt: Wahlprogramm. Zur Landtagswahl am 13. März 2016.

Alternative für Deutschland: Demokratie wieder herstellen – Dem Volk die Staatsgewalt zurückgeben. Die Strategie der AfD für das Wahljahr 2017. 22. Dezember 2016.

Alternative für Deutschland: Programm für Deutschland. Das Grundsatzprogramm der Alternative für Deutschland. 2016.

Alternative für Deutschland: Programm für Deutschland. Wahlprogramm der Alternative für Deutschland für die Wahl zum Deutschen Bundestag am 24. September 2017. Beschlossen auf dem Bundesparteitag in Köln am 22./23. April 2017.

Alternative für Deutschland: Strategie 2019–2025. Die AfD auf dem Weg zur Volkspartei. 31. Juli 2019.

Amadeu-Antonio-Stiftung: Ene, mene, muh – und raus bist du! Ungleichwertigkeit und frühkindliche Pädagogik. Amadeu-Antonio-Stiftung, 2018.

Amann, Melanie: Angst für Deutschland. Droemer, 2018.

Bauer, Katja: »An so etwas habe ich nicht mal im Albtraum gedacht«. In: Stuttgarter Zeitung, 18. Januar 2019.

Bauer, Katja: »Diese Aussagen sind für jeden Juden sehr verletzend«. In: Stuttgarter Zeitung, 4. April 2019.

Bauer, Katja: »Der Migrationsvordergrund«. In: Stuttgarter Zeitung, 18. Oktober 2010.

Bauer, Katja: »Die Ballade von der Bürgerlichkeit«. In: Stuttgarter Zeitung, 23. Mai 2018.

Bender, Justus / Soldt, Rüdiger: »Felix Klein kritisiert die baden-württembergische AfD«. In: faz.net, 1. August 2018.

Bender, Justus: »Gauland für ›friedliche Revolution‹ gegen das ›politische System‹«. In: faz.net, 4. September 2018.

Bender, Justus: Was will die AfD? Eine Partei verändert Deutschland. Pantheon, 2017.

Berberich, Frank: »Klasse statt Masse«. In: Lettre International, Nummer 086, Herbst 2009.

Berger, David: »Kitas: Drohende Kinderdressur durch Broschüre der Amadeu-Antonio-Stiftung«. In: philosophia-perennis.com, 19. Oktober 2018.
Blome Nikolaus / Kain, Florian: »Höcke gehört zur Seele der AfD«. In: Bild.de, 29. August 2017
Brandner, Stephan: »Gehirntumor« und »Mandelentzündung« – Mein Bericht (basierend auf einer Mitschrift) über das leider gescheiterte Gespräch mit Volkhard Knigge (Leiter der Gedenkstätte Buchenwald). In: brandner-im-bundestag.de.
Decker, Oliver / Brähler, Elmar (Hg.): Autoritäre Dynamiken – Alte Ressentiments, neue Radikalität. Leipziger Autoritarismus-Studie 2020.
Der Spiegel: »AfD-Vize Gauland sieht Flüchtlingskrise als Geschenk«. In: Der Spiegel, 12. Dezember 2015.
Dresdner Neueste Nachrichten: »Höcke: Pegida ist Wegbereiter für AfD-Wahlerfolge«. 10. April 2016.
Eberl, Iris: »Der Bock als Gärtner«. In: bayernkurier.de, 31. Oktober 2016.
Esslinger, Detlef / Schneider, Jens: »Dann nenne ich diese Gegend versifft«. In: sueddeutsche.de, 29. Dezember 2019.
Exif Recherche: »Nordkreuz«, Rocker, »Identitäre Bewegung« & Burschenschaftler vereint beim AfD-Flügeltreffen. In: exif-recherche.org, 26. November 2019.
Fiedler, Maria / Jansen, Frank: »Wie der Prüffall die AfD spaltet«. In: Der Tagesspiegel, 9. März 2019.
Fiedler, Maria / Meisner, Matthias: »Vorwurfe gegen Thüringer AfD-Chef – Petry: Höcke hat unter Pseudonym die NPD gelobt«. In: Der Tagesspiegel, 12. April 2017.
Fiedler, Maria: »Die AfD versucht, den Opfermythos wiederzubeleben«. In: Der Tagesspiegel, 13. Februar 2020.
Fiedler, Maria: »Es herrschte eine enorme Aufbruchstimmung«. In: Der Tagesspiegel, 14. April 2018.
Fiedler, Maria: »Der Stratege der Neuen Rechten«. In: Der Tagesspiegel, 8.Septemer 2018.
Fiedler, Maria: »Wagt sich Höcke aus der Deckung?« In: Der Tagesspiegel, 29. November 2017.

Fiedler, Maria: »Warum die AfD in der Corona-Krise an Reichweite verliert«. In: Der Tagesspiegel, 7. April 2020.
Fiedler, Maria: »Was steckt hinter der Kandidatur des Thüringer AfD-Chefs?« In: Der Tagesspiegel, 2. März 2020.
Fiedler, Maria: »Welche Zukunft hat Meuthen in der AfD?« In: Der Tagesspiegel, 22. April 2020.
Fiedler, Maria: »Wie sich die AfD vor dem Verfassungsschutz schützen will«. In: Der Tagesspiegel, 22. Oktober 2018.
Fröhlich, Alexander: »Alexander Gauland warnt vor ›Vermerkelung‹ der AfD«. In: Der Tagespiegel, 5. Februar 2015.
Fröschner, Joschka / Warnecke, Jakob: »Was interessiert mich denn Cottbus?« – Dynamiken rechter Formierung in Südbrandenburg: der Verein Zukunft Heimat. Aktionsbündnis Brandenburg, Rosa-Luxemburg-Stiftung, 2019.
Fuchs, Christian / Middelhoff, Paul: Das Netzwerk der Neuen Rechten. Wer sie lenkt, wer sie finanziert und wie sie die Gesellschaft verändern. Rowohlt, 2019.
Fuchs, Christian: »Christian Lüth: ›Je schlechter es Deutschland geht, desto besser für die AfD‹«. In: Zeit Online, 28. September 2020.
Gauland, Alexander: »Dem Volk aufs Maul schauen«. In: Der Tagesspiegel, 2. Dezember 2013.
Gellner, Torsten: »Ängstlich und autoritär: So ticken AfD-Wähler in Brandenburg«. In: maz-online.de, 11. Oktober 2018.
Goertz, Frank: »Bernd Lucke: ›Die Partei ist getrieben von der Straße‹«. In: Mühlacker Tagblatt, 6. Februar 2016.
Gürgen, Malene / Jakob, Christian / Am Orde, Sabine: Netzwerk AfD – Die neuen Allianzen im Bundestag. OBS-Arbeitspapier 30, 2018.
Heinlein, Stefan: »Münz (AfD): ›Ich sehe keinen Antisemitismus in unserer Partei‹«. In: deutschlandfunk.de, 6. Oktober 2018.
Hillje, Johannes: »Der nette Rechtspopulist von nebenan«. In: Der Tagesspiegel, 20. November 2019.
Hillje, Johannes: Propaganda 4.0. Wie rechte Populisten Politik machen. Dietz, 2017.
Höcke, Björn / Henning, Sebastian: Nie zweimal in denselben Fluß. Björn Höcke im Gespräch mit Sebastian Hennig (Politische Bühne. Original-ton). Manuscriptum Verlagsbuchhandlung Thomas Hoof KG, 2018.

Hurtz, Simon: »Danach sind wir ersoffen im Hass«. In: uebermedien.de, 5. Dezember 2018.
Huster, Susanne: Studie: Hohes Maß an rechtsextremen Einstellungen bei AfD-Wählern. In: uni-leipzig.de, 25. Februar 2020.
Jacobsen, Lenz: »Was hier passiert, stärkt die Demokratie«. In: Zeit Online, 12. Februar 2020.
Jansen, Frank / Tretbar, Christian: »Die Gefahr für rechten Terror steigt«. In: Der Tagesspiegel, 3. September 2016.
Jansen, Frank: »Rechtsextreme Hasswelle gegen Amadeu-Antonio-Stiftung«. In: Der Tagesspiegel, 25. April 2016.
Kaiser, Benedikt: Solidarischer Patriotismus. Die soziale Frage von rechts. Verlag Antaios, 2020.
Kamann, Matthias: »Perfide reden, Böses meinen – so radikalisiert sich die AfD«. In: welt.de, 28. August 2017.
Kemper, Andreas: AfD – Nur Faschisten wollen in der Politik von »Entartung« sprechen. In: andreaskemper.org, 28. Februar 2015.
Kositza, Ellen: »Wie ich 294 Stunden dachte, AfD-Mitglied zu sein«. In: Sezession.de, 20. Februar 2015.
Kubitschek, Götz: Die Spurbreite des schmalen Grats 2000–2016. Verlag Antaios, 2016.
Kubitschek, Götz: »Markenimitate, Kronjuwelen – Seehofer, Wagenknecht«. In: Sezession.de, 17. Juni 2018.
Kubitschek, Götz: »Nach dem Triumph der AfD (1) – historische Stunde, historische Verantwortung«. In: Sezession.de, 14. März 2016.
Kubitschek, Götz: »Nach dem Triumph der AfD (2): Das sowieso gefrierende Wasser«. In: Sezession.de, 15. März 2016.
Kubitschek, Götz: »Selbstverharmlosung«. In: Sezession, 76, Februar 2017.
Kubitzschek, Götz: »Chemnitz – Zwickmühle und Schlußfolgerung«. In: Sezession.de, 3. September 2018.
Lau, Mariam: »Auftrag: Umsturz«. In: Zeit Online, 19. September 2018.
Laudenbach, Peter: »Diese Minderheit wird lauter, größer, aggressiver«. In: sueddeutsche.de, 13. Februar 2020.
Leber, Fabian: »Die große Demütigung des Bernd Lucke«. In: Der Tagesspiegel, 5. Juli 2015.

Lehmann, Armin: »Frauke Petry, die Besessene«. In: Der Tagesspiegel, 9. Juli 2016.
Lindner, Nadine: »Chrupalla vergleicht den Verfassungsschutz mit der Stasi«. In: deutschlandfunk.de, 31. Mai 2020.
Linsenmann, Andreas: »Lachen über die fatale Drift«. In: Neue Rottweiler Zeitung, 21. Oktober 2017.
Linsenmann, Andreas: »Rechtspopulismus als Komödienstoff«. In: Neue Rottweiler Zeitung, 7. Oktober 2017.
Lochocki, Timo: Die Vertrauensformel. So gewinnt unsere Demokratie ihre Wähler zurück. Herder, 2018.
Lorenz, Hilke: »Die Umarmerin, die sich wehrt«. In: Stuttgarter Zeitung, 3. Oktober 2018.
Meisner, Matthias: »Polizei ermittelt: Gästegruppe von AfD-Spitzenfrau Weidel hetzt in KZ-Gedenkstätte«. In: Der Tagesspiegel, 31. August 2018.
Mobile Beratung gegen Rechtsextremismus: Alles nur Theater? – Zum Umgang mit dem Kulturkampf von rechts. Handreichung. 2019
Moses-Mendelssohn-Zentrum für europäisch-jüdische Studien: »Die ›Juden in der AfD‹ und der Antisemitismus«. In: Mitteilungen der Emil Julius Gumpel Forschungsstelle, Moses-Mendelssohn-Zentrum für europäisch-jüdische Studien, Ausgabe 7, April 2020.
Müller, Ann-Katrin: »AfD bedauert ihr Bedauern«. In: Der Spiegel, 28. Februar 2020.
Müller, Ann-Katrin: »Machtkampf in der AfD – Höckes ›Flügel‹ und Fraktionschefin Weidel schließen Bündnis«. In: Der Spiegel, 12. Juli 2019.
Müller, Ann-Katrin: »Wie Parteichef Meuthen von seinen Leuten gedemütigt wurde«. In: Der Spiegel. 10. April 2020.
Neff, Benedict: »Alice Weidel: ›Unser ambitioniertes Fernziel ist es, dass die Deutschen irgendwann AfD und nicht ARD schauen‹«. In: NZZ, 9. Mai 2018.
Petersen, Thomas: »Wie antisemitisch ist Deutschland?« In: faz.net, 20. Juni 2018.
Quent, Matthias: Deutschland rechts außen. Wie die Rechten nach der Macht greifen und wie wir sie stoppen können. Piper, 2019.
Riha, Katja / Rija, Clemens: Die rechte Wende. Beobachtungen jenseits der Mitte. In: 3sat, 23. August 2027.

Rosbach, Jens: »Wie Rechtspopulisten Verbände und Vereine infiltrieren«. In: Deutschlandfunk.de, 7. März 2020.

Roth, Claudia: Persönliche Erklärung zur inszenierten »Schweigeminute« der AfD im Deutschen Bundestag. In: claudia-roth.de, 14. Juni 2018.

Ruf, Reiner: »Die bedrängte Parlamentspräsidentin«. In: Stuttgarter Zeitung, 22. Januar 2019.

Salzborn, Samuel: Als Meinungsfreiheit getarnter Hass. Die rechte Kampagne gegen die Amadeu Antonio Stiftung. Wissenschaftliches Gutachten. 2016.

Sarrazin, Thilo: Deutschland schafft sich ab. Wie wir unser Land aufs Spiel setzen. DVA, 2010.

Schneider, Johannes / Weihser, Rabea: »Claudia Perren: ›Das hat mit Feine Sahne Fischfilet gar nichts zu tun‹«. In: Zeit Online, 24. Oktober 2018.

Schroeder, Wolfgang / Greef, Samuel / Ten Elsen, Jennifer / Heller, Lukas: Bedrängte Zivilgesellschaft von rechts. Interventionsversuche und Reaktionsmuster. Otto Brenner Stiftung, 2020.

Schroeder, Wolfgang / Weßels, Bernhard / Neusser, Christian / Berzel, Alexander: Parlamentarische Praxis der AfD in den Landesparlamenten. Wissenschaftszentrum Berlin für Sozialforschung, 2017.

Sellner, Martin: »Das neurechte Wäldchen«. In: Sezession.de, 3. Juni 2017.

Spiegel: »Bundespräsident Steinmeier nennt die AfD ›antibürgerlich‹«. 13. September 2019.

Süddeutsche Zeitung: »Das gehetzte Parlament. Seit Jahrzehnten debattiert der Bundestag über Flüchtlinge. Eine SZ-Datenrecherche belegt, wie sehr die AfD den Diskurs nach rechts verschoben hat. Erkundung einer Zäsur«. 2020.

Sundermeyer, Olaf: Gauland. Die Rache des alten Mannes. C.H.Beck, 2018.

Tillschneider, Hans-Thomas: »Nicht nur der Rechtsstaat hat in Chemnitz kapituliert«. In: sezession.de, 2. September 2018.

Vehrkamp, Robert / Merkel, Wolfgang: Populismusbarometer 2020. Bertelsmann Stiftung, 2020.

Vehrkamp, Robert / Wegschaider, Klaudia: Populäre Wahlen. Mobilisierung und Gegenmobilisierung der sozialen Milieus bei der Bundestagswahl 2017. Bertelsmann Stiftung, 2017.

Weiß, Volker: Die autoritäre Revolte. Die Neue Rechte und der Untergang des Abendlandes. Klett-Cotta, 2017.

Wendt, Alexander: »AfD-Chef Meuthen plädiert für Trennung vom ›Flügel‹«. In: Tichys Einblick, 1. April 2020.

zdf.de: ZDF-Interview mit Björn Höcke verschriftlicht. 15. September 2019.